古代仏教をよみなおす

吉田一彦

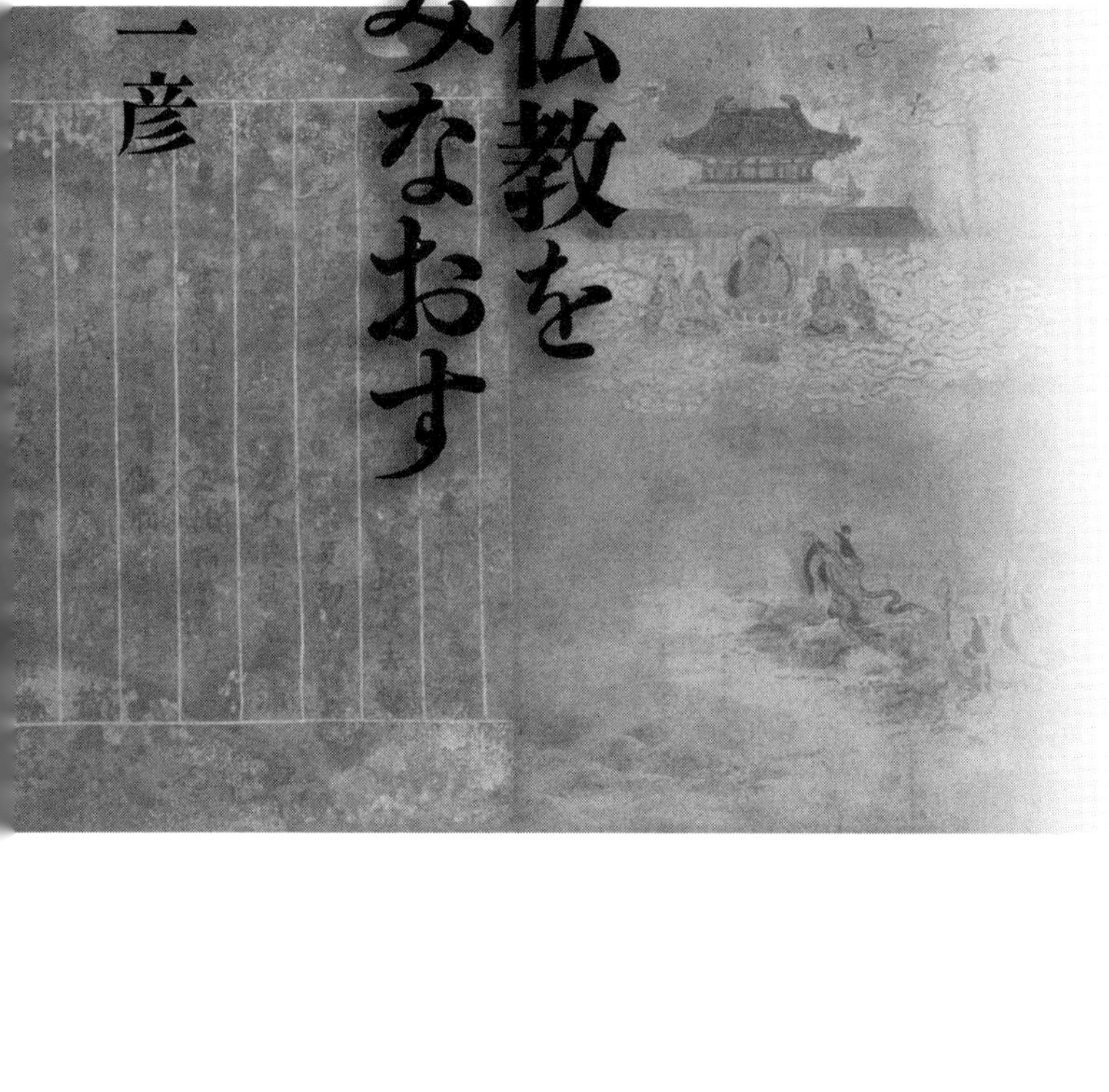

吉川弘文館

はしがき

仏教史は、日本の歴史や文化を考える上で欠かすことのできない重要な分野である。古代史を考える上でも、仏教の問題をどう理解し、どう評価するかは大きな課題となっている。それは容易ではない難題であるが、また華やかで濃密な、魅力あふれる世界でもあって、現代人の心をもひきつけてやまないところがある。

六世紀の中頃、仏教はわが国に伝えられた。仏教は、それまで知ることのなかった高度で文明的な宗教であった。それは、文章化された教義と抽象的な思考を持つ宗教であり、体系的な儀礼や整えられた聖職者のシステムをそなえていた。また、洗練された美意識と最先端の技術に立脚した仏像・仏画や寺院建築をともなっていた。これ以後、わが国の人々は仏教という回路を通じて大陸の文化を受容し、仏教以外のさまざまな文物もこの回路を通じて吸収していった。仏教伝来の歴史的意義は大変大きい。やがて七世紀後期になると、仏教は日本列島の広い範囲に流通するようになり、急速に地域社会に浸透を開始していった。また、七世紀末に天皇制度に基づく国家が形成される際にも仏教は大きな役割をはたした。それゆえ、古代仏教史は、文化史を考える上でかなめとなるばかりでなく、社会史や国家史を考える上でも欠かすことのできないものとなっている。

私が古代仏教史をはじめて習ったのは小学生の時だった。五三八年、仏教伝来。そう習った。それから、仏教を受け入れるかどうかをめぐって蘇我氏と物部氏が争ったという話。聖徳太子と法隆寺の話。奈良時代になると、奈良の大仏や国分寺の話などを習った。中学高校の歴史・日本史では、奈良時代の仏教は「鎮護国家《ちんごこっか》」の仏教であると学んだ。今も小中学生・高校生たちは、そうした歴史を習い、勉強していることと思う。

しかし、本書は、そうした常識的な歴史を疑い、批判し、時には否定して、新しい歴史像を求めようとするものである。もちろん、これまでの歴史理解をことごとく否定するというのではない。そのかなりの部分は、歴史的事実を伝えていると考えている。だが、歴史の根幹にかかわるような肝心かなめの部分で、歴史的事実とは認められないことがいくつかある。また、近年、新たに知られるようになった新知見もいくつかある。史実とは認められないことを一つ一つ取り除き、また新たに知られるようになったことを一つ一つ加えていくと、これまでとは大きく異なる、新しい歴史像が姿を現してくる。古代仏教史の個別研究は、近年着実に前進してきた。本書では、それらを大胆に取り入れて、新しい古代仏教史を構築したいと考えている。

仏教は、今日においても日本の中心的な宗教であり、日本は仏教国の一つに数えられると思う。ただ、今日の日本仏教は、他の仏教国の仏教とはかなり異なる、個性的な仏教となっている。この個性は、長い時間をかけて少しずつ形成されたものであって、最初から今のような日本仏教があったわけではない。歴史の中で、時の流れに応じるように、しだいに「日本的な」仏教が形づくられていった。古代の仏教は、朝鮮仏教・中国仏教の直輸入的な性格が色濃く、むしろ国際性に富むものであった。それがどのように変化をとげ、どのように個性化していったのか。このことを考えるには、日本の仏教を歴史的に考察しなければならないだろう。

本書は、これまで私が古代の仏教をテーマに書いてきた文章を集め、新稿を加えて一書にまとめたものである。専門家向きに学会誌等に発表してきた論文ではなく、学生や、仏教史・古代史に関心を持つ多くの方々に向けて書いた文章を集めてあるので、比較的読みやすいものとなっていると思う。日本の歴史や文化、宗教や思想に興味を持つ方々にお読みいただければ幸いである。刊行にあたっては、吉川弘文館編集部の石津輝真さんに大変お世話になった。心より感謝申し上げる次第である。

二〇〇六年五月

吉田一彦

目次

Ⅱ　古代仏教の実像を求めて

I　古代仏教史をどうとらえるか

高野大師行状図画　海を渡る空海（地蔵院所蔵）

一　古代仏教史再考―総論―

日本古代史の研究は、近年、着実な前進をとげてきた。その大きな推進力となったのは、木簡《もっかん》の調査、研究の進展であろう。それらは一点一点の情報は断片的であるが、編纂された書物とは異なり、世の中の姿を直接伝えてくれるところが貴重であり、多くの新しい知見を与えてくれた。一片の木簡の発見が古代史の常識をひっくりかえすという場面もおこっている。また、正倉院《しょうそういん》に伝わる古文書の解読が進展し、そこから当時の世の中の実態がいくつかわかるようになってきた。これも着実な研究の前進である。さらに、考古学の調査が進展し、都城および中央や地方の役所、豪族居宅、寺院などの跡が発掘調査され、多くの注目すべき事実が明らかとなった。そうした一次史料がもたらしたナマの情報の増加によって、今度は、編纂された史料の批判的研究が進んだ。古代史の基礎史料とされる典籍の研究が深まり、難解な『日本書紀《にほんしょき》』の解明作業も、少しずつではあるけれど、前に進んでいる。そうした基礎データの増加により、古代史研究は、二十一世紀を迎えた今日、新しい局面に入りつつあるように思われる。

他方、日本仏教史の分野でも、ここ二、三十年ほど、研究は飛躍的に進展した。それを牽引してきたのは中世の分野で、よく知られているように、黒田俊雄《くろだとしお》氏が一九七五年に「顕密体制論《けんみつたいせいろん》」を提唱し〔黒田俊雄―一九七五年〕、これによって研究水準が一新された。黒田氏が示した、中世の宗教の新しい見取り図は、仏教史、宗教史の研究に絶大な影響をおよぼし、新しい視点からの個別研究が続々となされていった。「顕密体制論」をどう評価するかは、古代の分野でも、近世の分野でも大きな課題となっている。

この総論は、近年の研究成果を踏まえて、日本の古代仏教史の新しい理解を目指し、それをできるだけわかりやすく述べようとするものである。日本の古代仏教史と言えば、かつては、仏教伝来以来の六、七世紀の歴史を、主として『日本書紀』に基づいて理解し、八世紀以降については、律令《りつりょう》の規定を重視して、そこから仏教史を説明しようとするのが一般的であった。『日本書紀』肯定論および律令的国家仏教論である。しかしながら、『日本書紀』の記述については、歴史的事実をそのまま伝えるものとは認めがたく、編纂者たちによる創作が多々含まれていることが早く津田左右吉《つだそうきち》などによって指摘されている。仏教関係の記事についても、たとえば仏教伝来記事および一連の関連する記事に、編纂段階での創作が含まれていることがすでに判明している。『日本書紀』を鵜呑《うの》みにして初期仏教史を理解するのは危険と言わざるをえない。

また律令にしても、日本古代に『大宝律令』『養老律令』という律令が作成され、その中に「僧尼《そうに》令《りょう》」という篇目が存在したことはまちがいのない歴史的事実であるが、しかし、法の規定と当時の仏教の実態は別問題として区別して理解しなくてはならないはずである。法の規定から当時の仏教を復元するのではなく、もっと実態にそくした史料から、古代の仏教の実像を探究する必要があるように思われる。

近年では、研究の視角、問題の設定という方面でも、地方の仏教や民衆の仏教への関心、女性と仏教という論点の設定、中国・朝鮮の仏教との比較研究の重視などが提唱され、新しい論点が提示されるようになってきた。日本の宗教の大きな特色の一つである神仏習合《しんぶつしゅうごう》についても、中国・朝鮮との比較研究が重要となるし、それはまた、宗派や教学の成立と発展といった問題とともども中世仏教史へとつながっていく重要な論点となっている。ここでは、そうした課題についても言及していくこととしたい。

本章は、以上のような史料評価、問題関心に基づいて、六〜九世紀の仏教史を概観しようとするものので、これまで大学のテキスト用に書いてきたいくつかの文章を増補、再構成してまとめたものである。したがって、これは現段階における私の「古代仏教史概論」とでも呼ぶべきものとなっているが、ただ、私見は未だ発展途上であり、なお考えを詰めなくてはならない部分が少なからずある。「古代仏教史再考」と題する次第である。

1 仏教の成立と伝来

インドにおける仏教の成立と展開

仏教は、紀元前五世紀頃の実在の人物シャカによってはじめられた宗教である。シャカは家を捨て出家者となって修行につとめ、やがて覚りをひらいたと自ら宣言して小規模な教団を形成した。シャカは人生を苦ととらえ、苦の根本原因は人間の欲望にあると考えて、欲望を滅ぼすことを説いた。このシャカの頃の仏教を、今日「原始仏教」もしくは「初期仏教」と呼んでいる。

シャカの死後、仏教は時代をおって変化をとげていった。シャカの後継者たちの正統的仏教は、やがて紀元前三～二世紀頃に「部派《ぶは》仏教」に発展していった。これは原始仏教（初期仏教）の論理化、体系化を目指したもので、二十ほどのグループ（部や派）に分かれて展開したのでこう呼ばれている（かつては「小乗《しょうじょう》仏教」とも呼ばれたが、今日ではこの名称は用いない）。部派仏教は、マウリヤ王朝の擁護もあって勢力を伸ばし、インド各地に教線を伸張していった。次に、紀元前一世紀頃に萌芽《ほうが》が芽生え、紀元二世紀頃までに成立したのが「大乗仏教」で、複数の集団がそれぞれ異なる地域で誕生した。大乗《だいじょう》仏教は、当初は在家の信者たちによる新仏教運動として始まったが、やがて出家者の一部をも包含する運動へと展開していった。大乗仏教は仏教の大衆化を推し進め、また地域の神々を吸収して、これを如来《にょらい》・菩薩《ぼさつ》として位置づける（阿弥陀如来、観音菩薩など）などして、勢力を拡大していった。

同じ頃、マトゥラーやガンダーラで仏像が発生した。さらに、七世紀頃になると、密教（タントラ仏教）が生まれた。これは仏教とヒンドゥー教とが融合して形成されたもので、呪文（真言《しんごん》）や秘術（修《す》法《ほう》）を重視するところに特色がある。

中国仏教の成立と周辺国への伝播

仏教はインドから西域《さいいき》を経て中国に伝来し、やがて朝鮮半島や日本列島にも伝わった。中国への仏教伝来は、さまざまな伝承や後世の仮託に覆われて不明の部分があるが、おおむね紀元一世紀頃のことであろうと考えられる。後漢の時代であった。仏教は中国にとって外来の宗教であり、外国人の宗教であった。そのため、仏教が中国社会に浸透するには時間がかかったが、四世紀頃から広まりはじめ、経典も本格的に漢訳されるようになり、中国人の出家者が活躍するようになっていった。中国では、経典を翻訳する作業が重視され、鳩摩羅什《くまらじゅう》（クマラジーヴァ、三五〇～四〇九または三四四～四一三）などによって、重要経典がつぎつぎと漢訳されていった。やがて、南北朝時代には仏教文化が大いに栄えるところとなり、それは隋唐《ずいとう》時代に継承されていった。

しかし、中国には儒教《じゅきょう》や道教《どうきょう》があった。儒仏道の三教は時に対立し、時に融和して歴史を歩んでいった。南朝の梁《りょう》の武帝《ぶてい》（在位五〇二～五四九）は仏教を保護、育成したことでよく知られており、仏教文化が大いに栄えた。他方、大きな仏教弾圧（廃仏）が行なわれることもあった。北魏《ほくぎ》の太武帝《たいぶてい》の廃仏、北周《ほくしゅう》の武帝《ぶてい》の廃仏、唐の武宗《ぶそう》の廃仏、後周《こうしゅう》の世宗《せいそう》の廃仏は大規模な仏教弾圧としてよく知られている（「三武一宗《さんぶいっそう》の廃仏」という）。だが、全般としては仏教が大いに流行し、多くの寺塔が建立され、仏像が造立されて、僧尼たちが活躍した。中国仏教では、また、教義教学の違いによって宗派が形成され、学僧が教学書を著わして仏教教学が振興した。

中国の周辺国は、漢字、儒教、仏教、律令などの中国文明を受容して国家、社会、文化をつくりあげていった。東アジアでは、朝鮮半島の高句麗《こうくり》、百済《くだら》、新羅《しらぎ》に仏教が伝わっていった。その伝来の状況は伝説的で不明の部分もあるが、おおむね四世紀末から五世紀のことであった。以後、朝鮮半島では仏教文化が栄え、寺院、仏像が造立され、僧尼が活躍した。さらに六世紀中頃、仏教は倭国《わこく》へと伝えられた。

仏教伝来以前

考古学による調査・研究が近年進展し、縄文時代、弥生時代、古墳時代の遺跡、遺構の中に、祭祀を実施した跡と推測してよいものがいくつもあることが判明してきた。当然のことといえばそうのだが、これにより、仏教伝来以前のわが国にも、神に対する信仰が存在していたことが明らかとなった。ただ、文字資料がないため、神をどう考え、どのように神を信仰したのか、その具体的様相はまだよくわかっていない。おそらくは、体系的な教義はなく、後年の神社に相当するような宗教的建築物も確立されていない、素朴な神信仰であったと推定される。それは、東アジア世界に広く存在した神信仰の一類型と位置づけうるものと考えられる。そうした神信仰は、後代のいわゆる「神道」の原初的形態を示すものであるが、まだこの時点では「神道」とは段階的に異なるものと評価しなくてはならない。六世紀の仏教伝来時に、すでに確立した「神道」が存在していたとみる見解は、今日では成立しない。

仏教公伝

わが国への仏教伝来は、六世紀中頃のことで、百済から伝えられた。これは外交ルートを通じて政治権力から政治権力へと伝えられたもので、今日これを「公伝」と呼んでいる。かつては公伝以外の伝来、いわば「私伝」を探求、重視するような見解もあったが、今日では、公伝を重視するのが考古学の研究成果と合致し、有力である。というのは、初期の寺院の遺跡が飛鳥《あすか》（現在の奈良県明日香村）など大和《やまと》（現在の奈良県）を中心に畿内に分布しているからである。今後、北九州であるとか、日本海沿岸地域であるとかの、まったくの別地域から、飛鳥以前にさかのぼるような最初期の仏教文化の遺跡が発見されるようなことがあれば話は別であるが、いまだそうしたものは発見されておらず、寺院や仏像をともなうような仏教文化は飛鳥を中心に栄えたことが知られている。仏教は政治的に伝来し、政治権力に関わる者たちによって受容、興隆されていった。

なお、『隋書《ずいしょ》』倭国伝には「仏法を敬《けい》す。百済に於いて仏経を求得《ぐとく》し、始めて文字有り」とあって、倭国の仏教が百済仏教の系譜を引くものであることが明記されている。

仏教伝来をめぐる文献の信憑性

仏教伝来の年次や伝えられた物品をめぐっては、史料となる文献の間に記述のくいちがいが見られる。一つは『日本書紀』に記される説で（一一九ページ史料1参照）、それによるなら欽明《きんめい》十三年（五五二）に百済の聖明王《せいめいおう》からわが国の君主に仏教が伝えられたという。五五二年伝来説である。これに対して、『上宮聖徳法王帝説《じょうぐうしょうとくほうおうていせつ》』（知恩院《ちおんいん》所蔵）は、仏教は欽明七年の戊午《ぼご》の年に伝えられたといい、『元興寺縁起《がんごうじえんぎ》』（醍醐寺《だいごじ》所蔵）に収める「元《がん》興寺伽藍縁起《ごうじがらんえんぎ》并《ならびに》流記資財帳《るきしざいちょう》」も同様の説を述べている。戊午の年は西暦では五三八年に当たる。その他に、逸文《いつぶん》しか現存しないが、最澄《さいちょう》『顕戒論《けんかいろん》』が引用する『元興縁起』という書物も五三八年説を述べている。

このうち五五二年説を述べる『日本書紀』は、養老四年（七二〇）に完成した書物であるが、その欽明十三年条の仏教伝来記事には、唐の長安《ちょうあん》三年（七〇三）に漢訳された『金光明最勝王経《こんこうみょうさいしょうおうきょう》』の文章が用いられている。五五二年に七〇三年の文章を用いることはできないことであるから、仏教伝来記事は『日本書紀』の編纂段階で編者によって文章に手が加えられたか、全く新しく作文されたものであることがわかる。私は井上薫《いのうえかおる》説を継承して、その文章を作った人物は道慈《どうじ》だろうと考えている〔井上薫―一九六一年、本書Ⅱ―二参照〕。五五二年という伝来の年次も、末法《まっぽう》思想に基づいて道慈によって設定された年次と理解すべきである（末法の初年に当たる）。とすると、『日本書紀』の五五二年説は史実を伝えるものとは評価できないということになる。

他方、五三八年説を述べる『上宮聖徳法王帝説』は、五つの文章を寄せ集めて一書としたものであるが〔家永三郎―一九七五年〕、仏教伝来についての記述はその第四部に記されている。この部分は奈良時代末期～平安時代前期の成立と見ることができる。かなり遅い時期に成立した文献なのである。同じく五三八年説を述べる「元興寺伽藍縁起幷流記資財帳」は問題の多い史料で、その記載内容は虚偽と矛盾に満ちており、この文書自身が記す天平《てんぴょう》十九年（七四七）二月十一日の作成年月日も信用することができない。詳しくは別稿に譲るが、この文書は平安時代末期に作成された偽文書と評価しなくてはならない〔吉田一彦―二〇〇一年、二〇〇三年b〕。とすると、この五三八年説を記す最古の文献は、最澄『顕戒論』が引用する『元興縁起』ということになるだろう。これはわずかな逸文を伝えるばかりで現存しないが、奈良時代中期～後期に成立した元興寺の縁起と推察される（前述の「元興寺伽藍縁起幷流記資財帳」とはまったく別の文書である）。

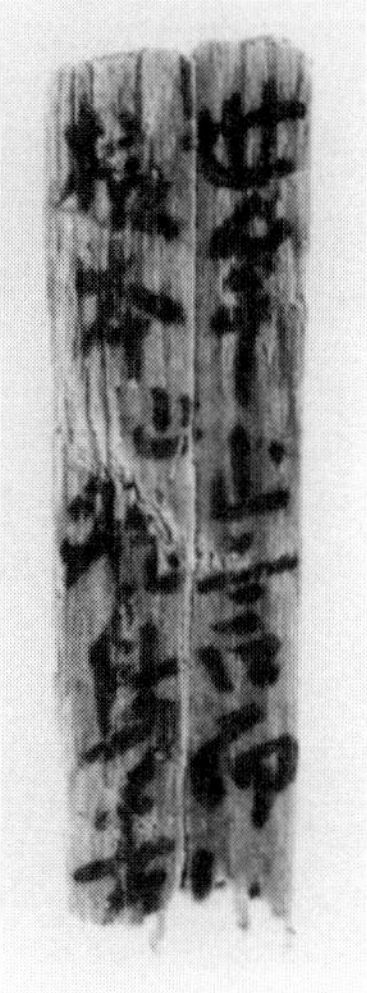

「飛鳥寺」と記された木簡　飛鳥池遺跡出土（奈良文化財研究所）

以上より、五三八年説は、文献的には『日本書紀』より遅れて、八世紀中後期以降に見えはじめる説ということになる。はたして仏教が伝えられてから約二百年も後の文献の記述を採用してよいのかどうか大変悩ましいが、ただ、この説は飛鳥寺あるいは蘇我《そが》氏に伝えられた古伝である可能性があり、今後その妥当性を考察していく必要があると考える。現時点ではなお不明の部分があって、仏教伝来年は未詳とするのが穏当であろうが、それが六世紀中頃のことであったのはまちがいない。

倭国の初期仏教―飛鳥仏教

仏教伝来以後、七世紀前半頃までの仏教を、今日「飛鳥仏教」と呼んでいる。飛鳥の地を中心に仏教文化が興隆したからである。その中心に立ったのは、飛鳥の地を基盤とした蘇我氏であった。蘇我氏によって建立された飛鳥寺は、わが国最初の本格的伽藍《がらん》であり、大和の政治権力を代表する仏教寺院としてそびえたった。飛鳥寺は現在も存続し、飛鳥時代の仏像（ただし後補の部分を多く含む）を今日に伝えている。この寺の当初の構造は、発掘調査の結果、一塔三金堂という独特の伽藍配置であったことが判明している。回廊《かいろう》で囲まれ

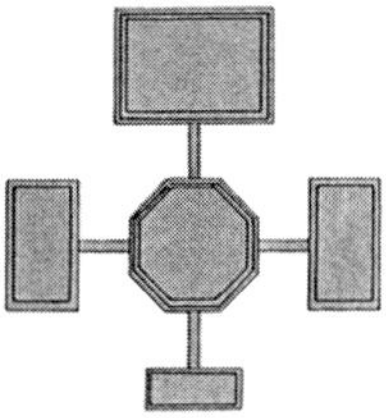

清岩里廃寺の伽藍配置

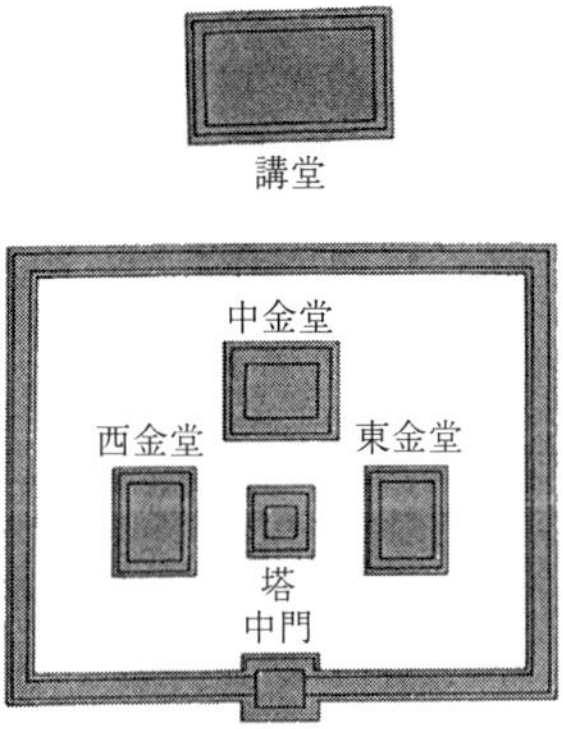

飛鳥寺の伽藍配置

清岩里廃寺は平壌市にある古代寺院跡.

る中枢伽藍部分のほぼ中央に塔があり、その北側と東側・西側に、塔を囲むように三つの金堂があるという形式である〔坪井清足—一九八五年〕。この構造の寺院は平壌《ピョンヤン》の清岩《せいがん》里《り》廃寺など朝鮮半島の古代寺院に例があり、飛鳥寺がその強い影響を受けて建立されたものであることが知られる。

飛鳥仏教をめぐる最大の論点は、この飛鳥寺の評価である。飛鳥寺は蘇我氏によって建立された蘇我氏の寺院であった。だが、わが国最初の本格的な寺院が国家の寺院でなく、また王の寺院でもなく、一氏族の氏寺《うじでら》だというのはなかなか理解しにくいことである。飛鳥寺は大和の政治権力の中心地に存在し、この政権と密接に連関した寺院であった。飛鳥寺を蘇我氏の私的な氏寺とのみ見なす評価は、今後再検討の必要があると私は考えている。

一方、のちの天皇家につながる大王家は仏教に消極的であった。ただ王族の中では厩戸王《うまやとのみこ》が斑鳩寺《いかるがでら》（のち法隆寺《ほうりゆうじ》と号す）を建立し、例外的に仏教に積極的であった。また秦《はた》氏など渡来系氏族もいくつかの寺院を建立した。この時代の寺院址は、今日約五十ほどが発掘調査によって確認、もしくは推定されている。それらは飛鳥など大和を中心に、そのほとんどが畿内に分布している。なお、わが国の初期仏教では尼《あま》が多く活躍し、尼寺がいくつも建立されたことも重要な特色の一つである。坂田寺《さかたでら》、豊浦寺《とゆらでら》はわが国の最初期の尼寺である〔豊浦寺の発掘調査については亀田・清水―一九九七年〕。

聖徳太子の評価

かつては、飛鳥仏教といえば、「聖徳太子」を中心に語られることが多かった。彼はすぐれた政治家であると同時にすぐれた文化人であるとされ、高度な中国思想や仏教思想を十分に理解して、「憲法十七条」を作成し、また「三経義疏《さんぎようのぎしよ》」を著作したとされてきた。だが、日本の近代歴史学は、伝説のベールに包まれた彼の事績を、聖徳太子信仰の産物であるとしてつぎつぎと否定してきた〔本書II―一参照〕。早く、久米邦武《くめくにたけ》は『聖徳太子伝暦《でんりやく》』に記されるさまざまな奇蹟の話は歴史的事実ではなく、さらに根本史料である『日本書紀』に記されるいくつかの話――厩で誕生したとか、生まれてすぐにものを言ったとか、未来を予言したなど――も創作にすぎないことを指摘した〔久米邦武―一九八八年〕。次いで津田左右吉は『日本書紀』の記述の多くを後世の創作であるとして否定し、「憲法十七条」も彼の作ではなく、『日本書紀』編纂段階で創作されたものであることを明らかにした〔津田左右吉―一九五〇年〕。また福山敏男《ふくやまとしお》氏は、法隆寺金堂の薬師如来像や釈迦三尊像の銘文が推古《すいこ》朝のものではなく、後世に作文されたものであることを明らかにした〔福山敏男―一九三五年〕。さらに藤枝晃《ふじえだあきら》氏は、敦煌《とんこう》文献との比較検討を行ない、「三経義疏」は聖徳太子の著作ではなく、中国で書かれた書物であることを明らかにした〔藤枝晃―一九七五年〕。

こうした研究成果に立脚して、近年、大山誠一《おおやませいいち》氏は聖徳太子虚構論を提起した〔大山誠一―一九九八年、一九九九年、二〇〇三年〕。聖徳太子の事績とされることは、ほとんどすべてが歴史的事実ではなく、後世に創作されたフィクションであると論じたのである。大山氏も厩戸王の実在は認める。ただ、彼について史実と認定できるのは、①用明《ようめい》の子であること、およびその親族関係。②実名が厩戸であること、および生年が敏達《びだつ》三年（五七四）であること。③斑鳩宮《いかるがのみや》に住んだこと、および斑鳩寺（のち法隆寺と号す）を造ったこと（どちらも焼失、のち寺は再建）の三点くらいで、それ以外は実像が不明の人物であるという。一方の「聖徳太子」は、その厩戸王を題材にして『日本書紀』の作者たちが創作した人物で、そこに記される数多くの事績は作り話にすぎないという。『日本書紀』には神武《じんむ》天皇、神功《じんぐう》皇后、ヤマトタケルなど何人かのスターが登場する。彼らは『日本書紀』の作者たちによって創作された架空の人物であるが、聖徳太子もまたそうした人物の一人であった。聖徳太子は、儒仏道三教の聖人として描かれ、「聖徳」をそなえた「皇太子《こうたいし》」にして理想的な政治指導者として造形されたた（ただし「聖徳太子」という名称は『日本書紀』ではなく、天平勝宝三年〈七五一〉の『懐風藻《かいふうそう》』が初見）。大山氏は、聖人としての「聖徳太子」の人物像は『日本書紀』ではじめて創作されたと説き、その設定には、藤原不比等《ふじわらのふひと》、長屋王《ながやおう》が関わり、文章の執筆には道慈などが関与したと論じた。日本は七世紀末に天皇制度を発足させ、律令法を制定し、新しい国制をスタートさせた。聖徳太子は、そうした新時代にふさわしい、あるべき理想的指導者として造形されたという。以上、聖徳太子は創作された人物であり、その事績のほとんどすべては歴史的事実と見なすことができない。

廃仏は史実か

『日本書紀』は、また、日本でおこった廃仏派と仏法興隆派の対立のありさまを次のように記述している。仏教が伝えられた欽明の政権では、仏教を受容すべきだという蘇我稲目《そがのいなめ》の意見と、受容すべきでないという物部尾輿《もののべのおこし》や中臣鎌子《なかとみのかまこ》の意見とが対立した。聖明王から贈られた仏像などは稲目の家でまつることとなったが、天皇は、尾輿、鎌子らの意見を聞き入れ、仏像を難波《なにわ》の堀江《ほりえ》に流し棄《す》て、寺を焼くという廃仏を行なった。するとたちまち大殿《おおとの》（天皇の宮殿）に火災がおこったという。次に敏達十四年（五八五）、物部守屋《もののべのもりや》、中臣勝海《なかとみのかつみ》が疾病発生の原因は蘇我馬子らの仏法崇拝にあると意見すると、天皇はこれを聞き入れ、「仏法をやめよ」という「詔《みことのり》」を発布したという。廃仏令の発布である。ここで注意したいのは、廃仏を断行したのは物部氏や中臣氏ではなく、彼らの意見を取り入れた天皇自身だったことである。これによって、塔や仏像、仏殿が焼かれ、難波の堀江に棄てられた。最初の出家者である善信尼《ぜんしんに》らは強制還俗《げんぞく》とされ、禁錮《きんこ》刑とされた上でむち打ち刑が科された。すると天皇と物部守屋は、にわかに「瘡《そう》」の病となり、また国中に「瘡」が流行して死者がたくさんでた。人々は「仏像を焼いた罪か」と語りあったという。天皇はそのまま亡くなってしまった。そして崇峻《すしゅん》天皇の時代、蘇我馬子が物部守屋の征伐に立ち上がり、若き聖徳太子も参加して守屋を滅ぼした。こうして仏法興隆派はようやく勝利し、推古天皇が「三宝《さんぼう》興隆の詔」を発布し、聖徳太子の政治が行なわれて仏法興隆が実現したという。

以上の『日本書紀』の記述には次の特徴があることに気付く。第一は、それが中立・公正の立場ではなく、ある特定の立場、具体的には仏法護持派の立場から書かれていることである。仏像が棄てられ、寺が焼かれると、大殿が火災になったというが、これは廃仏に対しての報《ほう》が下されたということで、バチが当たったというのである。敏達も廃仏を断行するとたちまち「瘡」の病となり、亡くなってしまったという。これも報の思想で、仏罰が下ったのである。こうした記述を行なった人物は、熱心な仏法護持者か、あるいは僧であったと考えられる。

　第二は、これら一連の記述が中国の仏教文献を参照、模倣して書かれていることである。中国では大きな廃仏があったが、北魏の太武帝の廃仏や北周の武帝の廃仏については、隋唐の護法家の書物に詳しく論述されている。道宣《どうせん》『広弘明集《こうぐみょうしゅう》』『集古今仏道論衡《しゅうここんぶつどうろんこう》』『続高僧伝』『集神州三宝感通録《しゅうしんしゅうさんぼうかんつうろく》』、道世『法苑珠林《ほうおんじゅりん》』などである。これらでは、廃仏は末法と関連づけて理解されているが、そこに『日本書紀』と共通する記述があちらこちらに見られる。北魏の太武帝の廃仏では、宰相の崔浩《さいこう》が廃仏政策を進言し、これを取り入れた皇帝が廃仏令を発布して廃仏が実施された。北周の武帝の廃仏も、道士の張賓《ちょうひん》や還俗僧の衛元嵩《えいげんすう》の進言を取り入れた皇帝が廃仏を断行した。悪い家臣がおり、その提言を取り入れた君主が廃仏を行なったのである。廃仏は、具体的には、僧尼の強制還俗や、寺塔、仏像、経典の破壊という形で行なわれた。だが、やがて廃仏は行き詰まり、仏法は再興へとむかっていく。北魏の太武帝は、『広弘明集』では「悪疾」にかかり、殺されて崩《ほう》じたと記され、北周の武帝も「癘《れい》気《き》」が内に満ち、身は「瘡《そう》」となって崩じたと記されている。『法苑珠林』を見ると、二人の廃仏君主と五胡《ごこ》の夏《か》の赫連勃勃《かくれんぼつぼつ》について「これらの三君は仏法を滅ぼしたため、身は癩瘡《らいそう》を患い、死して地獄に落ちた」と記されている。「瘡」は「癩」と同様、悪業《あくごう》の報としてかかる病、つまり業病《ごうびょう》に他ならない。北周の武帝が亡くなると、隋の文帝《ぶんてい》は「三宝興復」の政策をとり、「紹隆三宝」の詔を発布して仏法は興隆していった。『日本書紀』の記述は、これら中国文献の記述を参照、模倣して書かれているのである。その文章を作成したのは僧とすべきであり、私はそれは道慈だと考えている。

第三は、個々の事象や表現が中国文献を模倣して書かれているのみならず、一連の話の展開全体が中国の仏法興廃の歴史の模倣となっていることである。それは、「①末法→②廃仏→③廃仏との戦い→④三宝興隆」という展開である。これらの話は、中国が経験した廃仏と仏法再興の歴史を念頭において、その各部分を模倣し、さらに全体の構成もモデル化した上で模倣しているのである。では、『日本書紀』のこの一連の話は史実に基づく記述なのであろうか。残念ながら否と言わざるをえない。仏教は本当に末法に入る年に伝来したのか。敏達は廃仏を行なったため「瘡」となって亡くなったのか。そんなことは歴史的事実であるはずがない。作り話にすぎない。①〜④の全体が史実に基づく歴史ではなく、僧による仏教受容と興隆に関する創作史話としなくてはならないのである。

白鳳仏教

七世紀後半から平城京《へいぜいきょう》遷都（和銅三年〈七一〇年〉）の頃までの仏教を、今日、白鳳《はくほう》仏教と呼んでいる。ただこの用語には少し問題がある。「白鳳」というのが実際には用いられることのなかった架空の年号だからである。今後、何らか別の用語に変更すべきだと思われるが、今なお広く使われている用語なので、ここでは便宜的に用いることとする。

さて、伝来からおよそ一世紀、仏教はこの時代、急速に広まり、日本列島に仏教ブームとでも呼ぶような状況がおとずれた。特に重要なのは、地域社会に仏教が広まっていったことで、地方豪族の仏教が盛んとなり、さらには民衆の仏教もはじまって、各地に数多くの地方寺院が建立されていった。中央では氏族の仏教が盛んであったが、同時に大王が寺院を建立し、仏法を興隆するという国家の仏教が開始された。

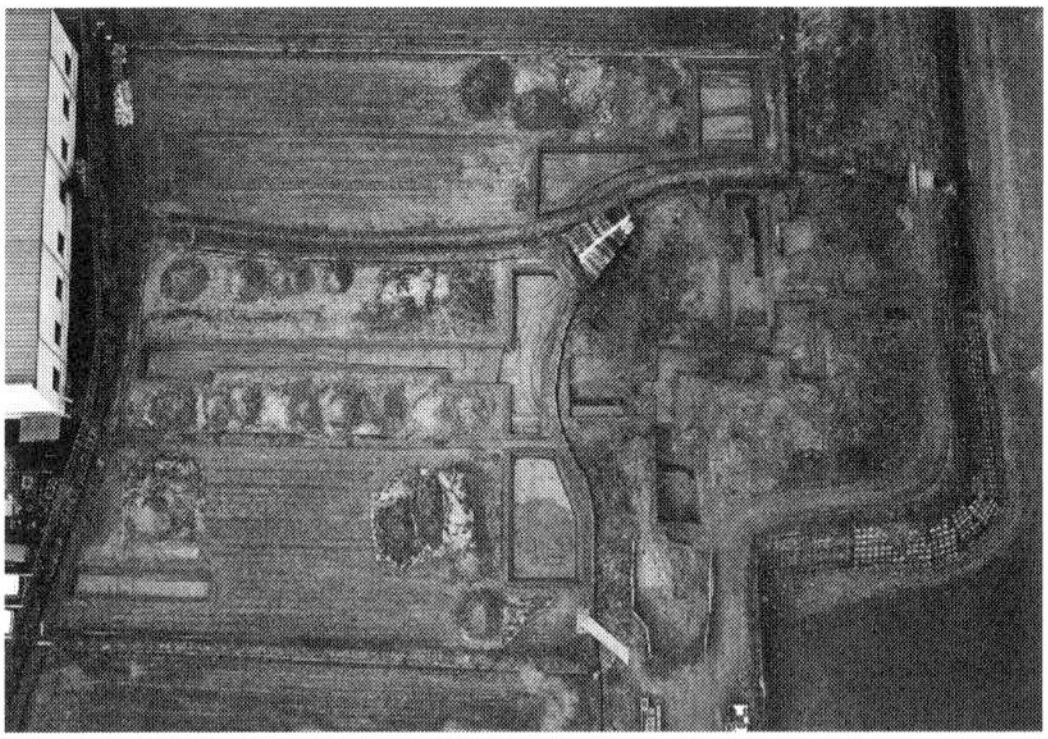

吉備池廃寺塔跡（奈良文化財研究所）

国家の仏教は大王の舒明《じょめい》によって開始された。彼が六三九年に造営を開始した百済大寺《くだらおおでら》がわが国最初の大王の寺院であった。その跡と考えられる遺跡が近年発掘調査された。奈良県桜井《さくらい》市の吉備池廃寺《きびいけはいじ》である。ここは一九九七～八年の調査で金堂跡、塔跡などが検出され、大変巨大な寺院跡であることが明らかになった〔小沢毅―一九九七年、奈良国立文化財研究所―一九九九年〕。計画から多大の年月をかけて建築が進められていったものと推定される。

国家の寺院は、これに次いで天智《てんち》によって飛鳥に川原寺《かわらでら》、近江に崇福寺《すうふくじ》が建立された。どちらも発掘調査が行なわれ、往時の規模が明らかになっている〔坪井清足―一九八五年、小笠原好彦ほか―一九八九年〕。また天武《てんむ》が建築を開始し、持統《じとう》によって完成されたのが薬師寺《やくしじ》である。ここも発掘調査が行なわれ、往時の規模が明らかになっている〔花谷浩―一九九七年〕。持統はわが国最初の中国風の都城《とじょう》である藤原京《ふじわらきょう》を飛鳥

山田寺跡出土連子窓（奈良文化財研究所）

の地に完成させた。藤原京には、国家の寺院として、百済大寺を移築した大官大寺《だいかんだいじ》がそびえたち、また川原寺（弘福寺《ぐふくじ》）、薬師寺、さらに蘇我氏から没収した飛鳥寺（元興寺《がんごうじ》）が建ち並んだ。氏族の寺院としては、この時代、蘇我倉山田石川麻呂《そがのくらのやまだのいしかわのまろ》によって山田寺《やまだでら》が建立され、中臣氏（藤原氏）の山科寺《やましなでら》（のちの興福寺）も建立された。山田寺の発掘調査では、回廊《かいろう》の建物が、土中から、横倒しになった状態で発見された。七世紀後半の建築が十一世紀前半頃に倒壊して地中に埋もれ、それが水漬けの状態で保存されて今日に残ったのである〔佐川正敏―一九九七年、奈良国立文化財研究所―一九九七年〕。この画期的な発見により、当時の建築の実際の姿が目の当たりに知られるところとなった。

だがこの時代の仏教の浸透で最も注目されるのは、先に述べたように、日本列島の各地に数多くの地方寺院が建立されたことである。それらの寺院跡は各地から多数が発見、調査されており、その数はもはや七百を越えている。これは今後調査が進展すれば、いっそう増加するものと予想される。各地につぎつぎと仏教寺院が建立されたのである。そうした地方寺院を建立したのは地方豪族層で、彼らは評造《こおりのみやつこ》、郡司の地位につくものが少なくなかった。彼らの仏教信仰や寺院建立については、『日本霊異記《にほんりょういき》』『出雲国《いずものくに》風土記《ふどき》』などに記述が見え、その様子を知ることができる。彼らは寺院を建立し、仏像を造立し、経典の書写事業を行なった。

この時代、民衆にも仏教は広まりはじめた。人々は地域の寺院を通じて仏教にふれ、信心をはじめていった。民衆の教化《きょうけ》を行なう僧尼もいた。今日、七〜九世紀の古写経《こしゃきょう》がかなりの点数現存しているが、その中には民衆への仏教の流通をうかがわせるものがいくつかある。わが国現存最古の写経は『金剛場陀羅尼経《こんごうじょうだらにきょう》』であるが、その奥書《おくがき》によると、六八六年、河内国志貴評《かわちのくにしきのこおり》において、「教化僧」の「宝林《ほうりん》」なる人物が中心になり、「知識《ちしき》」（仏教を信仰するグループ）を組織して写経事業を行なったという。六八六年という早い段階で、すでに地域社会で「教化僧」が活動し、民衆教化を行ない、写経をすすめ、仏教を広めていった。志貴評は、現在の大阪府藤井寺《ふじいでら》市東部から八尾《やお》市南部のあたりに編成されたコオリであるが、そうした畿内の先進地域では民衆の仏教が開始されたのである。

2　日本の古代仏教

古代国家の仏教

七世紀末、わが国は中国の政治制度を取り入れて天皇制度を開始し、国号も倭から日本へとあらためた〔本書Ⅰ—二参照〕。わが国の君主が「天皇」を名のったのは持統から、もしくは天武の途中からと考えられる。持統天皇の歴史的意義ははなはだ大きい。彼女は、天皇制度の導入にともない、天皇が居住し、政務を行なう中国風の都城を完成させた。藤原京で

藤原京の薬師寺跡（奈良文化財研究所）

ある。また、天皇が発布する法である律令法を作成し、施行した。さらに貨幣の鋳造・発行、歴史書の編纂、新しい暦（儀鳳《ぎほう》暦《れき》）の施行など、重要な関連事業をつぎつぎと推し進めていった。宗教政策としては、新生日本国の宗教的基盤を仏教と神祇《じんぎ》祭祀の二つとする方針を明確にうちだし、その具体策を実施していった。以後、古代国家は、寺院の建立、仏像仏画の造立、法会《ほうえ》の開催、写経事業、僧尼の創出といった各方面で、仏法興隆の政策を前面に打ち出した。政策立案者には藤原不比等が存在した。持統としては、父天智や夫天武の政策を引き継ぐという面があったであろうが、その実行能力は高く、天皇制度に基づく国家の形成に大きな役割をはたした。彼女と不比等によって古代国家の基本的方向性は定められたと考えられる。

持統天皇は藤原京に国家の寺院として薬師寺を完成させた。また国家儀礼として金光明《こんこうみょう》経《きょう》斎会《さいえ》を実施することとし、これを中央のみならず、地方でも挙行させることとした。さらに、国家が僧尼の出家制度に関与することとし、中国の制度にならって、国家が出家者を認可する制度（官度制《かんどせい》）を創始した。官度させる僧尼の人数は一年間に十人と定めた。これを年分度者《ねんぶんどしゃ》という。また、僧尼集団の戒律《かいりつ》に当たる規範を国家が定めることとし、それを令の一篇として『大宝令《たいほうりょう》』に組み込んだ。本来、出家者集団が自分たちで自律的に定める戒律を国家が代わって定めたのである。これが「僧尼令《そうにりょう》」である。この法は唐の「道僧格《どうそうきゃく》」という法を参照、改変して作成された。仏教の信奉者であった持統天皇は、死後、火葬された。

持統天皇の皇統《こうとう》は、文武《もんむ》、元明《げんめい》、元正《げんしょう》、聖武《しょうむ》、称徳孝謙《しょうとくこうけん》とみな仏教を大変重視した。中でも聖武天皇はあつく仏教を信心し、妻の光明皇后《こうみょうこうごう》の意向を汲んで全国に国分寺《こくぶんじ》・国分尼寺を建立することとし、中央には大仏を造立した。国分寺は、入唐《にっとう》帰国した道慈の意見を参照して、中国の制度を模倣して計画されたものである。ただ、唐の制度には国分尼寺に当たるものはないので、その部分は前代の隋の制度を真似たものと思われる。僧寺と尼寺のペアとしたのは、光明皇后の意向によるものと考えられる。近年、各地の国分寺、国分尼寺の発掘調査が進展し、往時の様子が判明してきた〔角田文衛一九八六～九七年〕。

美濃国分寺塔心礎

和銅《わどう》三年（七一〇）、都は藤原京から平城京に遷都となった。平城京には、藤原京から大安寺《だいあんじ》（大官大寺を改称）、薬師寺、元興寺が移転となり（ただし建物は新築）、大仏をおさめた寺は東大寺《とうだいじ》となり、光明皇后の宅は尼寺とされて法華寺《ほっけじ》となった。称徳孝謙天皇は西大《さいだい》寺《じ》を建立した。こうして平城京にも国家の大寺がたち並ぶところとなった。なお東大寺の創建については、現地調査と史料解読の両面から研究が進み、創建時の様子が解明されてきた〔吉川真司―二〇〇〇年〕。また一切経《いっさいきょう》の書写も国家事業として大規模に実施された。その状況は正倉院文書に記されているが、近年その読解が進み、事業の全体像が明らかになりつつある〔山下有美―一九九九年、栄原永遠男―二〇〇〇年、二〇〇三年、山本幸男―二〇〇二年〕。さらに聖武は自ら出家《しゆつけ》した。日本の天皇の出家のはじまりである。聖武は出家とほぼ同時に退位したが、娘の称徳孝謙天皇は一度天皇を退位した後に出家して尼となり、その後そのまま再び天皇に復位した。これは日本史上ただ一回の出家の天皇であって、注目される。官度制も整備が進み、天平六年（七三四）には『法華経』『金光明最勝王経』の二つが官度僧尼になるための必修経典として定められた。これも道慈の建言によるものと推定されている。

持統皇統が称徳孝謙天皇で途絶えると、皇統は光仁《こうにん》、桓武《かんむ》の血筋に移り、長岡京《ながおかきよう》、次いで平安京《へいあんきよう》へと遷都《せんと》が実施された。かつては遷都の理由として、仏教の政治への関与を防止するためとする見解が唱えられたこともあったが、この説は今日では否定されている。皇統が変わったので遷都が実施されたのである。桓武天皇は郊天祭祀《こうてんさいし》を行なって皇統が交替したことを宣言した。光仁天皇の皇統も、引き続き仏法興隆政策を採った。平安京には国家の寺院として東寺《とうじ》、西寺《さいじ》が建立された。桓武天皇は最澄《さいちよう》を、嵯峨《さが》天皇（上皇）は空海《くうかい》を重く用いた。

古代国家の神祇祭祀

国家的神祇祭祀もまた、天武～持統天皇の時代に体系化がなされた。神々に対する祭りは、大和の政治権力が成立した当初から、原初的な形態のものが王権の祭祀として実施されていたと推定されるが、この時期になって、唐の国家的神祇祭祀が参照されて、新生日本国の国家的神祇祭祀が整備、体系化されたのである。その全体像は、『大宝令』の「神《じん》祇令《ぎりょう》」に規定されるところとなった〔西宮秀紀―二〇〇四年〕。

日本律令の「神祇令」は、唐の律令の「祠令《しれい》」を参照して、それをもとに作成されたものである。であるから、古代国家が神祇祭祀を整備するにあたって唐の祭祀を参照、模倣したことはまちがいない。ただ両者には、注目すべき差異もまたある。中国の皇帝祭祀は、天をまつる「郊祀《こうし》」と皇帝の祖先をまつる「宗廟《そうびょう》」祭祀の二つを根幹とし、祠令もそうした思想で構成されていた。しかし神祇令は、予祝《よしゅく》と収穫の祭祀をその中心に位置づけており、中国とは異なる構成となっている。また、祠令に規定される釈奠《せきてん》が日本令では学令で規定されたこと、日本の神祇令が天神をまつる「祀」と地祇をまつる「祭」とをほとんど区別しなかったこと、祠令では規定されない即位儀礼が神祇令では規定されたこと、祠令には存在しなかった大祓《おおはらえ》が神祇令には規定されたこと、などの違いが知られる。日本の神祇令には、即位儀礼として、践祚《せんそ》（即位）と大嘗祭の二つが規定された。また伊勢神宮《いせじんぐう》が天皇家の皇《こう》祖神《そしん》をまつる神社とされた。

中国では早くから天命思想が発達し、天から命が下った者が皇帝であるとする観念が確立した。しかし古代日本は、これが易姓《えきせい》革命（王朝交替）の思想を含むことを恐れてその部分の受容を避けた。その代わりとして、天皇家は、実は神の血筋をひく、神の子孫であるとする思想を創作し、その理念を神話をもって表現した。おそらくはこの相違が令にも反映して、神祇令に即位儀礼が規定されたものと考えられる。

神祇令には、十三種の国家的祭祀が規定されている。中で最も重要なのは、先に述べたように、豊作を祈る予祝の祭祀と、収穫後に新穀を祝う祭祀の二つであった。前者が祈年祭であり、後者には神嘗《かんなめ》祭、相嘗《あいなめ》祭、新嘗《にいなめ》祭（大嘗祭）の三つがあった。この祈年祭と新嘗祭、それに六月と十二月の月次《つきなみ》祭の四つ（三種）が最も重視される国家的神祇祭祀であった。これらでは、諸国の官社の祝部《はふりべ》たちが中央に集められて、朝廷から幣帛《へいはく》がわかち与えられるという「班幣《はんぺい》」の儀礼が実施された。この四つは伝統的祭祀を継承しつつ、七世紀末にあらためて整備がなされた一連の祭祀と考えられている。さらに、神祇令には唐になかった大祓が規定されており、穢《けが》れを排除する国家儀礼が日本では重視されたことが知られる。

しかしながら、そうした国家的祭祀はわずか数十年で大きな変更を余儀なくされた。岡田荘司《おかだしようじ》氏が明らかにしたように、八世紀後半から九世紀に、新たな公的祭祀がつぎつぎと開始されて、神祇令祭祀と並存するようになり、やがてそれが国家的神祇祭祀の中心となっていった。春日《かすが》祭、平野《ひらの》祭、園《その》韓神《からかみ》祭、賀茂《かも》祭、松尾《まつのお》祭、梅宮《うめみや》祭、大原野《おおはらの》祭、大神《おおみわ》祭、当麻《たいま》祭、平岡《ひらおか》祭、率川《いさかわ》祭、山科《やましな》祭などがそれである〔岡田荘司―一九九四年〕。その一方、神祇令祭祀の方では「班幣」の儀礼が実施されなくなり、その意味が変化していった。新しく成立した公的祭祀は、変質をとげた神祇令祭祀ともども国家的祭祀を形成し、それが平安時代初期から室町時代後期に至るまでの日本の神祇祭祀の中核となっていった。

道教の不選択

道教《どうきょう》は、儒教、仏教と並んで中国を代表する宗教である。中国の歴史を顧みると、これら三者は、激しく対立した時代もあったが、また互いに影響を与えあい、協調、融和した時代もあった。道教をどのようなものと理解し、いかに概念規定するかについては、いくつかの見解があるが、およそ中国在来の神信仰に、老荘《ろうそう》思想、神仙《しんせん》思想、民間の雑信仰などが融合し、さらに儒教・仏教の影響も受けて、しだいに成立、発展したものとするのが一般的な見解であろう。それはしだいに儀礼、制度、教義などを整え、道士《どうし》・女冠《にょかん》と呼ばれる聖職者が、道観《どうかん》と呼ばれる宗教施設で活動する宗教へと展開していった。やがて倭国にも、仏教ばかりでなく、道教的な文化が伝来してきた。特に七世紀後半の天武朝には、道教的文化が多数受容されて、盛り上がりをみせた。この時代に成立した八色《やくさ》のカバネの一つ「真人《まひと》」や、天武の諡号《しごう》の「天渟中原《あまのぬなはら》瀛真人《おきのまひと》天皇」は道教的文化を反映したものと考えてよい〔福永光司―一九八五年〕。しかし、八世紀になると、そうした情勢はしだいに変化し、道教を受容するか否かは政権中枢の指導者の間でも見解が分かれるものとなっていった。やがて、長屋王の変の後、藤原氏が政権を掌握すると、道教は受容しないという国家的政策はほぼ固まり、遣唐使も道教に関わる文物は持ち帰らない方針を貫いた〔新川登亀男―一九九九年〕。結局、日本には道士・女冠は存在することなく、道観も建立されなかった。日本は、中国の道教とは異なる、独自の神祇祭祀を確立しようとする政策をとったのである。

国家仏教論とその問題点

日本の古代仏教については、これまで「国家仏教」という観点からこれを理解、説明しようとする見解がしばしば唱えられてきた。しかし、私はこれまでの「国家仏教」論には賛成できないところが多くある。そこでこの項では、この問題について私見を述べたい。

「国家仏教」という概念は、すでに戦前の研究に端緒が見える〔圭室諦成―一九四〇年、堀一郎―一九七七年〕。だが、本格的に論じられるようになったのは戦後になってからのことで、一九五〇年代から七〇年代頃にかけて、盛んに議論が行なわれた。この論を唱えた一人である田村圓澄《たむらえんちょう》氏は、日本古代の仏教受容は国家による受容がその中心であって、そうした意味で国家仏教であったが、飛鳥仏教の時代はまだ氏族仏教の段階で国家仏教は成立していなかったとした。そして、白鳳仏教の時代になって国家による仏法興隆が本格的に行なわれたと論じ、飛鳥仏教から白鳳仏教への展開を〈氏族仏教から国家仏教へ〉という道筋で説明した〔田村圓澄―一九八二年〕。一方、井上光貞《いのうえみつさだ》氏は、田村氏とは異なり、日本古代の仏教は律令などに規定される法や制度を中心に理解しなくてはならないと説き、「律令的国家仏教」という概念を提唱して、古代仏教を説明しようとした〔井上光貞―一九七一年〕。この説では、「僧尼令」、官度制、僧綱《そうごう》制といった法や制度にこそ、古代の国家仏教の基底的な性格がうかがえるとしている。古代国家は「僧尼令」によって僧尼たちの活動をさまざまに制約し、僧尼たちは自由な宗教活動ができなかった。また出家すること自体が国家に管理されていたため、自由に出家者となることができず、法に反して自分勝手に出家した私度僧《しどそう》は国家権力によって厳しく禁圧された。そう考えたのである。この律令的国家仏教論を今日に継承・発展させる見解も議論されている〔本郷真紹―二〇〇五年〕。

しかしながら、一九八〇年代以降、国家仏教論はさまざまな角度から批判を受け、もはやそのままでは成り立ちがたい研究状況に立ち至っている。そもそも「国家仏教」なる用語が曖昧《あいまい》で、概念規定自体が明瞭でないという問題点があった。個々の論点を検証してみても、古代における僧尼の処罰の実例を調べてみると、八世紀から九世紀初め頃まで、「僧尼令」の規定は処罰規定も優遇規定も全く適用されておらず、法とは異なる恣意《しい》的な科刑がなされている。また「僧尼令」違反を理由にその宗教活動が取り締まられたのは行基《ぎょうき》の事例一例以外にはない。僧尼たちは自由な宗教活動を行ない、取り締まられることなく活動していた。たった一例の行基の例にしても、「僧尼令」に従って刑罰が科されたというのではない。「僧尼令」は実際にはほとんど機能しておらず、この法の文言をただちに実態に結びつけることはできない。また私度の僧尼も確かに法の規定では禁止とされていた。しかし実態はそれとは異なり、私度の僧尼はほとんど容認されており、地方豪族の仏教や民衆の仏教、あるいは貴族の仏教の場で盛んに活動していた。登用されて私度僧から官度僧に転じて、国家の仏教の場で活動する僧もいた（空海など）。これは政府は私度僧尼取り締まりの意思は持っていたが、現実にはそれが達成できなかったという意味ではない。政府の意思自体が私度僧尼容認であったと理解されるのである〔吉田一彦―一九九五年〕。

むしろ必要なのは「国家仏教」の相対化であろう。日本古代には国家の仏教が確かに存在した。だがそれが古代の仏教のすべてであったわけではなく、また国家仏教が古代の仏教の全体を規定していたというのでもない。国家の仏教は古代仏教の一部を構成したにすぎず、他に貴族の仏教や宮廷の仏教、また地方豪族の仏教や民衆の仏教があり、それらは互いに連関しつつ、全体として古代の仏教を形作っていた。特に仏教が地方に広まっていったことは重要で、地域社会では、地方豪族たちが熱心に仏教を信心し、また民衆も仏教の信心を開始していた。飛鳥仏教から白鳳仏教への展開は、〈氏族仏教から国家仏教へ〉ではなく、多様な仏教へと展開したと見なくてはならない。古代には、国家の仏教ばかりでなく、多様な仏教が存在したのである。

国家仏教論は、中世仏教の基軸を鎌倉新仏教ととらえ、それゆえ中世仏教は「民衆仏教」であるとする学説の強い影響を受けて形成された学説であった。日本では、鎌倉時代になって鎌倉新仏教が誕生し、はじめて「民衆仏教」が成立した。新仏教が克服しようとした旧仏教は古代仏教であり、それは「国家仏教」に他ならない。そう考えたのである。したがって、この見解では、古代から中世への仏教史の展開は、〈国家仏教から民衆仏教へ〉という図式で理解されることとなる。だが、黒田俊雄氏によって顕密体制論が提起され、中世仏教の基軸は鎌倉新仏教ではなく、旧仏教（顕密仏教）であることが明らかとなった。新仏教は鎌倉時代には少数派、異端派にすぎず、中世後期から近世になって日本社会に流通していった。そもそも、中世には民衆の仏教ばかりでなく、国家の仏教、貴族の仏教、幕府の仏教など多様な仏教があった。そしてそのほとんどすべては顕密仏教に覆いつくされていた。古代仏教の全体像をどう理解するかについても、顕密体制論の提起によって、大幅な見直しが要請されているのである。

奈良時代を代表する僧は道慈（?～七四四）と行基（六六八または六七〇～七四九）であろう。道慈は、一般的にはあまり知られていないかもしれないが、奈良時代前半の国家の仏教の屋台骨を支えた重要な僧である。俗姓は額田《ぬかだ》氏。若くして出家し、聡明で学問を好み、才能を示した。大宝二年（七〇二）、遣唐使に随って唐に留学し、長安《ちょうあん》の西明寺《さいみょうじ》などで中国仏教を学び、養老《ようろう》二年（七一八）に帰国した。以後、藤原氏や長屋王の信任を得て、国家の仏教の中枢で活躍した。帰国直後、彼は『日本書紀』の編纂作業に加わり、仏教伝来記事、廃仏派仏法興隆派抗争記事、聖徳太子関係記事、僧旻《そうみん》関係記事など、多くの仏教関係記事の述作に関わった。『日本書紀』の記述の信憑性《しんぴょうせい》についてはこの点をふまえて慎重に考証する必要がある。また『金光明最勝王経』と『法華経』の二つの経典を重視する政策、国分寺の建立計画、戒師の招請計画にも彼の見解が大きな影響を与えた。性格は「骨鯁《こっこう》」（剛直）で、時に周囲とぶつかることもあった。晩年は律師の要職を退いて野に下った。著書に『愚志《ぐし》』一巻があるが、現存しない。詳しくはⅡ―二を参照されたい。

道慈と行基

一方、地方豪族層から支持され、また民衆からの熱烈に支持されたのが行基である。彼は渡来系氏族の出身で、僧となって積極的な民衆布教を行なっていたが、養老元年（七一七）、政府から名指しで糾弾された。以後は活動方針を転換し、交通施設（橋、布施屋《ふせや》など）、灌漑《かんがい》施設（池など）を作る社会事業、勧農事業を行ない、政府からも高い評価を受けるに至った。晩年は大仏造立のための勧進《かんじん》活動（寄付を集める活動）に積極的に協力し、ついにわが国最初の大僧正《だいそうじょう》の地位に任じられた。行基が都や地方を周遊して人々を教化すると、みな争い集まって彼のことを礼拝したといい、しばしば「霊異神《りょういしん》験《げん》」をあらわして、人々から「行基菩薩」と呼ばれたという。「霊異神験」とは中国仏教で重視された概念で（「神異」「感通」ともいう）、超自然的、超人間的な力で奇跡をおこすことを指している。行基は日本古代を代表する霊異の僧であった。彼が造立した道場は畿内だけでおよそ四十九箇所あったといい、普通これを「行基四十九院」と呼んでいる。その弟子、信徒に多くの女性が含まれていたことも注目される。詳しくはⅡ—三を参照されたい。

仏教教学の誕生

日本の仏教教学は、伝来からおよそ二百年を経た八世紀中頃に、ようやく本格的な進展をとげ、学僧たちによって経典の注釈書や教学書が著わされるようになっていった。旧説では、飛鳥時代に、早くも聖徳太子によって三つの経典の注釈書、すなわち『法華義《ほっけぎ》疏《しょ》』『勝鬘経義疏《しょうまんぎょうのぎしょ》』『維摩経義疏《ゆいまきょうのぎしょ》』（これらを「三経義疏《さんぎょうのぎしょ》」という）が著作されたとする説が有力であった。しかし、近年「三経義疏」の研究が進展し、これらが聖徳太子の著作ではなく、中国において中国人によって著わされた書物であることが明らかになった。この三書を除外して考えてみると、日本において経典注釈書が著わされるようになるのは、ぐっと時代が下り、八世紀中頃のこととなる。日本の仏教教学は、八世紀になって成立、発展したもので、中国の仏教教学を受容、模倣するところから開始された。

その最初期の学僧に智光《ちこう》（七〇九〜宝亀《ほうき》年間）がいる。俗姓は鋤田連《すきたのむらじ》で、河内国安宿郡《あすかべのこおり》の出身であった。彼は中国の吉蔵《きちぞう》（五四九〜六二三）の教学を研究する学僧であり、また阿弥陀信仰の研究家でもあって、『般若心経述義《はんにゃしんぎょうじゅつぎ》』『浄妙玄論略述《じょうみょうげんろんりゃくじゅつ》』（以上現存）、『法華玄論略述』『盂蘭盆経述義《うらぼんきょうじゅつぎ》』『大《だい》般若経疏《はんにゃぎょうしょ》』『無量寿経論釈《むりょうじゅきょうろんしゃく》』（以上、永超『東域伝灯目録《とういきでんとうもくろく》』所引）など多数の書物を著わし、学生たちに教学を教えたという〔伊藤隆寿―一九七六年、末木文美士―一九八二年〕。現存する彼の著作を見てみると、中国仏教の仏教教学をそのまま祖述するところが目立ち、また思考が体系的に組み立てられていないきらいがある。教学研究はまだ始まったばかりであった。智光に少し遅れて、行信、善珠《ぜんしゅ》（七二三～七九七）、明一《みょういつ》（七二八～七九八）、智憬《ちきょう》、寿霊《じゅりょう》などの学僧が登場し、教学書が著わされた〔曾根正人―二〇〇〇年〕。以後、日本の仏教教学は八世紀末期から九世紀にかけて盛り上がりをみせ、すぐれた学僧が輩出し、いくつもの教学書が著わされた。護《ご》命《みょう》（七五〇～八三四）、徳一《とくいつ》（生没年未詳）、最澄、空海は特に著名である。教学が誕生すると、それと呼応するように、日本にも宗派の萌芽と呼ぶべき集団が形成されていった。これも八世紀中頃のことである。やがてそれは成長、発展し、九世紀初頭には宗派として成立していった。日本における宗派の成立については後にまたふれる。

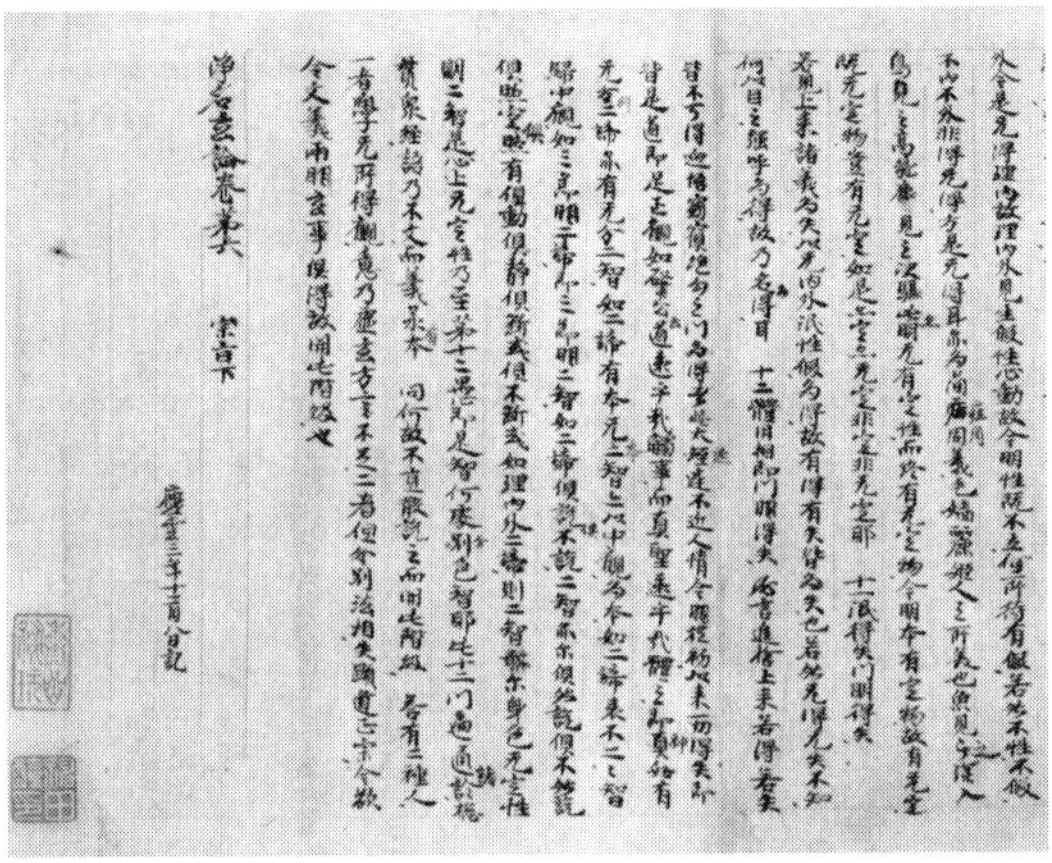

『浄妙玄論』巻第六　慶雲三年(706)（京都国立博物館所蔵）
『浄妙玄論』は吉蔵が著わした『維摩経』の解説書．智光『浄妙玄論略述』は『浄妙玄論』の末書である．

天長《てんちょう》七年（八三〇）、成立した仏教宗派に対して淳和《じゅんな》天皇の勅《ちょく》が下り、各宗派の教学的特色や歴史的特色を書き記した書物が作成、提出された。護命『大乗法相研神章《だいじょうほっそうけんしんしょう》』、玄叡《げんえい》『大乗三論大義鈔《だいじょうさんろんたいぎしょう》』、普機《ふき》『華厳宗一乗開心論《けごんしゅういちじょうかいしんろん》』、豊安《ぶあん》『戒律伝来記』、義真『天台法華宗義集』、空海『秘密曼荼羅十住心論《ひみつまんだらじゅうじゅうしんろん》』がそれである。これらは「天長六本宗書」と呼ばれている。宗派ごとに教学が異なるという観念はこの頃に確立されたものである。

貴族の仏教

天皇制度が発足し、律令法が定められると、伝統的な中央の豪族たちは天皇の臣下として官僚制機構の中に位置づけられ、「貴族」と呼ぶべき存在となった。この新制度が発足すると、旧来の豪族たちはほとんどが衰退の道を歩むこととなり、ひとり藤原氏ばかりが栄え、他には一部の皇族および皇族から臣下に転じた貴族が権力を分有する時代となっていった。彼らは多く仏教に熱心で、氏寺や邸宅を拠点として仏教を信仰した。

藤原氏は天皇家と強い婚姻関係を結んだので、藤原氏の仏教は宮廷の仏教と深く連関して進められた。藤原氏の氏寺は興福寺である。この寺の創建については不明の部分が多いが、最初は山階の地に山階寺《やましなでら》という名で建立され、藤原京の造営にともなって藤原京の地に移転して厩坂寺《うまやさかでら》と名を改め、さらに平城京遷都にともなって現在地に移転して興福寺と称したと伝えている。現在地の伽藍は、当初は藤原不比等によって建立が進められた。彼の死後は元明太上《だじょう》天皇、元正天皇によって北円堂《ほくえんどう》が、県《あがた》犬養橘三千代《いぬかいのたちばなのみちよ》によって中金堂の弥勒浄土《みろくじょうど》が、聖武天皇によって東金堂が、そして光明皇后によって五重塔と西金堂が造営された。また興福寺では維摩会《ゆいまえ》が行なわれたが、やがてそれは国家儀礼として挙行されるようになっていった。興福寺は、奈良時代末から平安時代初期には、藤原氏の氏寺であり、かつ国家儀礼が行なわれる国家的寺院でもあるという独自の複合的性格を確立していった〔吉川真司―一九九五年〕。

藤原氏の家や長屋王など皇族の家では、競い合うように大規模な写経事業が行なわれ、さまざまな仏事が実施された。長屋王家は『大般若経《だいはんにゃきょう》』六百巻の写経を二回にわたって実施したことが知られており、その一部は現存している（一〇五ページに写真を掲げた）。全六百巻の写経を二回であるから、かなり大がかりな事業であった。また、長屋王家木簡によると、長屋王家には仏像や聖僧《しょうそう》像が所蔵されており、それに対して食事の供養《くよう》が行なわれていた。仏像を造立する部署も存在していた。さらに僧、尼、沙弥《しゃみ》が邸宅内に住み込んでいたことも分かった。彼らは長屋王家の仏事に深く関わっていたものと思われる。

勝浦令子《かつうらのりこ》氏によれば、古代の貴族の家には僧や尼が逗留することがあり、長期にわたって寄宿することもあった。そうした場合、家の僧尼という性格を持ったという。長屋王家木簡に登場する長屋王家の僧、尼、沙弥たちはそうした存在であった。また、大伴安麻呂《おおとものやすまろ》家には新羅尼の理願《りがん》がいた。藤原仲麻呂《なかまろ》家は延慶《えんぎょう》という僧がいた。藤原久須麻呂《くずまろ》家には聖 証尼《しょうしょうに》がいた。中国の貴族の家には「家僧」「門師」と呼ばれる僧が存在したことが知られているが、日本でも貴族の家で同様の出家者が活動していたのである〔勝浦令子―二〇〇〇年〕。

地方豪族の仏教

先にも述べたが、七世紀後半から八、九世紀、日本列島の各地に仏教が広まり、寺院が建立され、地方の仏教が盛り上がりを見せた。地域社会の仏教を推し進めていったのは地方豪族層であった。『日本霊異記』には彼らの仏教信仰の姿がいきいきと書かれている。上巻第七には、備後国《びんごのくに》三谷郡《みたにのこおり》の大領《だいりょう》の先祖が百済救援の戦争に派遣され、帰国後、三谷寺という寺院を建立したという話がある。大領とは郡司《ぐんじ》の長官のことで、その先祖にあたる人物はこの地の有力な豪族であった。近年発掘調査が行なわれた広島県三次《みよし》市向江田町大字寺町の寺町廃寺《てらまちはいじ》は、この三谷寺の跡と考えられている。また、上巻第十七には、伊予国《いよのくに》越智郡《おちのこおり》の大領の先祖にあたる越智直《おちのあたい》がやはり百済救援の戦争に派遣され、帰国後、コオリが建てられ、寺院が建立されたという話がある。さらに、中巻第九には武蔵国《むさしのくに》多磨郡《たまのこおり》の大領の大伴赤麻呂《おおとものあかまろ》が出てくる。彼も寺院を建立したという。また、上巻第三十に出てくる豊前国《ぶぜんのくに》宮子郡《みやこのこおり》の少領（郡司の次官）の膳臣広国《かしわでのおみひろくに》という人物も、仏像を造り、写経をし、三宝を供養する熱心な仏教信者であった。中巻第二の和泉国泉郡の大領の血沼県《ちぬのあがた》主倭麻呂《ぬしやまとまろ》は仏教の信者となり、行基の弟子となって、出家して信厳《しんごん》と名のったという。彼の妻も後に出家したという。さらに、下巻第七に登場する武蔵国多磨郡小河郷《おがわのさと》の丈部直山継《はせつかいべのあたいやまつぐ》という人物も熱心な仏教信者として描かれている。彼は正七位上の位階を持っており、のち多磨郡の少領になることができたという。また、下巻第十九には肥前国《ひぜんのくに》佐賀郡《さがのこおり》の大領で正七位上の位階を持つ佐賀君児公《さがのきみこぎみ》が出てくる。彼は戒明《かいみょう》という著名な僧を講師に招いて安居会《あんごえ》（夏の安居の時期に僧が経典を講説する法会《ほうえ》）を開催したという。『日本霊異記』には、また、郡司ではないが、地域の有力者と見られる人物が仏教を信心していた様子が描かれている。彼らは経済的に豊かであり、地域社会で重要な役割をはたしていた。古代の地域社会の仏教を支えたのはそうした地域の有力者たちであった。

古代においては、都の大寺院に所属するれっきとした官度僧がしばしば地方にやってきて、都と地方との間を往き来して活動していた〔鈴木景二―一九九四年〕。戒明が地方豪族が主催する法会の講師を務めたように、都の薬師寺、元興寺、興福寺などの僧が地方に赴き、法会の講師を務めたり、布教活動を行なったりしていた。地方豪族の中には、都の大寺院と縁故《えんこ》関係を築く者もいた。下巻第二十六には讃岐国三木《みき》郡の大領の小屋県主宮手《おやのあがたぬしみやで》が出てくる。彼は亡き妻の罪を滅ぼすため、地元の三木寺《でら》という寺院と都の東大寺に莫大な財物を寄付したという。東大寺の大仏を造立するときの勧進の記録によると、地方豪族たちが大仏造立のために大量の寄付をしている。都の仏教と地方の仏教には豊かな交流があり、濃密なネットワークが形成されていた。

近年、古代の地方寺院の跡の発掘調査が進展し、地域の寺院の様子がしだいに判明してきた〔栗東歴史民俗博物館―一九九一年、紀伊風土記の丘管理事務所―一九九三年、名古屋市博物館―一九九四年、岐阜県博物館―一九九五年〕。地方の仏教の解明はこれまでも貴重な研究が進められているが、なお古代仏教史研究の大きな課題の一つとなっている〔菅原征子―二〇〇三年〕。

北野廃寺　塔跡と金堂跡

愛知県岡崎市北野町にある古代寺院の跡．四天王寺式伽藍配置．七世紀中頃の創建と推定されている．

民衆の仏教

『日本霊異記』には、地方の民衆たちの仏教信仰の姿も描かれている。詳しくは本書Ⅲ—二を参照されたいが、村人たちが協力して村の「道場」(堂)を建立したという話。貧しい漁業労働者二人が海で遭難したが、「南無……釈迦牟尼仏」と称えて命が助かったという話。鉱山を採掘していた役夫が事故でとじこめられたが、仏教信仰の利益《りやく》で命が助かったという話。地域社会で仏教勧誘の法会や写経などが催されていた話、などがそれである。また地方ばかりでなく、大安寺など都の大寺にも貧しい女性が参詣《さんけい》に訪れている様子が描かれており、国家の寺院が民衆に開かれたものであったことが知られる。

現存する奈良時代の古写経の中には、「家原邑知識経」「和泉監《いずみのげん》知識経」「道行《どうぎょう》知識経」「光覚《こうがく》知識経」と呼ばれる知識経がある。これらは地域社会で活躍する僧や沙弥、沙弥尼、あるいは優婆塞《うばそく》、優婆夷《うばい》が「知識」(仏教を信仰するグループ)をひきいて写経事業を行なったものである。地域で行なわれる写経事業には民衆を含む多くの地域住民が参加することがあった。女性の参加者も少なくなかった。

日本では、すでに七世紀末から八世紀に、民衆に仏教が流通しはじめていた〔吉田一彦—二〇〇六年b〕。かつては、日本で仏教が民衆に広まるのは鎌倉時代のことであると考えられていた。「鎌倉新仏教」こそが日本最初の民衆仏教だと理解されたのである。しかし、すでに奈良、平安時代に、仏教は民衆にかなりの程度流布しており、その端緒は白鳳仏教の時代にまでさかのぼるのである。

仏教信仰の特色

日本古代の仏教信仰の様相は、『日本霊異記』『日本感霊録《にほんかんりようろく》』といった仏教説話集、仏像の造像銘、経典の奥書《おくがき》、寺院縁起幷資財帳、『延暦僧録《えんりやくそうろく》』『行基年譜《ねんぷ》』といった僧伝、その他国史、文書などから知ることができる。それらとインドの正統的仏教とを比較してみると、差異が大きく、質的相違が明らかである。かつては、それを日本の固有信仰との習合や、日本的心性との混淆といった観点から理解、説明することが多かった。しかしながら、中国や朝鮮の仏教信仰と日本古代の仏教信仰とを比較してみると、その差異は小さく、多くの共通点があって、日本古代の仏教信仰が中国や朝鮮のそれを直輸入したものであったことが知られる。今後、日本古代仏教信仰の様相を示す史料と中国や朝鮮の関係史料とを比較研究し、その共通点を明らかにし、またどのような差異があるのかを明確にしていく研究をいっそう進めていく必要があろう。

女性の活躍

日本の古代仏教の特色の一つに、女性が仏教に大いに関わり、重要な役割をはたしていたことがあげられる〔西口順子—一九八七年、勝浦令子—一九九五年、二〇〇三年〕。『日本書紀』は倭国の最初の出家者は善信尼《ぜんしんに》など三人の尼であったと伝えるが、実際に七世紀においては尼が多く活動し、坂田寺、豊浦寺など尼寺も建立された。

八世紀になって官度制が発足した後も、尼の数は前代に引き続いて少なくなく、宮中の仏教儀礼の挙行にも尼たちが参与していた。日本の皇位は、持統、文武、元明、元正、聖武、称徳孝謙と継承されたが、このうちの四人は女帝であり、聖武の皇后となった光明皇后も大きな力を持っていた。この時代の内裏《だいり》には多くの尼が存在しており、彼女たちは宮廷の仏教の運営、実施にたずさわっていた。

また、貴族の家に寄宿した出家者にも尼が多数いた。地方でも女性宗教者は活動しており、地方豪族や民衆からの支持、支援を受けていた。行基集団にも多くの尼が含まれており、多数の尼院が造立された。

女性と仏教の問題でもう一つ重要なのは、尼が活躍したのみならず、信徒の側にも女性が数多いことである。女帝、皇后、皇女、宮廷女性、貴族の女性の中には、熱心に仏教を信心する者が少なくなかった。彼女たちの意志によって寺院や仏堂が建立され、仏像・仏画が作成され、写経事業が行われた。地方でも同様で、地方豪族の女性たちの中には、仏教に深く傾く者が少なくなかった。民衆の仏教においても、多くの民衆女性が仏教を信心するようになっていった。

しかしながら、そうした情勢は、奈良時代後期～平安時代初期以降、しだいに変化をとげていった。国家の仏教や宮廷の仏教の世界で大きな変化がおこったのである。光仁・桓武皇統が成立すると、光仁天皇は内供奉十禅師《ないぐぶじゅうぜんじ》の制度を発足させ、以後、宮廷の仏教は男性の僧が務める十禅師たちによって運営されるようになっていった〔勝浦令子―二〇〇〇年〕。次いで延暦二十五年（八〇六）、最澄の提言によって新しい年分度者制度が成立した。これよって、年分度者は宗派ごとに割り振られ、日本にも本格的に宗派が成立することとなった。牛山佳幸《うしやまよしゆき》氏が論じたように、以後、各宗派は男性の出家者ばかりを宗派の僧として得度《とくど》、受戒《じゅかい》させたため、結果として女性は出家の機会をほとんど失うこととなり、国家公認の尼の数は著しく減少した。尼寺も退転して廃寺となったり、僧寺に転じるものが少なくなかった〔牛山佳幸―一九九〇年〕。こうして尼たちは、国家の仏教や宮廷の仏教の分野から撤退を余儀なくされ、以後は他の分野に活動の場を求めることになっていった。

神仏習合思想の受容

在来の神信仰と外来の仏教とを混淆的あるいは融合的に信仰する「神仏習合」は、かつては、日本列島で独自に発生した、日本的な宗教現象の一つとして理解、説明されることが多かった。仏教が伝来した最初の頃、倭国では神信仰と仏教とが対立したが、やがて仏法興隆派が勝利し、以後は仏教と神信仰とがしだいに融合して神仏習合の宗教文化が形成されたと考えたのである。近代歴史学において、こうした見解を最初に唱えたのは辻善之助《つじぜんのすけ》で、神仏習合思想が日本の国内で誕生し、それが内在的に発展して本地垂迹説《ほんじすいじゃくせつ》へと成長していく順路を跡づける論文をまとめ、定説となっていった〔辻善之助―一九〇七年〕。しかし、内在成立説に対しては早く津田左右吉による批判があった。津田は、日本古代の神仏習合で語られる論理、用語と同じような話が中国の『高僧伝』などに見えることを発見、指摘した〔津田左右吉―一九六四年〕。しかし、津田の指摘は簡略、短文で、史料の提示や説明が不十分であったため、後進の学者たちに継承されるような見解とはならなかった。だが、私は津田の見通しは妥当であると考えている。日中の史料を丹念に検索していくと数多くの関係記述に出会うが、それらは大変よく似ており、津田も気づかなかった多くの共通点があることが知られる。日本古代の神仏習合は、中国仏教で説かれていた神仏習合思想を受容、模倣するところから開始されたと理解しなくてはならない〔吉田一彦―一九九六年、本書Ⅱ―四参照〕。

日本の神仏習合は、神宮寺《じんぐうじ》の建立や神前読経《しんぜんどきょう》の実施から開始された。すでに神社がまつられている地に、神社と並び立つように建立される寺院が神宮寺であり、僧によって神に対して経典が読まれるのが神前読経である。それらについて語る史料では、神たちは、重い「罪業《ざいごう》」のために「神道《しんどう》」の「報」をうけてしまったとか、「宿業《すくごう》」のために「神」となってしまったなどと身の上を告白し、「神身《しん》」は「苦悩《くのう》」が深いので「神道」をまぬがれたいとか、「業道《ごうどう》」の「苦患《くかん》」から救われたいなどと述べて、「三宝」「仏法」に帰依《きえ》したいと願っている。苦悩する神が仏教に救いを求め、寺院を建立してもらったり、経典を読んでもらうという構造の話になっているのである。この思想は、神が苦しい身の上から離れたいと希望するところから、「神身離脱《しんしんりだつ》」の思想と呼ばれている。仏教の力によって救われた神には、仏教の守り神という地位が与えられ、「護法善神《ごほうぜんしん》」という言葉で表現された。

だが、そうした思想や用語は中国の仏教文献に見られるもので、日本だけのものではない。たとえば『続高僧伝《ぞくこうそうでん》』「法聡伝《ほうそう》」では、神が法師の講説を聞いて「神道」の「罪障《ざいしょう》」による「苦悩」から脱出したという話が述べられているし、『出三蔵記集《しゅつさんぞうきしゅう》』「安世高伝《あんせいこう》」では、湖の神が大蛇の姿をして出現し、寺塔を建立してもらって、仏教の力によって神身離脱をとげるという話が述べられている。神が仏教に帰依した後、「護法神」「善神」「護寺善神」になったという話も豊富に見える。日本の神仏習合の第一段階は、「神身離脱」「護法善神」の思想の成立であるが、それらは中国の神仏習合思想を受容して開始された。それは八世紀中頃〜九世紀初めのことで、入唐した道慈によって端緒がもたらされ、その後も入唐僧たちによる波状的な導入があり、さらに最澄や空海によってあらためて輸入がなされた。

日本における神仏習合の第二段階は、「垂迹」思想の受容である。日本の神仏習合思想としては「本地垂迹説」が著名である。これは、ある神を特定の仏菩薩の「垂迹」〈姿を変えて出現した存在のこと〉であると解釈し、仏菩薩の方をその神の「本地」〈本質のこと〉と位置づける思想のことである。この思想が成立するのは時代が下って中世のこととなるが、その萌芽となる思想が唐からもたらされたのは古代にさかのぼる。

中国においては、僧肇《そうじょう》（三八四～四一四?、鳩摩羅什の弟子）の『注維摩詰経《ちゅうゆいまきつきょう》』の序に、「本に非《あら》ざれば以て跡《あと》を垂《た》るること無く、跡に非ざれば以て本を顕《あら》はすこと無し。本跡殊なりと雖《いえど》も不思議一なり」という一文があり、「本」「迹」「本迹」「垂迹」の用語を用いた説明が見える。この一文は、その後、吉蔵《きちぞう》や智顗《ちぎ》（五三八～五九七）によって重視、継承された。その吉蔵や智顗の思想が日本にもたらされたのである。日本における「垂迹」の語の最初期の使用例は智光の著作（『浄妙玄論略述』）である。ただ、それは吉蔵の思想を紹介したものにすぎなかった。日本で「垂迹」の語がはっきりとした意味で用いられるのは八世紀最末期～九世紀のこととなる。中国の天台宗《てんだいしゅう》で説かれていた「本」「迹」の概念が伝えられ、「垂迹」の思想が語られるようになったのである。ただこれも、聖徳太子のことを中国の僧の慧思《えし》の「垂迹」〈生まれ変わりのこと〉と説明したり、清和《せいわ》天皇のことを垂迹思想で説明するようなもので、いまだ神を仏菩薩の「垂迹」と位置づけるような思想とはなっていなかった。そもそも日本古代の史料には、「本地」という言葉が出てこない。この概念はもっと後の時代になって登場する。智顗の著作を見ても、「本地」と「垂迹」の語を用いて仏菩薩と神との関係を説明するような記述は見えない。この二つの用語を用いて神仏関係を説明するのは日本ではじめて唱えられた言説と考えられる。そうした思想が誕生するのはもう少し時代が下り、十一世紀後期のことと考えられる。本地垂迹説は十一世紀後期に日本で成立した思想であるが、それに先立ち平安時代初期に「垂迹」の思想が唐から受容され、日本の仏教教学に大きな影響を与えたのである〔吉田一彦―二〇〇五年、二〇〇六年a〕。

3　古典仏教の成立

最澄と空海

平安時代初期を代表する僧は、最澄（七六七～八二二）と空海（七七四～八三五）である。彼らは、この時代の国家の仏教に深く関わり、重要な役割をはたしたが、そればかりでなく、その後の仏教史の展開にも決定的な影響を与えた。彼らを中心に形成された新しい仏教体制が、その後の平安・鎌倉時代の仏教史を規定していったのである。

最澄は、俗名は三津首広野《みつのおびとひろの》。三津氏は近江国滋賀郡の渡来系氏族で、父の百枝《ももえ》は私宅を寺として礼仏《らいぶつ》誦経《ずきょう》につとめる仏教信者であった。広野は十一歳で近江国国分寺に入って行表《ぎょうひょう》の弟子となり、十四歳で得度、十九歳で受戒して比丘《びく》となった。最澄である。その後、比叡山《ひえいざん》に入って山林修行を十二年間にわたって実践したが、延暦十六年（七九七）内供奉十禅師に任じられて下山し、桓武天皇を護持する仕事を務めた。教学としては、『法華経』を信奉し、中国の天台宗に強い関心をもった。同二十三年（八〇四）に入唐。天台山に登って国清寺《こくせいじ》などを訪れて、天台宗を受法した。同二十四年（八〇五）帰国。帰国まぎわに密教《みっきょう》も受法してあわせて日本に伝えた。同二十五年（八〇六）、最澄の提案によって年分度者が宗派ごとに割り振られるという制度変更がなされ、日本にも宗派が本格的に成立するところとなった。日本の天台宗もここに成立し、年分度者二人が与えられた。ただし、そのうちの一人は止観業《しかんぎょう》（天台宗専攻）であったが、もう一人は遮那業《しゃなぎょう》（密教専攻）であった。

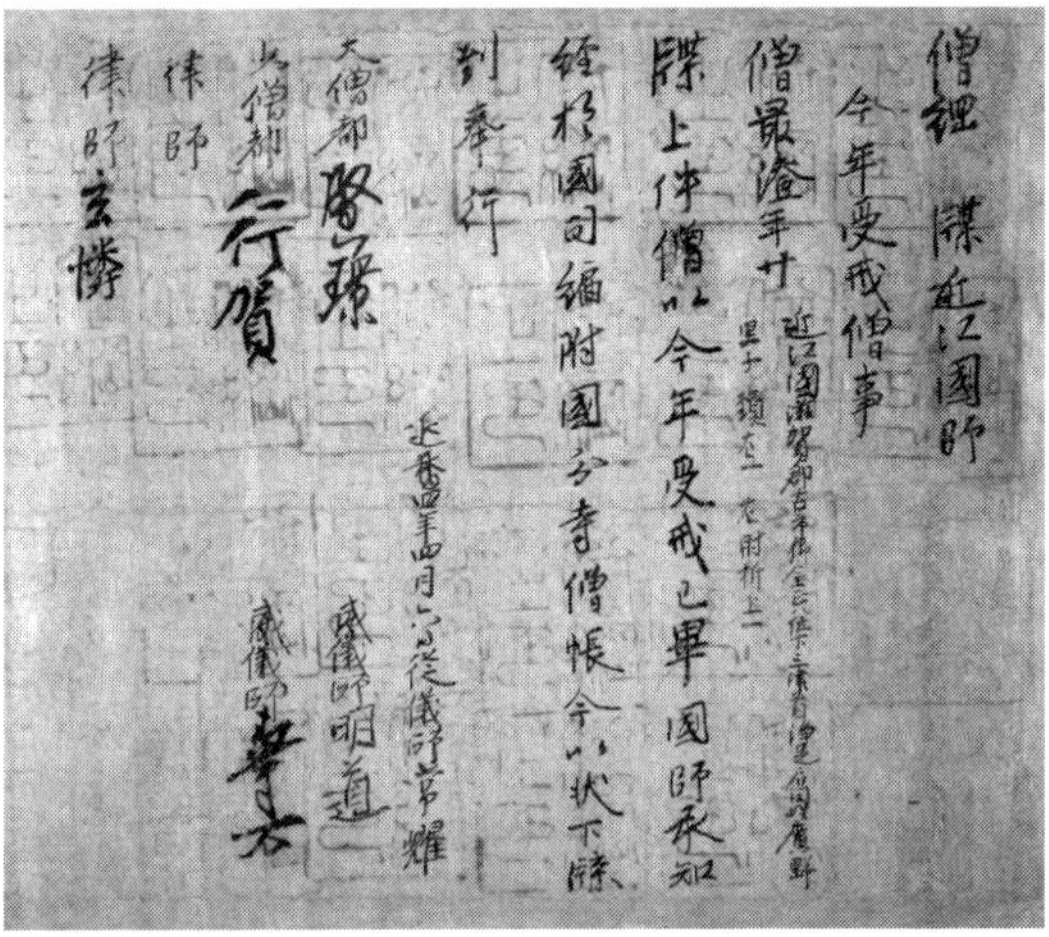

最澄の受戒に関する「僧綱牒」（来迎院所蔵）
延暦四年（785）に僧綱がこの年の受戒僧のことを近江国師に伝達した文書.「僧最澄年廿」と見える.「賢璟」「行賀」「玄憐」など当時の僧綱たちの自署があり，全面に二十の「僧綱之印」が捺されている.

最澄は、弘仁八年（八一七）から十二年（八二一）にかけて、会津《あいづ》で活躍した法相《ほっそう》宗の徳一《とくいつ》と論争した。その過程で、『照権実鏡《しょうごんじつきょう》』『守護国界章《しゅごこっかいしょう》』『決権実論《けつごんじつろん》』『法華秀句《ほっけしゅうく》』などの教学書を著わした。晩年の最澄は、新戒壇《かいだん》設立運動に力を入れ、『顕戒論《けんかいろん》』などを著わした。最澄はそれまでの日本の戒を「小乗戒」であると決めつけ、比叡山に新しい戒壇（大乗戒壇）を設立したいと政府に願いでた。これは南都《なんと》諸宗の反対によって簡単には実現しなかったが、最澄の死後、ようやく許可となり、比叡山に独自の戒壇が設立されるところとなった。最澄が主張した大乗戒は、『梵網経《ぼんもうきょう》』（中国撰述の偽経《ぎきょう》）に基づく戒のことであったが、大乗戒の戒壇というのは中国、インドにもない最澄独自の概念であった。最澄の戒律観は以後の日本仏教に大きな影響を与え、日本仏教がしだいに戒律を軽視していく端緒を開いた。最澄の伝記としては、弟子の真忠《しんちゅう》（仁忠《にんちゅう》とする説もある）が著した『叡山大師伝《えいざんだいしでん》』がある〔最澄の伝記については、薗田香融―一九七四年、佐伯有清―一九九二年、一九九四年、一九九八年〕。

空海は、俗姓は佐伯直《さえきのあたい》。讃岐国《さぬきのくに》多度郡《たどのこおり》の地方豪族の家の出身である。最初大学で儒学などを学んだが、やがて仏教に興味がうつり、阿波《あわ》国や土佐《とさ》国で山林修行を実践した。この頃は私的な修行者として活動していた。その間、「三教論《さんぎょうろん》」（「聾瞽指帰《ろうこしいき》」のことか）を執筆したという。延暦二十三年（八〇四）に入唐。その直前に正式の得度をして官度僧となって入唐した。唐では、青龍寺《せいりゅうじ》の恵果《けいか》に師事して真言《しんごん》宗（密教）を学んだ。大同元年（八〇六）帰国。以後、日本に密教を広め、大日如来《だいにちにょらい》の信仰を開始した。嵯峨天皇（のち上皇）は空海を重用した。弘仁十三年（八二二）、空海に鎮護国家の修法が命じられ、翌年には東寺が空海に与えられて、密教の道場とされた。天長元年（八二四）少僧都《しょうそうず》、同四年（八二七）大僧都に任じられた。同九年（八三二）には高野山《こうやさん》の金剛峰寺《こんごうぶじ》に隠居し、承和《じょうわ》二年（八三五）死去した。著書には、顕密二教の優劣を論じた『弁顕密二教論《べんけんみつにきょうろん》』、真言宗の優位を論じた『秘《ひ》密曼荼羅《みつまんだら》十住心論《じゅうじゅうしんろん》』、詩文集の『性霊集《しょうりょうしゅう》』十巻（空海の死後弟子の真済《しんぜい》が編集、ただしうしろの三巻は承暦三年〈一〇七九〉の済暹《さいせん》による後補）などがある。

宗派の成立―八宗体制

八世紀中頃、日本に仏教教学が誕生すると、それに呼応するように宗派の萌芽が誕生した。正倉院文書などに「宗」「衆」と表記される集団がそれである。だが、それらはまだ共同学習集団といった性格が色濃く、後の宗派に見られるようなセクト性や、学問以外の部分も含めた統一性、組織性は確立していなかった。したがって萌芽なのであるが、しかしそれはしだいに成長し、八世紀後期になると、法相を学ぶ僧の集団と三論《さんろん》を学ぶ僧の集団が有力となり、もはや宗派の祖形と呼ぶべき団体が形成されていった。

やがて最澄が登場する。彼は唐から帰国すると、延暦二十五年（八〇六）、新しい年分度者制度を提案した。それまで十人であった年分度者を十二人に増員し、それを法相宗、三論宗に三人（倶舎《くしゃ》宗、成実《じょうじつ》宗各一人を含む）、華厳《けごん》宗、律宗、天台宗に二人ずつ割り振るという提案であった。持統十年（六九六）に年分度者制がはじまった時、日本にはまだ宗派は存在せず、宗派別という考え方はなかった。それがこの時、宗派という発想が導入され、年分度者の割り振りが提案されたのである。これには当時の仏教界の実力者であった元興寺の護命が同意し、国家は最澄提案を採用して新年分年者制度を開始することとした。こうして宗派という考え方が僧尼の出家制度という仏教の根幹のシステムに入り込み、宗派が国家の制度に導入されることとなった。これによって日本にも宗派が国制と連関する形で本格的に成立したのである。いわゆる「南都六宗」も、奈良時代ではなく、この時点で成立したと見るべきものと思われる。やや遅れて、承和二年（八三五）、真言宗にも三人の年分度者が与えられ、国家公認の宗派は八宗となった。

これ以降、官度僧の道を歩む者は、この制度に従って、宗派所属の沙弥として出家（得度）し、その宗派にふさわしい戒壇で受戒して僧としての歩みを始めていった。曾根正人氏によれば、これ以後、各宗派が正統と認定する中国の祖師やテキストとすべき中国文献が定められて、宗義、宗学が形成されていったという。やがて宗派寺院も生まれていった〔曾根正人―二〇〇〇年〕。こうして、平安・鎌倉時代の宗教を規定した八宗による体制が成立した。それは日本仏教史のその後の展開に決定的な影響を及ぼす画期的な出来事であった。

極東の仏教国日本

日本は中国文明を受容して国家や文化を築いていったが、その一つとして中国の仏教を受容した。その流路は、六、七世紀は朝鮮半島を通じての受容が中心であったが、八世紀になると、中国から直接輸入するという傾向が強まった。かつては、日本は最初から仏教を日本化して受容し、古代仏教から日本的な仏教であったとする見解も唱えられたことがある。しかし、日本の古代仏教は中国仏教直輸入的な性格が色濃かったとすべきであろう。道慈も最澄も空海も、中国の仏教――それは彼らにとって仏教そのものであった――を輸入することを生涯の課題としたし、鑑真は「仏法東流」の思想に従って、中国の仏教を日本に伝えることに命をかけた。行基の仏教も中国仏教の強い影響を受けたものであった。『日本霊異記』は、中国仏教で重んじられた「霊異」がこの日本にも顕現していることを述べようとしてまとめられた書物であった。日本古代の仏教信仰は中国の仏教信仰を受容したもので、その信心のあり様はよく類似している。また、中国の仏教教学を模倣して日本にも仏教教学が生まれ、宗派が生まれていった。仏像仏画の美意識も中国的な美意識が輸入されたもので、その顔立ちや容姿はたとえば古墳時代の人物埴輪《はにわ》などとは全く違うものであった。こうして、インドで生まれた仏教は、複雑な道筋をたどりつつもユーラシア大陸の東の隅にまで至り、極東の地に仏教国が誕生した。

次に述べるように、私は日本の仏教史を三つの時期に区分して理解している。その第Ⅰ期は六世紀中頃から九世紀前期までの時期で、「文明としての仏教受容の時代」であった。この時代、わが国は世界宗教である仏教を受容、吸収した。それは具体的には中国仏教を輸入するという形で行なわれた。この時代の仏教は東アジア全般に共通する部分が多く、国際性の高いものだった。やがて第Ⅱ期（九世紀前期〜十五世紀後期）となると、わが国の仏教はしだいにそこから分岐を開始し、少しづつ日本的な個性を形成していった。仏教の日本化がゆっくりと進行していったのである。そして第Ⅲ期（十五世紀後期〜現在）となると、仏教の日本化は全面展開し、他の仏教国の仏教とは異なる、きわめて個性的な、つまり「日本的な」仏教へと進展していった。わが国の仏教は、最初、中国仏教直輸入的なものとして出発したが、時間を経るごとにしだいにそこから枝分かれし、独自の「日本仏教」へと展開していったのである。この傾向は現在もなお継続している。二十一世紀をむかえた今日、既成仏教諸宗派は今一歩活力に乏しく、それに代わって創価《そうか》学会、立正佼成会《りっしょうこうせいかい》などの仏教系新宗教が教線を伸張している。それらは新宗派の誕生と言ってもよいくらいの勢力を築き上げ、精力的な活動を推し進めている。私は、これら仏教系新宗教をさらなる日本化した仏教と位置づけることができると考えている。

6世紀中期	
第Ⅰ期	文明としての仏教受容の時代
9世紀前期	
第Ⅱ期	古典仏教の時代
15世紀後期	
第Ⅲ期	新仏教の時代

日本仏教史の時期区分

日本仏教史の時期区分

日本の仏教史の全体像はどのようにとらえることができるであろうか。私は、日本の仏教史は、九世紀前期と十五世紀後期に画期があり、大きく三つに時期区分できると考えている〔吉田一彦―二〇〇三年〕。日本仏教史の時期区分といえば、かつては鎌倉新仏教の成立を大きな画期ととらえる見解が大勢であった。鎌倉時代に登場した法然《ほうねん》、親鸞《しんらん》、栄西《えいさい》、道元《どうげん》、日蓮《にちれん》、一遍《いっぺん》は、それまでとは異なる、選択《せんじゃく》、易行《いぎょう》などのわかりやすい実践的な教えを説き、仏教は民衆や武士たちに大いに広まっていったとする見解である。それまでの仏教が貴族や国家のための仏教であったのに対し、これらは民衆をも救済する仏教であると評価され、それまでの仏教を革新する新仏教と位置づけられてきた。こうした見解を「鎌倉新仏教論」と呼ぶこととしたい。鎌倉新仏教論は、明治の知識人や近代史学の最初期の学者にまでさかのぼる〔大隅和雄―一九七五年〕。わが国中世史研究の祖と言うべき原勝郎《はらかつろう》は、ヨーロッパのreformation（宗教改革）と、日本の鎌倉時代の新宗派の成立とを類比させて説明し、その後の研究に多大な影響を及ぼした〔原勝郎―一九二七年〕。以後、戦後歴史学に至るまで、「宗教改革」という視角から鎌倉新仏教の興起を論じる見解が多く唱えられ、中世仏教史は、長く、鎌倉新仏教を中心にその特質が論じられてきた。

しかし、すでに述べたように、そうした学説は過去のものとなりつつある。黒田俊雄氏によって「顕密体制論」が提唱され、鎌倉新仏教論は否定された。黒田説の最も重要な論点は、鎌倉時代には新仏教はほとんど流布しておらず、旧仏教（顕密仏教）が国家、社会のほぼすべてを覆い尽くしていたことを正面から論じたことであろう〔黒田俊雄―一九七五年、一九九〇年〕。また中世後期、近世史の分野からも、新仏教は鎌倉時代にはまだ流布しておらず、むしろ戦国時代以降に日本社会に広く流布、浸透していくことが論じられた〔藤井学―一九七五年、尾藤正英―一九九二年、林淳―一九九五年a、b〕。さらに古代史の分野でも、小論で述べたように、古代においてすでに仏教が地域社会や民衆にかなりの程度流布していたことが明らかになってきた。従来の時期区分には根本的な疑問が投げかけられているのである。

私は、図に示したように、十五世紀後期以降を日本仏教史の第Ⅲ期として「新仏教の時代」と位置づけられると考えている。新仏教で最大の団体を形成したのは本願寺《ほんがんじ》教団である。この団体は、鎌倉、南北朝時代にはまだ小規模な門流にすぎなかった。それが、十五世紀後期、蓮如《れんにょ》が登場し、またその子の順如《じゅんにょ》、実如《じつにょ》が活躍して、親鸞系諸門流を横断的に統合するような大きな団体を形成していった。そして地域社会、民衆社会に深く浸透し、巨大な教団を築き上げることに成功した〔同朋大学仏教文化研究所―二〇〇三年〕。新仏教で第二の規模を持つ曹洞《そうとう》宗の団体も、同じ頃、地域社会に流布、浸透していった。新仏教は、旧仏教とは異なり、荘園《しょうえん》に経済基盤を置かない仏教として、荘園制の衰退と歩調を合わせるように発展していった。新仏教は、新たに成立した「家」を単位として、門徒《もんと》・檀家《だんか》を経済基盤とする仏教として発展し、いわゆる葬式仏教（葬祭仏教）を通じて民衆社会に広く浸透していった〔竹田聴洲―一九九三～九五年、石川力山―二〇〇一年〕。また、浄土《じょうど》真宗《しんしゅう》を先頭にして僧の妻帯《さいたい》世襲が広まり、戒律を遵守《じゅんしゅ》する仏教とは異なる独特の世俗的な仏教が進展していった。

新仏教が日本社会に流布する以前は旧仏教の時代であった。ただ、「旧仏教」という言葉は用語として適切ではない。黒田俊雄氏は「顕密仏教」という用語を用いたが、私は「古典仏教」と称するのがよいと考える。その古典仏教が確立したのは、九世紀前期だと考えるので、これ以降を日本仏教史の第Ⅱ期「古典仏教の時代」と時期区分しようと思う。九世紀前期は、日本の仏教に宗派が成立し、八宗によって構成される仏教の体制が出発した時代であった。同じ時代、僧位・僧官の制度も確立し、僧綱の僧位（法橋《ほっきょう》上人位、法眼《ほうげん》和上位、法印《ほういん》大和尚位）も設定されて僧たちの人事のシステムが完成した。また八世紀後期から御斎会、維摩会、最勝会などの国家儀礼としての仏教儀礼がつぎつぎと成立し、九世紀前期には八宗の僧たちによって運営・挙行される体制が確立した。さらに八世紀中頃にはじまった神仏習合は、九世紀前期以降、日本の宗教の基本的な姿として確立し、成長、発展をとげていった。その結果、寺院と神社とが隣接して建立され、両者が一体となって地域社会の宗教行事をになう形態が広く進展していった。九世紀前期は、その後の平安・鎌倉時代から十五世紀後期に至る仏教の基本的枠組みが定まった時代であった。

第Ⅰ期は、世界宗教である仏教がわが国に伝来し、しだいに日本社会に受容されていった時代である。前述のように、これを「文明としての仏教受容の時代」と呼ぶことにしたい。六世紀中頃から九世紀前期がこれにあたる。それは日本仏教史の序章であり、中国仏教の輸入と受容につとめた時代であった。小論は、この第Ⅰ期の仏教史の展開を近年の研究成果を踏まえて叙述したものである。

二　天皇制度の成立と日本国の誕生

日本の歴史を考える上で、「日本」という国の名がいつできたのか、また「天皇」がいつはじまったのかは重要な問題となるだろう。近年の研究を参勘《さんかん》するなら、それは七世紀の末のことと考えられる。この時代、日本列島に存在した国家は、君主号を「大王」から「天皇」とあらため、国号を「倭国《わこく》」から「日本国」とあらためた。これは古代史の転換点となる重要な出来事となったが、古代史のみならず、日本史全体にとっても大きな意味を持つ画期となった。ことは単なる名称変更にとどまるものではなかった。実質をともなう変化がもたらされたのである。この時代の政治史、文化史、思想史の展開は、このことと無関係に論じることができない。本書がテーマとする古代仏教史の諸問題にしても、記紀をどう読解するかという問題にしても、天皇制度の成立や日本国の誕生と密接に関連している。

「天皇」という君主号がいつ用いられるようになったかについては、津田左右吉《つだそうきち》以来の推古《すいこ》朝成立説とそれを批判した天武《てんむ》・持統《じとう》朝成立説（七世紀末成立説）の二説がある。今日では後者が多数説となっているが、前者を主張する見解もなおある。そこで本章では、七世紀末に「大王」から「天皇」へと変わったこと、「倭国」から「日本国」へと変わったことが歴史的事実であることをまず論じよう。そしてその上で、日本の天皇制度の特色を中国の政治制度や政治思想と比較しながら考え、その意味について私見を述べていくこととしたい。

1　倭国から日本国へ

倭人、倭国と呼ばれる

日本列島に存在した国家は、当初、中国など近隣の国から「倭」「倭国」と呼ばれ、そこに生きる人々は「倭人」と呼ばれた。日本列島の人々は五世紀頃まで文字を持たなかったので、それ以前の国内文字史料は残存しないが、中国の歴史書には、注目すべきいくつかの記述が見える。よく知られているように、『漢書《かんじょ》』地理志《ちりし》には「楽浪海中《らくろうかいちゅう》に倭人あり、分かれて百余国となる。歳時《さいじ》をもって来たり、献見す」という記述があって、「倭人」という言葉が見える。倭人たちは「百余国」を作っていたという。次いで『後漢書』東夷伝《とういでん》には、五七年、「倭の奴国《なこく》」が後漢に朝貢し、使者がおもむいて光武帝《こうぶてい》から「印綬《いんじゅ》」をさずけられたという記述が見える。一七八四年、福岡県志賀島《しかのしま》から金印が発見されたが、これには「漢委奴国王《かんのわのなのこくおう》」と刻まれており、この時さずけられた「印綬」であろうと推定されている。「倭の奴国」は現在の福岡県のあたりに存在した国と考えられる。

　さらに、有名な『魏志《ぎし》』倭人伝には、「邪馬台国《やまたいこく》」をはじめとして、三世紀の日本列島に存在した三十の小国家についての記述が見える。私は、宮崎市定《みやざきいちさだ》氏の中国史および世界史についての理解を吸収して、これら「百余国」「倭の奴国」「邪馬台国」は、国家史の上では「都市国家」の段階に位置づけるべきだと考えている〔宮崎市定―一九九三年〕。『魏志』倭人伝には、また「邪馬台国」の「卑弥呼《ひみこ》」を「倭の女王」とし、「倭国」全体の女王だとする記述が見える〔西嶋定生―一九九四年〕。都市国家たちが連合し、その連合体が主体となって中国との外交を行なったのである。

　やがて、日本列島にも領域国家（領土国家）が成立していった。それがいつ成立したのかは、今後の研究課題となっているが、おおむね四世紀～五世紀のことと考えられる。『宋書《そうじょ》』倭国伝には、倭国の五王（讃《さん》、珍《ちん》、済《せい》、興《こう》、武《ぶ》）についての興味深い記述がある。そこに記される倭国は、もはやかなりの規模を持つ領域国家と見ることができる。この国家は中国と外交関係を持ち、盛んに交流したが、中国からはやはり「倭国」と呼ばれた。それに次ぐ段階を記しているのが『隋書《ずいしょ》』倭国伝である。この書物でも、日本列島に存在した国家は中国から「倭国」と呼ばれている。このように日本列島に存在した国家は、この時代、東アジアにおいて、「倭」「倭国」と呼ばれていた。

　しかしながら、この民族名、国名は、残念ながらあまりよい意味の言葉ではなかった。この文字は、小さい人、矮小《わいしょう》な人というマイナスの価値評価を含んでおり、中国人が日本人をいやしんでつけた名、もしくはその発音にあえて当てた文字と考えられる。当時、中国は周辺の国家や民族を差別し、見下した名称で呼ぶことが多く、「倭」もその一例と理解される。

「日本」と国号を変える

このように、中国の歴史書には「倭国」についての記述が見えるが、その表記はやがて「日本国」へと変わっていった。唐《とう》の歴史を記した『旧《く》唐書《とうじょ》』を見ると、面白いことに、倭国伝と日本伝の二つが立てられている。これは実は編集上の不手際で、両者を別の国家と誤解して、こうした記事整理がなされてしまったのである。『旧唐書』（九四五年）を再編集した『新唐書』（一〇六〇年）ではそれが正され、二つを一本化して「日本伝」として記事が立てられている。そして『宋史《そうし》』以降となると、一貫して「日本国」という国名が用いられるようになっている。では「倭国」から「日本国」への国号の変更はいつなされたのだろうか。

『新唐書』には、次のような記述がある（原漢文を書き下し文にした）。

咸亨《かんこう》元年、使《つかい》を遣《つか》わして高麗《こま》を平《たい》らぐるを賀《が》す。後、稍《よう》や《》く夏音《かおん》に習い、倭の名を悪《にく》む。更《あらた》めて日本と号す。使者自らいわく、国、日出ずる所に近し、以て名となす、と。（中略）また、妄《みだ》りに其の国をほこり、都《すべ》て方数千里、南・西は海に尽き、東・北は大山を限る。其の外は即ち毛人《もうじん》なりという。

これによるなら、倭国は、咸亨元年（六七〇）使者を派遣して、唐が高句麗《こうくり》を平定したことに対し慶賀の意を表明した。その後、倭国は再び使者を派遣し、「倭」の名を嫌い、これを改めて「日本」と号することとしたと伝達した。使者が言うには、日が出るところに近いからこの名にしたという。国土は数千里四方におよんでおり、南や西は海までがその領域であり、東や北は大山で国境が区切られ、その外側には「毛人」がいるという。

この条は「後」という文字の前後で記事が二つに分かれており、別々の年次の二つの記事がまとめて記されたものとなっている。そのうち第一回目の使者派遣については年次が記されていて、六七〇年だったことがわかる。しかし第二回目の使者派遣は年次が記されておらず、いつのことだったのかわからない。それでも、それが少なくとも六七〇年以降のいずれかの年であったことは知られる。

東野治之《とうのはるゆき》氏が指摘したように、『日本書紀《にほんしょき》』には天武三年（六七四）三月七日条に「凡《およ》そ銀は倭国にありてははじめて此の時に出ず」という注目すべき記事が見える。『日本書紀』は、編纂段階で原資料に「倭」とあったのを「日本」と書きかえる作業を行なっている。しかし、この記事の場合、編者のミスで原資料の「倭」という表記が残ってしまっている。ここから、六七四年三月の段階で、わが国の国名がまだ「倭国」であったことが知られる〔東野治之―一九九二年〕。他方、大宝元年（七〇一）完成、同二年施行の『大宝令《たいほうりょう》』には、はっきりと「日本」と書いてあるから、七〇一年には「日本」という国号が成立していたことは確実である。以上より、国号の変更が六七四年以後、七〇一年以前であったことが確定できる。

ところで、倭国と唐との関係は、天智二年（六六三）の白村江《はくそんこう》の戦い以降、良好なものではなくなってしまい、事実上の国交断絶状態となっていた。同九年（六七〇）の遣唐使《けんとうし》は、実は久しぶりの外交使節団の派遣であったのだが、それはいまだ様子見の使者で、本格的な国交回復には至らなかった。その次の派遣となると、大宝二年（七〇二）出発の大宝の遣唐使ということになる。これは三十二年ぶりという久しぶりの派遣であり、唐との関係の本格的回復を目指した重要な遣唐使であった。だとすると、『新唐書』に見える第二回目の使者、すなわち国号変更を伝えた使者は、この大宝二年の遣唐使ということになるだろう。『続日本紀』によれば、この時唐に到着した使者が「日本国の使なり」と名のったところ、唐人に「海の東に大倭国あり」と返答され、問答となったことが知られる（慶雲《けいうん》元年〈七〇四〉七月条）。唐人は「日本」という国号を知らなかったのである。ここからも、『新唐書』に見える国号変更を伝えた使者が大宝二年の遣唐使であったことがわかる。

「倭」から「日本」への国号の変更は、六七四年以後、七〇一年以前のいずれかの年に行なわれ、それが七〇二年の遣唐使で唐に伝えられた。この時中国（「周《しゅう》」と号していた）の皇帝であった則天武后《そくてんぶこう》（則天皇帝）は新国号を承認した。国号の変更はおそらくは六九〇年代もしくは六八〇年代に行なわれたであろうと推定されるが、残念ながら、現時点では年次を確定することができない。今後の木簡《もっかん》の発見が期待されるところである。

「日本」は自称

「倭」が他称であるのに対し、「日本」は自称であった。これは、日の出るところ、東の国という意味である。東野治之氏によれば、『大智度論《だいちどろん》』という仏典には「如経中説、日出処是東方、日没処是西方、日行処是南方、日不行処是北方（経の中に説けるが如し。日出《ひいず》る処《ところ》はこれ東方なり、日没する処はこれ西方なり、日行く処はこれ南方なり、日行かざる処はこれ北方なり）」とあって、「日出処」は東方を意味しているという（東野治之―一九九二年）。中国人たちは、西の方にはずっと大陸が続いており、シルクロードのかなたにはヨーロッパ世界が存在していることを認識していた。東の方はどうか。彼らは海の向こうに倭国があり、それが東方の終着点であることを知っていた。唐の道宣《どうせん》の『集神州三宝感通録《しゅうしんしゅうさんぼうかんつうろく》』上巻第二十には「倭国は此の洲の外の大海の中にあり。(中略)会承《えしょう》なる者有り。隋の時、此に来りて、(中略)貞観《じょうがん》五年、方《まさ》に本国に還《かえ》れり。会に問う。彼の国は昧《くら》き谷にして東の隅にあるなれば、仏法は晩《おそ》く至れるならん」という記述がある。隋や唐の人たちは、大海の向こうにある倭国の地が世界の「東の隅」だと認識していた。この認識は日本人たちも共有していた。「日本」という国名は東の国という意味の国名で、自ら名のったものであった。

では、なぜこの時期に国号の変更がなされたのであろうか。それは君主号が「大王」から「天皇」に変更されたことと深く関連している。七世紀末、わが国は中国の政治制度を取り入れて天皇制度を開始した。その「天皇」が統治する王朝の名として「日本」という名称が定められた。「日本」は、中国の「隋」とか「唐」などと同じ王朝名で(吉田孝―一九九七年)、新たに発足した天皇制国家の王朝名として定められたものと理解できる。この時定められた王朝名が二十一世紀初頭の今日まで続いているのである。

2　天皇号の成立

大王の時代

日本列島に領域国家ができた頃、その君主は、当初は「王」という称号を名のったものと思われる。というのは、千葉県市原《いちはら》市の稲荷台《いなりだい》一号墳から出土した鉄剣に、「王賜」という銘文が刻まれていたからである。この鉄剣は、次に述べる埼玉県行田市《ぎょうだ》の稲荷山《いなりやま》古墳出土の鉄剣よりも二、三十年ほどは古いもので、五世紀前期頃のものと推定されている。その頃、「王」という称号が君主号、もしくは地域権力の首長の称号として用いられていたことがここから知られる。

だが、やがて「王」という称号は「大王」という称号に変わっていった。稲荷山古墳出土の鉄剣の銘文には「獲加多支鹵大王」（ワカタケル大王）とあって、「大王」という文言が見える。この銘文には「辛亥《しんがい》年」という年次の記載もあって、四七一年にあたると推定されている。とすると、五世紀後期、わが国で「大王」という君主号が用いられていたということになる。熊本県菊水《きくすい》町の江田船山《えたふなやま》古墳出土の鉄刀の銘文にも「獲□□□鹵大王」とあって、やはり「大王」という文言が見える。これは稲荷山古墳出土の鉄剣の銘文の「獲加多支鹵大王」と同じ「ワカタケル大王」で、『日本書紀』が記す「大《おお》泊瀬《はつせ》幼武《わかたける》天皇」（雄略《ゆうりゃく》天皇）に当たると考えられている。雄略は、同時代には「天皇」ではなく、「大王」と称していた。他にも隅田八幡宮《すだはちまんぐう》（和歌山県橋本市《はしもと》）の人物画像鏡《じんぶつがぞうきょう》の銘文などに「大王」の語が見える。

倭国の君主が「大王」と称したのは、武田幸男《たけだゆきお》氏の研究によれば、朝鮮半島の君主号の影響を受けたものであった〔武田幸男—一九八九年〕。高句麗では、「国岡上広開土境平安好太王」「永楽太王」（好太王、広開土王のこと）、あるいは「太王」「聖太王」「高麗太王」など「太王」という君主号が用いられていた。これは他の国々に影響をおよぼし、新羅の君主や渤海《ぼっかい》の君主も「太王」「大王」と称したという。倭国の王は、この高句麗の君主号を模倣、導入して「大王」と称するようになったものと考えられる。高句麗では四世紀から、倭国では五世紀後期から、新羅では六世紀からこの君主号が用いられるようになった。

天皇号の採用

倭国では、やがて「大王」号に代わって「天皇」号が用いられるようになった。それはいつのことで、どのような経緯によるものであろうか。「天皇」という君主号について、近代歴史学ではじめて学問的な検討を加えたのは津田左右吉であった〔津田左右吉―一九六三年〕。津田は、①「天皇」は漢語であり、中国の宗教思想、政治思想の中で生まれた言葉である、②金石文《きんせきぶん》史料などから考えてわが国では推古から「天皇」号が用いられた、と論じた。このうち①については、その後の研究で検証、補強がなされ、今日では定説となっている。しかし、②については多くの疑問が提出され、今日ではほとんど否定されている。津田は、法隆寺《ほうりゅうじ》金堂《こんどう》の薬師《やくし》如来像光背《にょらいぞうこうはい》の銘文、中宮寺《ちゅうぐうじ》の天寿国曼荼羅繍帳《てんじゅこくまんだらしゅうちょう》の銘文といった推古朝の文章（「推古朝遺文《いぶん》」と呼ばれている）に「天皇」という言葉が見えることを②の論拠とした。推古朝の文章に「天皇」という言葉が使われているのだから、推古の時代には「天皇」号が存在したと考えたのである。しかしながら、今日の研究水準からすると、それらは実は推古の時代の文章ではなく、後年に創作された偽銘《ぎめい》と評価しなくてはならない〔本書Ⅱ―一参照〕。推古朝に「天皇」号が用いられていた証拠にはならないのである。

「天皇」号の成立について、その後、画期的な研究を発表したのは渡辺茂《わたなべしげる》氏であった〔渡辺茂―一九六七年〕。中国では、唐の高宗《こうそう》が上元《じょうげん》元年（六七四）に「天皇」と称したが、これこそが中国の君主が「天皇」と名のった最初の例だという。『旧唐書』上元元年八月条には「皇帝称天皇、皇后称天后（皇帝、天皇と称し、皇后、天后と称す)」と記されている。わが国の「天皇」号は、この唐の高宗の天皇号を模倣、導入して開始されたものだという。だとすると、わが国で「天皇」号が用いられるようになったのは、六七四年より後のことだということになろう。渡辺氏は、天武の時代に中国から「天皇」号の情報がもたらされ、次の持統からそれが採用されたと論じた。この説は東野治之氏によって補強され〔東野治之―一九七七年〕、今日の多数説となっている。現在では、わが国の「天皇」号は、持統天皇から、もしくは天武天皇の途中から採用されたと考えられるようになっている。

さらに、近年の増尾伸一郎《ますおしんいちろう》氏の研究が注目される〔増尾伸一郎―二〇〇三年〕。増尾氏によると、唐の高宗の天皇号の情報は朝鮮半島に伝わっていたという。すなわち、新羅の文武王（在位六六一～六八一）の碑に「天皇大帝」という文言が見え、また文武王の弟の金仁問という人物の碑にも「高宗天皇大帝」という文言が記されている。高宗の「天皇」の情報は、すぐに新羅に伝わっていたのである。増尾氏は、わが国は唐から直接ではなく、新羅から、遣新羅使が高宗の天皇号の情報を持ち帰ったと論じた。

奈良県明日香村の飛鳥池《あすかいけ》遺跡から、一九九八年、「天皇」と記された木簡が出土し、話題となった。この「天皇」木簡には年紀や干支《かんし》は記載されていなかったが、同じ所から出土した木簡の年代から、七世紀末の天武・持統朝のものであることが判明した。この木簡は天皇号七世紀末成立説を裏づける重要な史料となった。

『日本書紀』は、神武《じんむ》からはじまる君主のすべてを「天皇」と表記しているが、それらはもちろん歴

元嘉暦（持統三年〈689〉）（奈良文化財研究所）
石神遺跡出土．木に暦が書かれた．暦として使用後，木材を再利用するため，丸く形が変えられている．

史的事実を伝えるものではない。そもそも神武天皇をはじめとして最初の方の天皇は実在しない架空の人物である。また、実在と考えられる雄略天皇（ワカタケル大王）や継体《けいたい》天皇などにしても、「天皇」ではなく、「大王」であった。さらに、欽明《きんめい》、敏達《びだつ》、推古、舒明《じょめい》、孝徳《こうとく》、斉明《さいめい》、それに天智《てんち》なども「天皇」ではなかったということになる。日本の天皇は持統天皇から、もしくはその一代前の天武天皇の途中から開始されたのである。

天皇制度の成立と関連の事業

七世紀の末、日本列島には新しい国家が誕生した。この国家の君主は「天皇」を名のり、「日本」という国号を自称した。この国家は、律令《りつりょう》を作成して施行した。浄御原《きよみはら》令、大宝律令、養老《ようろう》律令である。また、中国風の都城を建設することとし、藤原京《ふじわらきょう》、平城京《へいぜいきょう》、長岡京《ながおかきょう》、平安京《へいあんきょう》とこれを造営した。銭貨を発行することとし、富本銭《ふほんせん》、和同開珎《わどうかいちん》をはじめ、皇朝《こうちょう》十二銭を鋳造、発行していった。歴史書も編纂することとし、『古事記《こじき》』『日本書紀』、そして六国史《りっこくし》を作成した。さらに暦を施行することとし、儀鳳暦《ぎほうれき》を世に行なった。のち、大衍暦《だいえんれき》、五紀暦《ごきれき》、宣明暦《せんみょうれき》を施行していった。

この国家がこうした事業を展開したのは、それらが天皇制度に付随するものだったからである。中国の政治制度を取り入れ、天皇制度を開始したからには、その天皇が居住し、政務を行なう都城が用意されなくてはならない。銭貨や歴史書もなければ格好がつかないだろう。天皇の名のもとに発布される体系的法典、すなわち律令もなくてはならないはずだ。暦も天皇が施行しなくてはならない。こうして古代史をいろどる重要な政策がつぎつぎと実施されていった。「天皇」号の採用は、単なる名称変更にとどまるものではなかった。天皇制度の発足であった。以後、天皇制度は時代に応じて変化をとげつつ、今日に至っている。

3　天皇制度の政治思想

天命思想の読みかえ

日本の天皇制度は中国の政治制度を取り入れて開始されたものであるが、しかし、熟慮の末に取り入れなかった部分、大きく改変した部分もまたあった。ここではそれについて考えていこう。

中国では、殷周《いんしゅう》春秋《しゅんじゅう》戦国時代から、君主は「王」さらには「天子《てんし》」と称した。「天子」とは、万物を支配する「天」（擬人的には「上帝《じょうてい》」「昊天《こうてん》上帝」などと表現する）の命を受けて人民を統治する存在という意味の言葉であった。このような、「天」の命を受けた人物が君主となって「天下」の人民を統治すると考える政治思想を「天命《てんめい》思想」と呼んでいる。

紀元前三世紀、長く続いた戦国の世は、ついに秦王《しんおう》の政によって統一された。彼はそれまでとは異なる君主号を名のることとし、「皇帝」という名称を創案した（西嶋定生―一九七四年、籾山明―一九九四年、梅原郁―二〇〇三年）。これが秦の始皇帝《しこうてい》である。「皇帝」なる君主号は、当初は、「天子」よりも格上の存在で、上帝にも等しい存在という意味の言葉として創案された。だが、漢代以降、しだいに「皇帝」も「天子」とほぼ同義の、天から命を受けた存在という意味の君主号として定着していった。以後、中国では、清朝が滅亡する二十世紀初頭まで、君主は「皇帝」を称するのを一般とした。「皇帝」は、「天」の命を受けて、「天下」すなわち全世界を統治する存在であって、限定された地域である「国」を治める「王」とは区別された。王は、皇帝に任じられて国の統治を委任された存在にすぎないとみなすのが、中国的な天下観念であった。

「皇帝」が一般的な君主号であった時代、唐の高宗はこれを変更して「天皇」と称した。「天皇」という言葉は、もともと中国の宗教思想の中で生まれた言葉で、天上世界の最高神を指す「天皇大帝」（「上帝」「昊天上帝」に同じ）に由来する語である（福永光司―一九八七年）。だから、「天皇」は、始皇帝が最初に構想した「皇帝」と同じく、上帝にも等しい君主、万物の支配者が地上に出現した存在という意味を持っていた。「天皇」号には「皇帝」号よりも一段上の意味が包含されているのである（といっても「皇帝」にはもともと「天皇」と同じような意味が含まれていたのだが）。ただし、この君主号は則天武后《そくてんぶこう》が自らの権力獲得の一段階として高宗に名のらせたものだろうと考えられている。中国においては、これ以後、「天皇」という君主号は後継者たちに継承されるものとはならず、君主たちは再び「皇帝」と称するように戻っていった。

持統もしくは天武が模倣、導入した「天皇」号は、「皇帝」と同じく、天命思想の伝統の中から生まれた君主号であった。しかし、日本の王権にとって、天命思想には好ましくない思想が包含されていた。「革命」の思想である。天命思想では、天の命が下った存在が皇帝となるが、天の命がある一つの家から、別の家へと移れば王朝は交替することになる。これが「革命」である。中国では、実際に、いくつもの王朝が生まれ、また滅び、王朝は交替していった。日本の王権は中国の政治制度を導入しようと考えたが、革命の思想は危険思想であり、受容したくなかった。そこで「天皇」に包含される思想から、天命思想の部分、とりわけ革命に関する部分を除外しようと考えた。皇統をただ一つの家、血筋、具体的には持統の血筋に固定化し、永遠に他に移ることがないようにと考えたのである。『古事記』『日本書紀』には、そうした構想が端的に表現されている。天の命を受けた者が君主になるのではなく、天の最高神の血筋を引く者が君主となるなら、君主の家は一つに固定化され、革命は起こりようがなくなり、王朝交替は成立しないことになる。こうして、持統は、自分のことを天から命を受けた存在だとは規定せず、自分は天に在る神の子孫であり、天の最高神の血筋を引く存在なのだと主張した。

万世一系神話の創作

天武十年（六八一）、わが国最初の歴史書の編纂が開始され、それは八世紀初頭に『古事記』、次いで『日本書紀』となって完成した。この二書は、しかし、歴史書とは言うものの、過去の出来事を事実に立脚して公正に記述しようとするような性格の書物ではなかった。それは、自らの王権の正当性を、あらゆる論理、表現を用いて叙述しようとする書物として作成された。これら二書では、冒頭、イザナギ、イザナミの神代の話が記述され、神々の住む高天原《たかまがはら》の様子や、神々の中心である女神アマテラス大神の姿が描かれる。そして、彼女の孫が地上世界に降り、さらにその子孫が人間となって初代天皇のカムヤマトイワレヒコノミコト（神武天皇）が誕生したと書かれている。さらに『日本書紀』では、この神武から持統まで、血統が途切れることなく続いてきたとされ、一つの血筋であったとされている。いわゆる「万世一系」（ただしこの言葉は近代の造語）の皇統の連続が、あたかも事実に立脚する歴史であるかのように記述されているのである。これに従うなら、持統やその子孫たちは天の最高神の子孫ということになるだろう。天から命を受けた者ではなく、天の最高神の子孫が国家を統治するとしたなら、必然的に革命は起こりようがなくなり、王朝交替は成立しないことになる。これが記紀神話や万世一系説話の創作者たちが考えた基本構想であった。もちろん、天皇家が天の最高神の子孫であるとか、神武から持統まで血筋が続いているなどというのは事実に基づく記述ではなく、政治的に創案された創作神話、創作史話にほかならない。新生日本国の政府は、中国の政治制度を導入するにあたって、天命思想の部分を読みかえ、代わりにこうした神話や史話を創作して、皇統の将来にわたっての連続を宣言したのである。

なお、最高神アマテラスの造形にあたっては、女帝の持統天皇（孫の軽皇子《かるのみこ》がのち文武《もんむ》天皇として即位）や、やはり女帝の元明天皇（孫の首《おびとのみ》皇子《こ》がのち聖武天皇として即位）の姿が色濃く投影されていると考えられる。特に持統はアマテラスの直接のモデルと見てよく、彼女のイメージこそがアマテラスの原型になったと言うべきであろう。持統は孫の軽皇子を愛し、彼を即位させることに情熱を傾けた。高天原のアマテラスの子ではなく、孫がこの世に降臨するという記紀神話の構想は、このことと密接に関連しているものと思われる。『日本書紀』に記される持統天皇のおくりな「高天原広野姫《たかまがはらひろのひめ》天皇」はそのことを端的に示した文言と理解される。

Ⅱ　古代仏教の実像を求めて

虚空蔵菩薩像（東京国立博物館）

一　近代歴史学と聖徳太子研究

1　近代歴史学の潮流

聖徳太子研究のあゆみ

聖徳太子はどのような人物であり、いかなる業績を残したのか。これは近代の歴史学が正面から取り組んできた主要な研究テーマの一つであって、これまで、著名な学者たちによって、多くの研究が積み重ねられてきた。その研究の動向は、一口で言えば、虚飾と仮託に満ちた「聖徳太子」の伝記、業績から、伝説のベールを一枚一枚剝ぎ取っていき、その実像を明らかにしていく営みであったと言えると思う。合理的精神と実証主義を基軸とする近代歴史学は、彼を超人的な存在に飾り立ててきたさまざまな粉飾を一つ一つ丁寧に検証し、それらの多くを歴史的事実とは認められないと評価して今日に至り来たった。近代歴史学が誕生してから約百年あまり、「聖徳太子」の伝記、業績の多くは批判、さらには否定され、代わって、等身大の、人間的な人物像が聖徳太子の実像として語られるようになってきた。

こうした研究のあゆみは、まことにもっともな学問的進展と評価できるものであるが、しかし、研究の成果が蓄積されてくると、今度はさらなる疑問、問題が発生するようになってきた。研究の当初の段階では、「聖徳太子」なる存在に幾重《いくえ》にも重ねられた後世の付加、仮託を一枚一枚取り去っていけば、そののちには、歴史的に確実と認定しうる聖徳太子の実像が確認できるだろうと歴史学者たちは考えてきた。しかしながら、実際にそうした作業を進めてみると、それは玉ねぎの皮むきにも似て、なかなか確実と認定しうる核心にたどりつくことができず、ついにはすべての皮を剥ぎ終えてほとんど何も残らなかったという状況に立ち至ってしまったのである。

こうして、今日では、「聖徳太子」の伝記や業績についてのさまざまな言説を、ほとんどすべて歴史的事実ではないと評価する議論が唱えられるようになってきた。「聖徳太子虚構論」とでも呼ぶべきこうした見解は、それゆえ、最近になって唐突に言い出されたような浅薄な議論ではもちろんない。それは、明治以来蓄積されてきた近代歴史学の成果の一つの到達点とでも言うべき見解なのであって、真摯《しんし》で学問的な学説と言わねばならないのである。

ここでは、明治以来の研究のあゆみを振り返り、「聖徳太子」について考えなくてはならない主要な論点を検証していきたい。

近代以前の聖徳太子

明治に近代歴史学が誕生する以前の、江戸時代までの「聖徳太子」は、およそ現実に実在した人間とは考えがたいような、超人的な活躍をつぎつぎと繰り広げるスーパーマン的な人物として語られてきた。

曰く——聖徳太子はそもそも中国の高僧である慧思《えし》なる人物の生まれ変わりである。太子が誕生する時、母は金色の僧（救世菩薩《ぐぜ》）が胎内に入る夢を見、やがて懐妊して太子が産まれた。出産の日、母は宮中を巡行して諸司を監督していたが、厩《うまや》の戸に当たると労せずして、太子が産まれた。生まれるとすぐにものを言った。二歳の時、二月十五日の釈迦《しゃか》の命日の日に東方に向かって「南無仏」と称《とな》えて合掌礼拝した。四歳の時には、多くの王子たちが口論し、敏達《びだつ》天皇がこれを諫《いさ》めようとしたところ、他の少年は皆おそれて逃げたが、太子のみ進んで笞《むち》を受けようとした。十歳の時、蝦夷《えみし》が辺境で反乱したが、太子は武力による制圧に反対し、恩情によって蝦夷をさとし、反乱を鎮めた。用明《ようめい》天皇が病気となると、太子は看病につとめ、よく天皇を孝養《こうよう》した。蘇我馬子《そがのうまこ》が廃仏派の物部守屋《もののべのもりや》を攻撃した時には、髪をひさごにし、ぬりで（ウルシ科の木）で四天王像を作って髪の頂にのせ、勝利のあかつきには四天王のために寺塔を建立しようと誓願して参戦した。成人となると、ひとたびに十人（もしくは八人）の訴えを聞いて、誤りなく理解した。さらに未来を予知することができた。推古《すいこ》天皇が即位すると、皇太子となり、政治全般を担当した。甲斐《かい》国から献上された「甲斐の黒駒」なる黒い馬に乗って空を飛び、富士山にも登った。その馬を飼育していたのは調子丸《ちょうしまる》という舎人《とねり》であった。推古十二年（六〇四）には「憲法十七条」を制定した。推古十四年（六〇六）に『勝鬘経《しょうまんぎょう》』『法華経《ほけきょう》』の講義をした。のち、『勝鬘経』『法華経』『維摩経《ゆいまきょう》』の三経典の注釈書、すなわち「三経義疏《さんぎょうのぎしょ》」を作成した。推古二十一年（六一三）太子は片岡山で一人の飢人と出会い、飲食や衣服を与えるなどあつくもてなした。飢人が死んで葬ったのち、墓所を開いてみたら死体がなくなっていた。飢人は実は聖人であって、同じく聖人である太子はそれをただちに見破ったのだという。推古二十八年（六二〇）蘇我馬子とともに『天皇記』『国記』『臣連《おみむらじ》伴造《とものみやつこ》国造《くにのみやつこ》百八十部《ももやそつかべ》並《ならびに》公民《おおみたから》等《ら》本記《のほんぎ》』なる歴史書を作成した。推古二十九年（六二一）太子は亡くなった。仏教の師であった高麗《こま》の慧慈《えじ》は本国に帰国していたが、太子の死を聞くと、自分も来年の同じ日に死ぬだろうと予言し、その通りに死んだ――などなど。

聖徳太子勝鬘経講讃図（斑鳩寺所蔵）
太子が『勝鬘経』を講じた姿を描く．聴聞するのは左から，山背大兄皇子，高麗法師慧慈，百済博士学哿，蘇我馬子，小野妹子．講讃が終了すると花弁の長さが二、三尺もある蓮の花が降ったという情景が描かれている．

こうした超人的な活躍の話は、言うまでもなく、聖徳太子信仰の産物である。聖徳太子信仰とは、「聖徳太子」を神仏にも等しい存在としてあがめ、崇拝する信仰のことで、その中で、さまざまなエピソードが創作されていった。それらは、平安時代前期に成立した『聖徳太子伝暦《でんりゃく》』という書物ではじめて言い出された話が少なくない。ただ、『聖徳太子伝暦』以前に成立していた話もいくつかあるし、さらには根本史料と言うべき『日本書紀』にすでに述べられている話も多数ある。そうした超人的な活躍をする話は、平安時代末期から鎌倉時代になると、四天王寺の僧、あるいは法隆寺《ほうりゅうじ》や橘寺《たちばなでら》の僧などによっていっそうふくらまされていき、「聖徳太子」の人物像は雪だるまのように肥大化していった。やがて、いわゆる新仏教が日本列島の各地に流布、浸透していく時代となるが、新仏教の中で最大の勢力を形成したのは浄土真宗《じょうどしんしゅう》であった。浄土真宗は、阿弥陀《あみだ》信仰のみならず、強い聖徳太子信仰を持っていたから、その流布とともに、聖徳太子信仰は全国各地にますます広く、かつ深く浸透していくところとなった。

近代歴史学の誕生

日本の近代歴史学は、明治の頃、西洋の歴史学の影響を受けて形成されていった。設立間もない帝国大学の文科大学に史学科が創設されたのは、一八八七年(明治二十)のことであった。ここには、ドイツからルードウィッヒ・リース(一八六一～一九二八)という人物がお雇い外国人教師として招かれた。彼は高名なL・ランケの弟子で、ヨーロッパの歴史や史学研究法を英語で講義して、確実な史料に基づく実証主義の歴史学を伝授した。一方、一八八九年(明治二十二)には、同じく帝国大学文科大学に国史学科が新設され、その教授には、臨時編年史編纂掛(今日の東京大学史料編纂所の前身)の教授であった重野安繹《しげのやすつぐ》、久米邦武《くめくにたけ》、星野恒《ほしのひさし》の三人が就任した。両学科は、歩調をあわせてアカデミズム歴史学を確立していった。同年、リースの助言によって、日本最初の歴史学の学会である史学会が設立され、機関誌として『史学会雑誌』(一八九二年〈明治二十五〉に『史学雑誌』と改題されて今日に至る)が創刊された。重野、久米、星野は史学会の設立に尽力し、重野が初代の会長になった。

重野安繹(一八二七～一九一〇)、久米邦武(一八三九～一九三一)は、新時代にふさわしく、それまでになかった新しい議論を展開して世間の注目を集めた。それは、歴史的事実と非歴史的事実とを明確に区別して歴史を論ずるという議論であった。特に槍玉にあげられたのは、人々に人気のあった『太平記《たいへいき》』であった。江戸時代までは、歴史と文学とは截然《せつぜん》とは区別されておらず、『太平記』で語られる話もおおむね歴史的事実そのものとして受け取られる向きがあった。重野は、『太平記』の記述には、史実とは認められない虚構が多く含まれていることを指摘し、登場人物の一人、児島高徳《こじまたかのり》は架空の人物であるとする議論を展開した。あわせて、武蔵坊弁慶《むさしぼうべんけい》、楠公《なんこう》父子桜井駅《さくらいえき》の別れ、日蓮《にちれん》上人龍《たつ》ノ口《のくち》の御難、なども歴史的事実とは認められず、虚構（創作）にすぎないと断じた。世間はこうした議論に驚き、重野には「抹殺博士」というニックネームがつけられた。重野の学風は、史料に基づく実証と合理的思考を重視するところにあり、江戸時代の勧善懲悪《かんぜんちょうあく》的な歴史論とは立場を異にする考証史学であった。やがて南北朝時代の理解について、南朝正統論を批判する講演をすると、保守的勢力は重野に対する反感を強めていった。

久米も重野と同様な立場をとっており、『史学会雑誌』に「太平記は史学に益なし」「勧懲の旧習を洗ふて歴史を見よ」などの論文をつぎつぎと発表していった。そして「神道は祭天の古俗」という論文を発表するや、神道家、国体論者などはこれに猛烈に反発し、久米に論文の取り消しを求め、ついには久米排斥運動が勃発するに至ったのである。その結果、一八九二年（明治二十五）、久米は帝国大学教授を非職に追い込まれ、依願免職となった。これがいわゆる久米事件で、明治時代の代表的な学問弾圧事件の一つである。久米は、やがて東京専門学校（のち早稲田大学）に迎えられ、「古文書学」

久米邦武（1839–1931）

を講じ、講義録を多数発表するなどの著作活動を続けていった。

久米邦武著『聖徳太子実録』

その久米が一九〇五年（明治三十八）に発表した書物が『上宮太子実録』（共洌堂）である。この書物は、のち増補改訂され、書名も『聖徳太子実録』と改題して再刊された（丙午出版社、一九一九年。のち久米邦武―一九八八年）。同書は、信仰の対象としての「聖徳太子」ではなく、歴史上の人物としての聖徳太子を明らかにするという立場で書かれた書物で、発表当時、大きな反響を呼んだ。そのために久米がとった方法は、根拠となる史料の厳密なる評価であった。久米は、関係する文献や金石文を、①甲種（確実）、②乙種（半確実）、③丙種（不確実）、の三等級に分類し、確実な史料および一つの史料でも確実と評価しうる部分に基づいて、聖徳太子の伝記、業績を論じようとした。久米の史料評価は、今日となっては修正しなくてはならない部分もあるが、しかし、こうした明確な方法に基づいて議論を構築したことの研究史上の意義ははなはだ大きい。

久米は、『聖徳太子伝暦』を丙種（不確実）の書であるとし、「太子伝暦は太子にかかる嘘誕の大集成なり」と評価してこの書の記述を否定した。また『上宮聖徳法王帝説《じょうぐうしょうとくほうおうていせつ》』『上宮聖徳太子伝補闕記《ほけつき》』は乙種（半確実）に評価し、さらに注目されることに、『日本書紀』も「確否相雑《まじ》る書」であるとして乙種に分類した。そして、『日本書紀』に「生まれてよくもの言う」とか「兼ねて未然を知る（未来を予知した）」などとあるのは「空談」にすぎないと断じたのである。

久米は、また、母が厩の戸に当たって太子が産まれたというのは、イエス・キリスト生誕の話に影響されて創られた話ではないかと推測し、隋唐《ずいとう》時代の中国にすでにキリスト教の教説が伝わっていたことを説いている。さらに太子が慧思の生まれ変わりであるというのは、「鑑真《がんじん》和尚《わじょう》より起こりたる談なり」と論じ、この話の出どころを推定している。

津田左右吉の記紀研究

津田左右吉（1873-1961）

久米の議論は、『聖徳太子伝暦』などに述べられる荒唐《こうとう》無稽《むけい》な「聖徳太子」説話を否定するものであったが、根本史料である『日本書紀』については、これを「半確実」とはしたが、なおかなりの部分を史実と肯定するものであった。しかし、やがてそれらにさらに厳しい批判を加え、『日本書紀』の「聖徳太子」に関する記述は、多く歴史的事実とは認められないとする見解が唱えられるに至った。津田左右吉《つだそうきち》（一八七三〜一九六一）の議論がそれである。津田の『古事《こじ》記《き》』『日本書紀』研究は著名なものであるが、それは最初、『神代史の新しい研究』（二松堂書店、一九一三年）、『古事記及び日本書紀の新研究』（洛陽堂、一九一九年）の二冊の著書として発表された。両著書は、のち、改訂・増補・

改題されて、『神代史の研究』（岩波書店、一九二四年）、『古事記及日本書紀の研究』（岩波書店、一九二四年）という書名で刊行され、次いで『日本上代史研究』（岩波書店、一九三〇年）、『上代日本の社会及び思想』（岩波書店、一九三三年）の二著書が刊行された。この四冊が戦前の津田の記紀研究を代表する書物である。これら四冊の著書は、戦後さらに改訂され、『日本上代史の研究』（岩波書店、一九四七年）、『日本古典の研究』上・下（岩波書店、一九四八年、一九五〇年）の三冊に再構成されて、再び刊行された。

津田の「聖徳太子」についての見解は、戦前の『日本上代史研究』に収められた「応神《おうじん》天皇から後の記紀の記載」で詳述された。戦後の著書では、この文章は『日本古典の研究』下に収められている。津田はそこで、「余は聖徳太子に関する推古紀の記載について、重要なる疑問を提起しようと思ふ」と述べて、『日本書紀』の記述に対して多くの疑問点を指摘して、それらを史実ではないとする議論を展開した。

津田は、『日本書紀』に見える、「厩の戸に当たって労せずしてたちまち産まれた」、「生まれてすぐにものを言った」、「未来を予知した」といった話、片岡山の飢者の話、また高麗僧の慧慈の話などは、いずれも太子が聖者であることを示すために創作された話にすぎないと断じた。また『天皇記』『国記』『臣連伴造国造百八十部並公民等本記』という歴史書を作成したというのも、「公民」「国記」という後の時代の語が見えることから考えて、とうていこの時代のものではありえないとしてこれを否定した。また、守屋征伐に十四歳の太子が参戦し、四天王像を頂髪に置いて活躍したという崇峻《すしゅん》紀の話については、これは四天王寺の縁起《えんぎ》に取材して掲載されたものであろうが、「虚構」の物語にすぎず、「この戦争の記事の大部分が後人の造作」と理解すべきであると説いたのである。

憲法十七条と「三経義疏」の否定

さらに津田は、『日本書紀』に全文が掲載される「憲法十七条」についても疑問を提起し、「憲法十七条」も太子の真作ではなく、後の時代（『日本書紀』の編纂段階）における創作であると論じた。津田の説くところは、要するに、憲法の文章は推古十二年（六〇四）のものにふさわしくなく、後の時代の作成としなくては理解できないという点にあった。まず、その第十二条に「国司国造」という表現が見えるが、「国司」はこの時代に存在しないから（津田は国司の成立を大化改新《たいかのかいしん》以降と考えていたが、今日ではさらに遅らせて理解するのが一般的となっている）、六〇四年の文章に出るはずがないという。また国司と国造とを並記するのも不審で、これは他の事例から考えて七世紀末頃以降の表現であろうという。次に憲法は、全体が「中央集権制度・官僚政治制度」の政治理念に基づいて書かれているが、そうした政治理念は大化改新以降のものであって、いまだ氏姓制度であった推古朝のものとは理解できないとした。さらにその文章には、中国の古典の表現が多く用いられているが、それらは『続日本紀《しょくにほんぎ》』に掲載される詔勅《しょうちょく》の表現や養老四年（七二〇）成立の『日本書紀』の文章表現に類似しており、この文章の成立もその時代にまで下げなくてはならないとした。こうして津田は、「憲法十七条」は太子の作ではなく、律令の制定や国史の編纂を行なっていた時代（七世紀末〜八世紀初め）に作成されたものであろうとしたのである。この見解は大変説得的であって、「憲法十七条」を議論する上で基本となる研究となっている。

次に津田は「三経義疏」についても疑問を呈し、これまた太子の真作とは見なせないと論じた。津田は、太子が『勝鬘経』『法華経』の二経を講じたと記す『日本書紀』の記述には不自然なところがあって、これを歴史的事実とは見なせないと説いた。まして、太子が「三経義疏」を作成したというのは根本史料である『日本書紀』にもまったく見えず、経典講説が史実でないなら、「三経義疏」作成も史実とは見なせないと理解したのである。わが国の仏教史を考えるに、その最初期に早くもこうした高度な経典注釈書が突如として現われ、その後しばらくの間そうした書物がまったく書かれず、長い空白ののちに再び注釈書、教学書が書かれるようになったというのも不審であると津田は指摘している。「三経義疏」研究については後述するが、すでに津田がこのように疑問点を指摘していたことには注目しておきたい。

福山敏男の銘文研究

法隆寺金堂《こんどう》の釈迦《しゃか》三尊像《さんぞんぞう》や薬師《やくし》如来像《にょらいぞう》の光背《こうはい》には銘文があり、そこにはこれらの像が推古朝のもので、聖徳太子（「太子」「東宮聖王」「上宮法皇」と表記）に関係するものであることが述べられている。久米も津田も、これら金石文については、当時の実物がそのまま現存していると考えていたから、その記述内容に疑いを持たなかった。しかしやがて、これらについても、疑問の目が向けられるところとなった。建築史の大家、福山敏男《ふくやまとしお》（一九〇五～九五）の研究がそれである〔福山敏男―一九三五年〕。

福山は、薬師如来像光背の銘文について、後の時代に成立する「天皇」の語がここに見えるのが不審であること、「大王天皇」という表現が不審であること、在世中の太子を「聖王」と呼んでいるのが不審であること、薬師如来に対する信仰や造像はこの時代にはまだなく、天武《てんむ》朝以降に開始されたと見るべきものであること、などの問題点を指摘した。そして、この銘文は、天武朝の後半以降、天平《てんぴょう》以前に成立した文章であると結論した。銘文が記すような推古朝の文章とは見ることができないとしたのである。

次に釈迦三尊像光背の銘文については、「法皇」の表現が不審であること、「法興元（もしくは法興）」なる年号が存在せず、不審であること、などの問題点を指摘した。そして、この銘文も推古朝のものではなく、わが国で年号の使用が開始された、七世紀後半以降の文章と見るべきだとしたのである。

これら福山の指摘は今日なお有効で、銘文研究の基本を形成するものとなっている。

2　坂本太郎の太子擁護論

坂本太郎の反論

以上述べてきたように、明治から昭和にかけて、「聖徳太子」研究は大いに進展し、虚飾と仮託に満ちた伝記、業績は根本的に見直され、つぎつぎと虚構のベールが剥ぎ取られていった。

しかし、こうした研究動向を行き過ぎであると批判する動きも、一方で生まれた。そうした立場を代表するものは、坂本太郎（一九〇一～八七）の研究である。

坂本は、今日の日本古代史研究の実質上の開祖とも言うべき重要な学者で、「日本古代史」という分野の大枠を設定し、研究の方向性を明示する役割をはたした人物である。

「日本古代史」の確立

日本近代のアカデミズム歴史学は、先に述べたように、帝国大学に史学科、国史学科が創設されたところから始まるが、史学科の最初期の卒業生に原勝郎《はらかつろう》（一八七一〜一九二四）と内田銀蔵《うちだぎんぞう》（一八七二〜一九一九）がいた。彼らは、ヨーロッパに留学、帰国ののち京都帝国大学の史学科の教授となった。このうち原は、ヨーロッパ史と比較する視点を重視して「日本中世史」分野を確立、その開祖というべき役割をはたした。また内田は「日本近世史」をはじめて提唱した学者として知られている。「日本中世史」分野、「日本近世史」分野の確立は、明治のアカデミズム歴史学の草創期にまでさかのぼると言ってよい（石井進―一九九一年、朝尾直弘―一九九一年）。これに対し、「日本古代史」分野の確立はかなり遅れる。

先にふれた久米邦武は、日本古代史の研究に取り組み、『日本古代史』（当初、早稲田大学講義録『日本古代史講義』として刊行され、のち改題刊行）という著書もまとめた。しかし、久米の古代史は、独自の「譬喩《ひゆ》」論を説く記紀研究であって、今日その先見性は評価されているが、後に継承されるものとはならなかった。

次いで津田の記紀研究が発表された。これは歴史的事実と虚構の弁別を目指した斬新な研究であったが、反発も少なくなかった。坂本は津田をライバルと考え、津田の大化改新論や聖徳太子論を批判する見解を発表し、そうした作業を通じて自己の学問を形成していった。坂本の博士の学位論文は

「大化改新の研究」であった。坂本は津田の論には行き過ぎがあり、『日本書紀』に掲載される改新之詔や聖徳太子についての記述の多くは、歴史的事実と評価できるものであると論じた。戦後、坂本は東京帝国大学（のち東京大学）の国史学科の教授として活躍し、学科の再建に尽力、研究面では「日本古代史」研究の枠組や方法を構築していった。今日に継承される「日本古代史」研究は、この坂本を中心に、法制史の瀧川政次郎《たきがわまさじろう》（一八九七～一九九二）などによって形成、確立された学問分野であって、中世史や近世史よりも後発の分野史として確立したものであった。

坂本パラダイム

坂本の説いた「日本古代史」は大変明快なもので、後進の研究に絶大な影響を与えた（坂本太郎一九八八～八九年）。また歴史教育においても、古代史の部分は坂本説が教科書に書かれ、教えられたので、しだいにこの理解が国民的歴史常識となっていった。坂本の見解は、「日本古代史」は「律令国家《りつりようこつか》（律令制）」を中心に理解すべきであって、それ以前はその準備過程、以後はその変質・崩壊過程として理解できるとするものであった。こうして、①聖徳太子の新政から、②大化改新を経て、③律令国家（律令制）の成立を説き、律令の諸制度を中心に古代国家を説明して、以後を④律令国家（律令制）の崩壊過程、と理解する日本古代史が成立した。この見解は、坂本パラダイムとでも呼ぶべき枠組を構成し、以後の研究の方向性を規定していった。

なお、坂本は、「律令国家」なる用語は当初は用いておらず、老年になってから（昭和四十年代後半頃から）用いるようになっている。中年までは「律令制」「律令制度」「律令政治」、あるいは「法治国家の形成」という用語・概念を用いていた。だが、右の①から④に至る歴史をもって「日本古代史」

を理解しようとする構想は、すでに戦前の段階でほぼ完成していたと見てよい。

坂本の見解は今日ではさまざまに批判され、これを部分的に見直す研究がいくつも提出されている。たとえば、④の平安時代の理解や、②の改新之詔の理解について、坂本説は多くの批判を受け、もはや成り立たなくなっているとしてよいと思う。しかしながら、大枠としては、坂本パラダイムは未だ中心的位置を譲ってはいない。私は、これを克服して新しい古代史像を模索、提示することが、現在の古代史研究に与えられた最大の課題であると考えている。それには、①②④を批判もしくは否定する作業をなお進展させなくてはならないが、さらに進んでは坂本説の本丸と言うべき③、すなわち「律令国家論」を克服するような古代国家論を模索、構築する作業が必要となるであろう〔吉田一彦―二〇〇六年b〕。

坂本太郎の聖徳太子論

坂本は、一九七九年に吉川弘文館の人物叢書の一冊として『聖徳太子』を刊行した。これは坂本の聖徳太子論の決定版となっている。人物叢書は日本歴史学会の編集であるが、坂本は同会の会長として、この叢書に『聖徳太子』『菅原道真』の二冊を書き下ろした。坂本はこの二人に、深い敬愛の念をもって伝記を執筆しており、聖徳太子に対しては「不世出の偉人」とまで論評している。

坂本はこの書で、津田説など、「聖徳太子」関係史料の多くを批判、否定する「進歩的」な学説を認めず、『日本書紀』にも一部に不確かな記述や造作はあるが、全体として史実を伝えていると評価した。また「三経義疏」も太子の著作として疑いなく、金石文にしても、「薬師如来像光背銘」「釈迦三

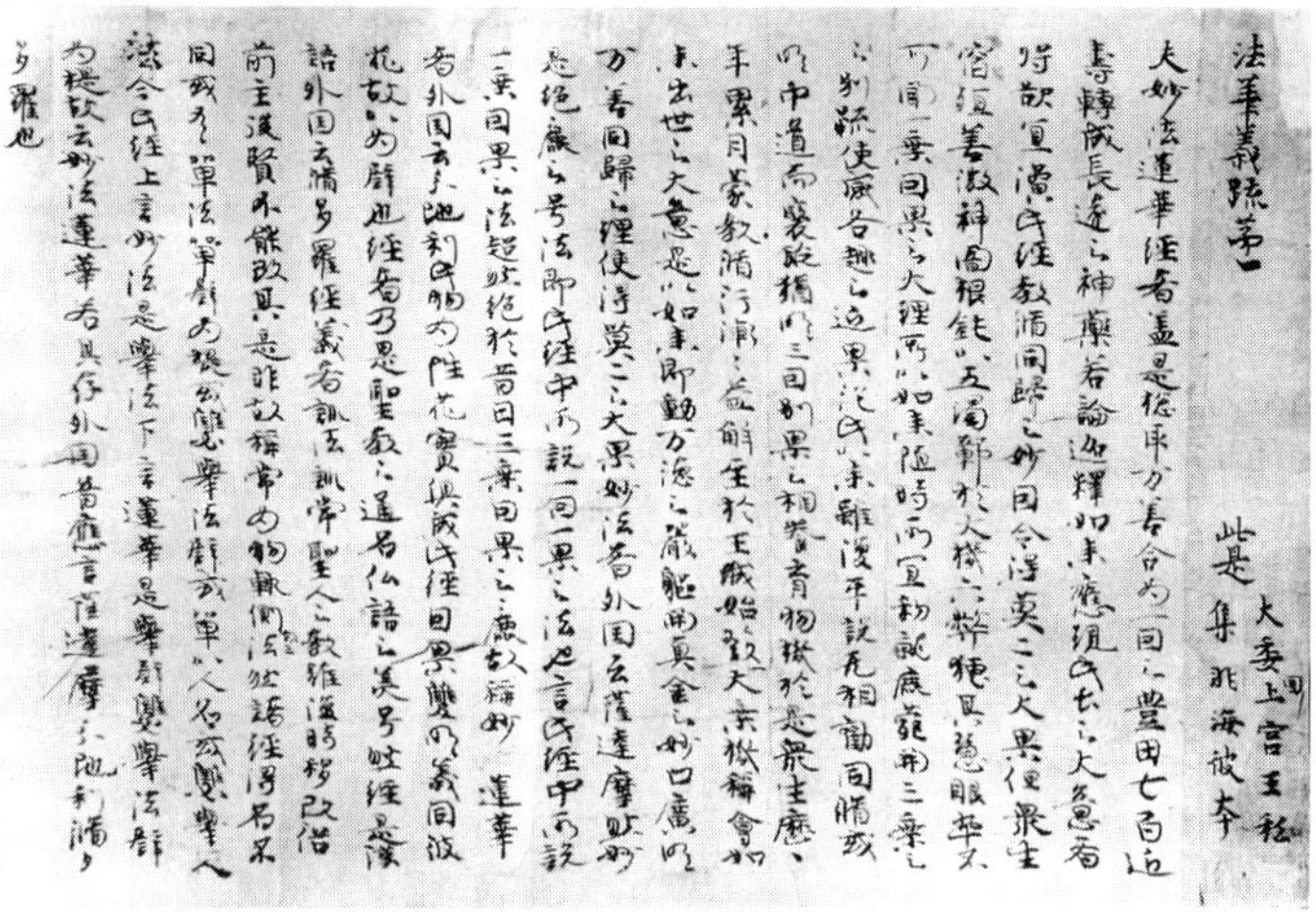
法華義疏第一

此是大委上宮王私集非海彼本

『法華義疏』（御物）

尊像光背銘」も、『伊予国風土記《いよのくにふどき》』所引「道後湯岡《どうごゆのおか》の碑文」も、「天寿国繡帳銘《てんじゅこくのしゅうちょうめい》」も、みな当時の遺文《いぶん》と評価してよいと断じた。

しかしながら、坂本の議論は論拠がはっきりと提示されてはおらず、今日から見るとはなはだ物足らないと言わざるをえない。坂本は、津田の「憲法十七条」についての見解に対し、「国司」も当時存在したと見て差しつかえないとか、推古朝にも官司制的なものがある程度存在したから、憲法の全体が中央集権的・官僚制的理念で書かれていても不審ではないなどと反論する。また「三経義疏」については、太子自筆と伝える『法華義疏』が現存し、これは字体が隋朝風で、修正のあとがあって草稿らしく、字順に漢文としてよりも日本語として読める所があることから、太子自筆を信用してよいとした。そして、現存の『法華義疏』が自筆本であるなら、『日本書紀』などに太子作のことが記されてなくとも、「三経義疏」全体を太子作と見てよいと結論したのである。しかしながら、これらがいかにも論拠不十分で、議論として成り立っていないことは明白であろう。まして、金石文については、説明抜きに当時の遺文であると断じて論述を展開しており、なぜそう考えてよいのか、先行学説をどう理解しているのかが一切論じられていない。

坂本は大変すぐれた学者であり、多くの重要な研究成果を残したが、その彼がなぜこのような論理性に欠けた議論を展開するのか。それは、聖徳太子に対する敬愛の念によるのではないかと私は思う。その著『聖徳太子』は、全体が太子に対しての深い敬愛の念に貫かれて書かれている。それは近代的な装いをとってはいるが、中世、近世以来の太子信仰の文化の流れを汲むところがあり、それが坂本から冷厳な歴史家のまなざしを奪ってしまったのではないかと私には思われるのである。

3　聖徳太子研究の進展

小倉豊文の研究

戦後歴史学においては、前述の坂本太郎や、あるいは瀧川政次郎のように、聖徳太子の事績を擁護せんとする研究が一方であらわれたが、しかし久米邦武、津田左右吉、福山敏男以来の史料批判を進める研究も着実に進展し、多くのすぐれた研究成果が生まれた。そうした学者の一人として、小倉豊文《おぐらとよぶみ》（一八九九〜一九九六）の名を忘れるわけにはいかない。戦前、広島文理科大学の助教授であった小倉は、終戦の直前、「聖徳太子信仰の歴史的研究」の原稿約三千数百枚と図版約三百枚を完成し、刊行作業にとりかかった。しかし、おりからの戦火によってそのすべてを焼失し、やがて自らも原爆に被爆してしまったという。こうしてこの大著は幻の未刊の書物となってしまった。戦後、小倉は広島大学の教授として活躍したが、退官後に病中からの口述代筆にて刊行したのが『聖徳太子と聖徳太子信仰』〔私家版、一九六三年。のち小倉豊文―一九七二年〕である。

小倉は、「聖徳太子」には多くの名があるが、それらの多くは後世、超人的聖者とされてからのものであって、生前の呼称は「厩戸王」であったろうとした。そして、重要なことは、歴史的事実としての厩戸王の事績と、伝説上信仰上の存在としての聖徳太子の事績とを明確に峻別《しゅんべつ》することであると説いた。小倉は、『聖徳太子伝暦』など太子信仰の中で書かれた書物の記述は歴史事実と見ることができないとし、『日本書紀』についても、津田説を継承して、厳密な史料批判が必要であると論じた。小倉は、『日本書紀』には、厩戸王は「万機《ばんき》を総摂《そうせつ》」したとあって、一般に摂政《せつしょう》を務めたと理解されているが、推古紀を熟読すると、天皇の命に従って彼と蘇我馬子とが相並んで政治を行なっており、総摂（摂政）というのは史実とは考えがたいとした。この時代の権力の中心は馬子であって、厩戸王が飛鳥《あすか》から遠い斑鳩《いかるが》の地へ移転したのも馬子の権勢からの逃避と見るべきであるという。「憲法十七条」については、津田説を継承して後世の偽作であるとし、白鳳《はくほう》時代頃におそらく僧侶によって作成されたものであろうと推定した。

さらに小倉は「三経義疏」についても疑義を提示した〔小倉豊文―一九五三年〕。聖徳太子撰述と称する経典注釈書は、「三経義疏」に限らず、すでに古代にいくつか見られるが、それらは正倉院《しょうそういん》文書では天平の末年以降に現われており、その頃太子信仰が高まり、いくつかの経疏を太子作と仮託するような言説が誕生したのであろうという。『東院資財帳《とういんしざいちょう》』では、『法華義疏』は『法華経疏』と記載されているが、そこには「律師法師行信《りっしほっしぎょうしん》、覓《もと》めて奉納《ほうのう》するなり」とあって、熱心な太子信仰者であった行信がどこからか探し出してきたものであることが明記されている。小倉は「三経義疏」聖徳太子撰述説を言い出したのはこの行信であろうと推定した。そして『法華義疏』第一巻の貼紙も、本文とは別筆の天平《てんぴょう》時代後期の筆跡であって、こうしたことを言い出した時代に貼付されたものであろうと論じたのである。

福井康順の『維摩経義疏』研究

次いで福井康順《ふくいこうじゅん》（一八九八〜一九九二）の「三経義疏」についての研究が発表された。福井が問題としたのは、主として『維摩《ゆいま》経義疏《ぎょうのぎしょ》』である。彼の説を見ていこう〔福井康順―一九八七年〕。「聖徳太子」が『維摩経』の義疏を作成したというのは、『日本書紀』をはじめ確実な文献にまったく見えず、『維摩経』を講じたという記事すら見えない。そもそも『維摩経義疏』は、文章が他の二つの義疏とは大きく異なり、文体も違うし、論述方法自体がまったく異なる。とても同一人物の著作とは理解しがたい。また『維摩経義疏』は「百行云」として『百行《ひゃくぎょう》』なる書物を引用するが、それは唐初の人物、杜成倫《とせいりん》の『百行章』という書物のことである。彼の生年は残念ながら不明であるが、顕慶三年（六五八）に死去したことはわかっており、「聖徳太子」よりかなり年下の人物であった。杜成倫がかなりの長命の人で、しかも『百行章』が彼の若年期の著作で、さらにそれが成立後ただちに倭国に伝えられたとでも想定するなら別であるが、普通に考えるなら、六二一年もしくは六二二年に死去した「聖徳太子」がこの書を引用することは不可能である。そう考えるなら、『維摩経義疏』は「聖徳太子」の著作とは見なせない、と福井は説いたのである。その後、『百行』については、『百行章』ではなく、東晋《とうしん》の道恒《どうこう》（?～四一七）の『百行箴《ひやくぎようしん》』のことであろうとする批判がなされた。それでも、『維摩経義疏』がいくつかの点で他の二疏とは異なるところがあり、成立年代もそれらより遅れるとする福井の指摘は、今日なお有効と評価されるだろう。

藤枝晃の『勝鬘経義疏』研究

次いで藤枝晃《ふじえだあきら》（一九一一～九八）の『勝鬘経義疏《しようまんぎようのぎしよ》』に関する研究が発表された。これは敦煌《とんこう》写本を用いた画期的な研究であって、『勝鬘経義疏』研究の現時点での到達点と言うべきものとなっている（藤枝晃―一九七五年）。

藤枝は、敦煌で発見された文献を含めて、現存する『勝鬘経』の注釈書をすべて、細部にわたるまで検討して、伝聖徳太子撰『勝鬘経義疏』が、実は中国撰述の文献であることを明らかにした。敦煌からは『勝鬘経』の注釈書がいくつか発見されているが、そのうちの一つの本（仮に「E本」と呼ぶ）は、驚くことに、『勝鬘経義疏』と文章の七割ほどが一致し、きわめて近しい関係にある注釈書であるという。藤枝はこの両者を比較して、両本とも「本義《ほんぎ》」と呼ばれる注釈書（仮に「『勝鬘経義疏』本義原本」と呼ぶ）の改修本と見るべきものであることを明らかにした。この本義原本は、六世紀前半頃に成立した書物であろうという。敦煌で発見されたE本は、この本義原本の節略本と理解すべきものであって、成立年代は本義原本撰述時からあまり下らない頃であるという。一方の『勝鬘経義疏』は、やはり本義原本の改修本であるが、成立時期はE本よりも下り、六世紀後半頃と推定することができるという。これは中国成立の、六世紀後半頃の典型的な注釈書の一つとしてよいものであるが、内容的にはさしたる独自性もなく、むしろ本義原本の長所をも損なった凡庸《ぼんよう》な注釈書となってしまっているという。しかしながら、この書物が中国撰述であることは疑いなく、飛鳥時代の倭国《わこく》の著作ではありえないと結論した。この藤枝説はきわめて説得的であって、これによって『勝鬘経義疏』が「聖徳太子」撰述とは見なせないものであることが確実となったと言ってよかろう。

天皇号の問題

倭・日本では、君主はかつて「大王」を号し、のち「天皇」を号するようになった〔本書Ⅰ—二参照〕。では、いつから「天皇」なる君主号が用いられるようになったであろうか。「天皇」についての実証的研究はやはり津田左右吉から始まる。津田が一九二〇年（大正九）に発表した「天皇考」〔津田左右吉—一九六三年収録〕がそれで、これは「天皇」という言葉が中国のもので、道教《どうきょう》の語であることを明らかにした画期的な研究であった。

戦後歴史学においては、「天皇」について、津田説を継承する研究が進展し、多くのことが解明されていった。渡辺茂《わたなべしげる》氏は、「天皇」は中国の古典に多く見える言葉であるが、中国でこれを君主号として用いたのは唐の高宗《こうそう》であって、彼が上元元年（六七四）に「皇帝」を改めて「天皇」を称した（『旧《く》唐書《とうじょ》』）のが、史上最初の「天皇」号の使用であることを明らかにした。そして、日本の「天皇」号は、この高宗の「天皇」号を模倣・導入したものに他ならず、持統《じとう》が最初に「天皇」を号したであろうと説いた。渡辺氏は、天武（持統より先に死去）については、妻の持統が天武の死後に「天皇」号を追贈したのであろうと推定した。こうして、わが国では七世紀末の持統朝から「天皇」号が開始されたとする画期的な学説が提唱されたのである〔渡辺茂―一九六七年〕。この見解は、東野治之《とうのはるゆき》氏などによって継承・補強され〔東野治之―一九七七年〕、今日では、わが国における「天皇」号の採用が七世紀末の持統朝もしくは天武朝のことであったことはほぼ確定的となったと言ってよい。

一九九八年に、奈良県明日香村の飛鳥池遺跡から「天皇」の文字を記した木簡《もっかん》が出土し、大きな話題となった。この木簡自体には年紀が記されていなかったが、同じ所から出土した木簡の年代から、七世紀末の天武・持統期のものであることが判明した。この木簡の出土により、「天皇」号の成立が七世紀末のことであることはますます確実となったとしてよい。

ところで、法隆寺金堂の薬師如来像の光背の銘文や中宮寺《ちゅうぐうじ》の「天寿国繡帳」の銘文には、「天皇」の語が見える。これらの銘文については、さまざまな不審点があって、本当に推古朝のものなのか、多々疑問の眼が向けられてきた。わが国の「天皇」号が七世紀末に成立したものであることがほぼ確実となった今日、やはり、これらの銘文をその記載通りに推古朝のものと見なすことは困難と言わざるをえず、これらを後世の偽作と評価する見解はいよいよ動かしがたいものになってきた。

「皇太子」制度の成立

「天皇」について述べたついでに、「皇太子《こうたいし》」についても簡単にふれておきたい。日本の「皇太子」制度がいつ始まったかについては、戦前以来の多くの研究があり、近年、その理解は大きく前進した。それらによれば、日本の「皇太子」制度は、唐の「皇太子」制度を受容、模倣して成立したものであって、その導入の時期は七世紀後半〜末のことと理解されるという。荒木敏夫《あらきとしお》氏は、「皇太子」は制度的には七世紀末の浄御原令《きよみはらりょう》〈持統三年〈六八九〉施行〉において成立したと結論しているが、この見解が今日の多数説となっている〔荒木敏夫―一九八五年〕。とするなら、推古朝にはまだ「皇太子」制度は存在せず、「皇太子」という語もなかった。当然のこと、厩戸王を「皇太子」であったとする『日本書紀』の記述は歴史的事実とは言えないのである。

「天寿国繡帳」銘文

中宮寺に伝わる「天寿国繡帳」は、聖徳太子の死後、その「后」であった多《た》至波奈大女郎《ちばなのおおいらつめ》が太子を悼んで作成したものとして、著名なものである。もっとも、今日ではごく一部の断簡しか現存しておらず、当初の姿がどのようなものであったのか不明の部分が多いが、亀の甲に刺繡されていた銘文は、『上宮聖徳法王帝説』という書物に記録されていて、その全文を知ることができる〔銘文の復元については、飯田瑞穂―二〇〇〇年〕。

しかしながら、はたしてこの銘文をそのままに推古朝のものとしてよいかについては、これまで多くの疑問が提出されてきた。宮田俊彦氏は、銘文は間人《はしひと》母王の崩日《ほうじつ》を辛巳《しんし》年（推古二十九年）の「十二月廿一日癸酉《きゆう》」としているが、当時行なわれていた元嘉暦《げんかれき》では、この日は「癸酉」ではなく「甲戌《こうじゅつ》」で、干支《かんし》がまちがっていることを指摘した。宮田氏は他にもいくつかの疑問点を掲げて、この銘文は推古朝のものではなく、後年に作成されたものであろうと説いた〔宮田俊彦―一九三六年〕。これを承けた東野治之氏は、他にもいくつかの不審点を指摘して、「天寿国繡帳」は持統朝に新たに銘文を付したもの、もしくはまったく新たに製作されたものであろうと論じた〔東野治之―一九七七年〕。さらに最近、金沢英之《かなざわひでゆき》氏は、銘文の干支について詳しい計算を行なって、間人母王の崩日の「癸酉」という干支が儀鳳暦《ぎほうれき》に基づくものであることをつきとめた。そして、この銘文のトヨトミミノミコト（厩戸王）の崩日の干支「甲戌」も、儀鳳暦で計算してその通りになることを確認し、「天寿国繡帳」の銘文が全体として儀鳳暦に基づいて記述されていることを明らかにした。わが国で「儀鳳暦」が用いられたのは、持統四年（六九〇）以降のこと（元嘉暦と儀鳳暦の併用となる）、もしくは文武《もんむ》元年（六九七）以降のこと（儀鳳暦の専用となる）であるから、金沢氏は、この銘文はそれ以降の成立と見るべきであると論じた〔金沢英之―二〇〇一年〕。この議論はきわめて説得的であって、銘文が（もしくは「天寿国繡帳」自体が）後年の成立であることはますます確実となったとしてよいであろう。

4　聖徳太子研究の現在

にぎやかな論戦

聖徳太子については、ここ数年、再びにぎやかな議論が展開されている。その火付け役となったのは大山誠一《おおやませいいち》氏の議論であろう。大山氏は、津田、福山、藤枝らによる主流的な見解を継承して、「聖徳太子」についてのほとんどの史料を否定する論陣を張った〔大山誠一―一九九八年、一九九九年〕。大山氏は、厩戸王は実在の人物ではあるが、生年や系譜関係、および斑鳩宮造営・斑鳩寺建立は何とか確認できるものの、それ以外はほとんど実像が不明の人物であるとした。一方の「聖徳太子」は、この厩戸王を材料にして『日本書紀』の作者たちによって創作された人物で、そこに記される多くの業績は造作にすぎず、創作上の架空の人物としなくてはならないと説いた。この見解に対しては賛否両論がまきおこったが、雑誌『東アジアの古代文化』は数回にわたって特集を組み、賛成意見、反対意見、関連論文を多数掲載した。それらは、現在一冊の書物にまとめられている〔大和書房―二〇〇二年〕。

大山氏の論著と前後して、国語学の分野からは、森博達《もりひろみち》氏の書物が刊行された。この書はこれまでの国語学の研究蓄積に立脚して、『日本書紀』の成立過程や執筆者を論じており、はなはだ刺激的・魅力的なものとなっている〔森博達―一九九九年〕。森氏は同書で「憲法十七条」偽作説を支持することを明言しており、「憲法十七条」は『日本書紀』の編纂が開始された天武朝以後に制作されたものであると述べている。森氏は、また、憲法を含む一群（β群）の記述は山田御方《やまだのみかた》によってなされたと推定している。

他に最近では、吉村武彦《よしむらたけひこ》氏の聖徳太子論が刊行された。これは聖徳太子の業績、伝記の多くを肯定する見解をとっているが、新しい論点や独自の見解の提示はなく、全体として旧説を墨守《ぼくしゅ》する見解がほとんどとなっている。重要な先行研究の見落としもあり、研究史の理解にも問題が多い。全体としては、坂本太郎の聖徳太子肯定論を継承しようとする書物と言えるだろう〔吉村武彦―二〇〇二年〕。

一方、最新の通史のシリーズである『日本の時代史』（吉川弘文館）を開いてみると、美術史の浅井《あさい》和春《かずはる》氏は、法隆寺金堂釈迦三尊像の光背銘文を推古朝のものとし、聖徳太子関係の金石文、美術作品の多くを推古朝のものとして論じている〔浅井和春―二〇〇二年〕。美術史学においては、これらの聖徳太子関係史料が飛鳥時代のものでないとなると、これまで積み上げてきた飛鳥・白鳳美術史の様式論を一度御破算にして、全面的に再考することになってしまうから、どうしても保守的な姿勢にならざるをえないのであろう。しかし、歴史学の立場からすると、もう少し文献史学による金石文研究にも耳を傾けてもらいたいと感じる。他方、仏教史の曾根正人《そねまさと》氏の論では、「三経義疏」について、藤枝晃による研究を今日の断案と評価する見解が述べられ、聖徳太子真作説が明快に否定されている〔曾根正人―二〇〇二年〕。

聖徳太子信仰研究の意義

このように「聖徳太子」をめぐっては、最近も盛んな論戦が展開されている。そこでは一部に旧説の蒸し返しも見られるが、全体として研究は着実に前進しているとしてよいと思う。

最後に述べておきたいのは、聖徳太子信仰の問題である。「聖徳太子」についての研究と並んで重要なのが、聖徳太子信仰についての研究である。聖徳太子信仰は、日本文化史、日本宗教史の奥深くに巨大な根を張っている。それは日本の文化を考察する上で、重要な研究テーマとなるだろう。かりに聖徳太子が創作された人物であったとしても、そうした聖徳太子のことを、日本人たちは愛し、尊敬し、さらには信仰してきた。では、日本人は聖徳太子に何を求め、何を投影してきたのか。聖徳太子は本体がほとんどなく、長大な尾ひればかりがついているような存在だと私は思う。それは最初からそうであったのだが、その尾ひれは、時代を追うごとにますます巨大化、肥大化をとげていった。聖徳太子研究とは、むしろこの巨大な尾ひれの姿かたちやその成長のありさまを明らかにし、さらにその意味を研究することかもしれないと最近の私は考えている。

二　『日本書紀』と道慈

『日本書紀』の述作者は誰か

『日本書紀《にほんしょき》』はいつ誰が書いたのか。実際に文章を作成したのは誰か。内容に影響を及ぼした人物は誰なのか。これは日本古代史研究が解明しなくてはならない大きな課題である。近年の森博達《もりひろみち》『日本書紀の謎を解く』（中公新書、一九九九年）は、国語学の研究の蓄積に立脚して、新見解を提出した注目すべき書物であった。森氏は漢文で記されている『日本書紀』の文章表記や音韻《おんいん》から、全三十巻を①α群（巻十四～二十一、二十四～二十七）と、②β群（巻一～十三、二十二～二十三、二十八～二十九）と、③巻三十の三種類に区分して、それぞれの文章の特色や作成過程を明らかにした。そして、α群は唐人で音博士《おんはかせ》を務めた続守言《しょくしゅげん》と薩弘恪《さつこうかく》が撰述したとし、続守言は巻十四から巻二十一の途中までを、薩弘恪は巻二十四から二十七までを執筆したという。一方、β群は文章に倭習《わしゅう》（中国文らしくなく、日本風のところ）があり、山田《やまだの》史御方《ふひとみかた》が文武《もんむ》朝以降に述作したのであろうという。さらに巻三十は紀朝臣清人《きのあそみきよひと》が和銅《わどう》七年（七一四）

以降に述作したものであり、またαβ両群にわたって三宅臣藤麻呂《みやけのおみふじまろ》が漢籍による潤色を加え、若干の記事を加筆したという。森氏の論述には説得力があり、今後の議論の基軸の一つとなるものと思われる。

一方、日本古代史の分野では、道慈という僧が『日本書紀』の文章の作成に関わっているとする見解が提出され、その後これを継承、発展させた論がいくつか唱えられている。ただこの議論は仏教史研究者を中心に展開されており、仏教史に関心をもたない古代史家にまではあまり流通していない。しかし、道慈関与説も長い研究史に立脚した説得力ある学説で、やはり今後の研究の基本の一つとなるものである。

『日本書紀』の編纂には複数の人間が関わっており、その文章も何人かで作成したと考えられるから、森氏の新説と道慈関与説とは決して矛盾、対立するようなものではない。森氏が巻ごとにその述作者を考察したのに対し、道慈関与説は仏教関係の文章表記や用語に注目して、巻を越えての述作者の考察となっている。両者は相補い合う議論となるであろう。

仏教伝来記事と『金光明最勝王経』

『日本書紀』の述作に道慈が関わっていることを最初に説いたのは、井上薫《いのうえかおる》氏であった。もっとも井上説が誕生するにはそれまでの研究の蓄積があった。題材となるのは、欽明十三年（五五二）十月条の、有名な仏教伝来記事である。

本章の末尾に史料1として掲げたのでご参照願いたい。

『日本書紀』の仏教伝来記事には、『金光明最勝王経《こんこうみょうさいしょうおうきょう》』の文章が用いられている。早く谷川士清《たにがわことすが》

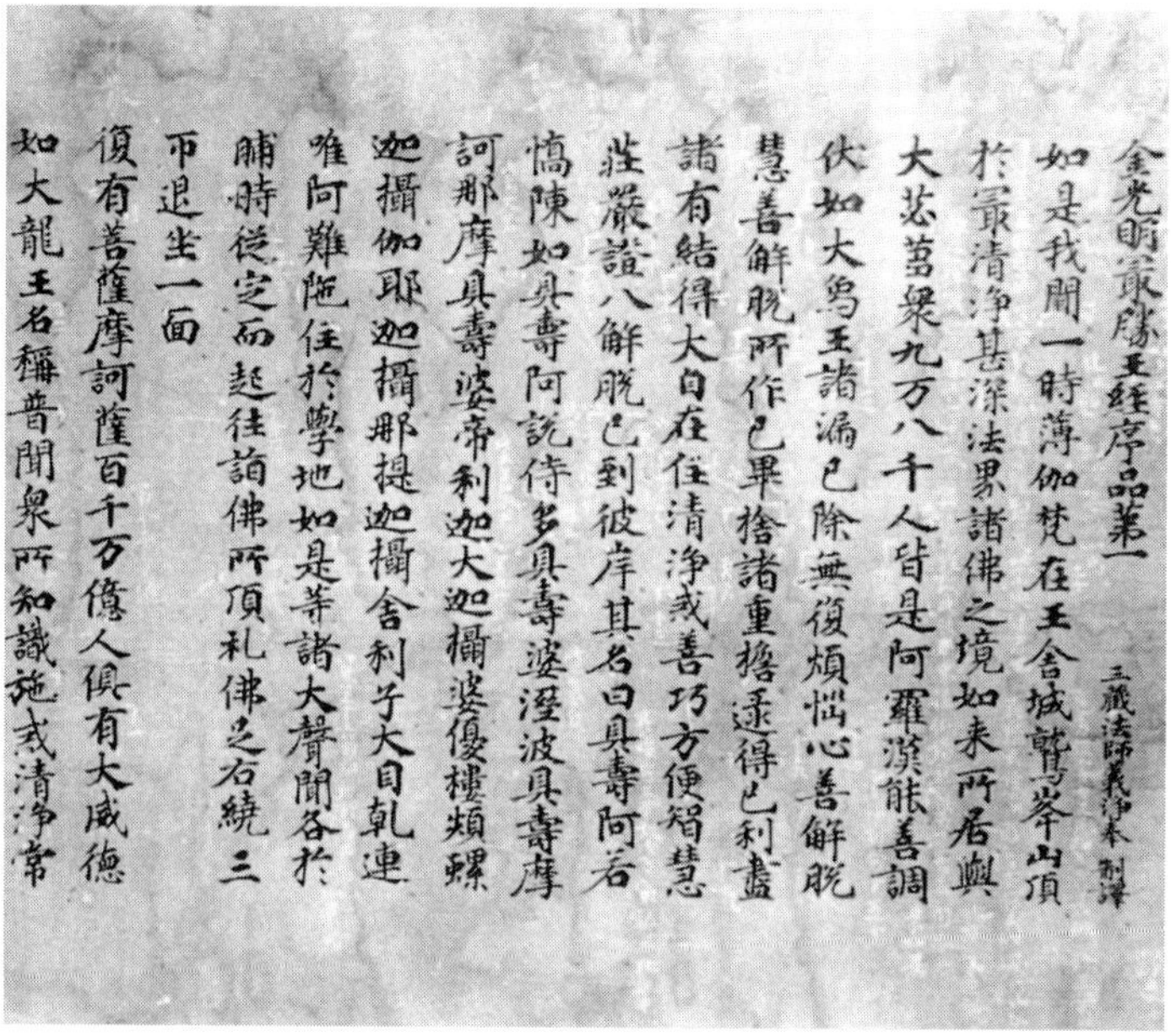
金光明最勝王經序品第一　三藏法師義淨奉　制譯
如是我聞一時薄伽梵在王舍城鷲峯山頂
於最清淨甚深法界諸佛之境如來所居與
大苾芻衆九万八千人皆是阿羅漢能善調
伏如大象王諸漏已除無復煩惱心善解脫
慧善解脫所作已畢捨諸重擔逮得己利盡
諸有結得大自在住清淨戒善巧方便智慧
莊嚴證八解脫已到彼岸其名曰具壽阿若
憍陳如具壽阿說侍多具壽婆濕波具壽摩
訶那摩具壽婆帝利迦大迦攝波優樓頻螺
迦攝波伽耶迦攝波那提迦攝波舍利子大目乾連
唯阿難陀住於學地如是等諸大聲聞各於
晡時從定而起往詣佛所頂禮佛足右繞三
帀退坐一面
復有菩薩摩訶薩百千万億人俱有大威德
如大龍王名稱普聞衆所知識施戒清淨常

『金光明最勝王経』巻第一（百済豊虫願経）天平宝字六年（762）（西大寺所蔵）

『日本書紀通証《つうしょう》』（宝暦元年〈一七五一〉）や、河村秀根《かわむらひでね》・益根《ますね》『書紀集解《しっかい》』（天明五年〈一七八五〉）は、この条にいくつかの経典の文章の影響が見られることを指摘しているが、『金光明最勝王経』の文章が用いられていることを指摘したのは、敷田年治《しきだとしはる》『日本紀標柱《ひょうちゅう》』（一八九一年〈明治二十四〉）および飯田武郷《いいだたけさと》『日本書紀通《つう》釋《しゃく》』（一八九九年〈明治三十二〉）であった。次いで、藤井顕孝《ふじいけんこう》がさらに明確にこのことを明らかにした〔藤井顕孝―一九二五年〕。類似点が明確になるよう、原文で比較してみよう。仏教伝来記事の聖明王《せいめいおう》の上表文《じょうひょうぶん》の「是法、於諸法中、最為殊勝、難解難入、周公孔子尚不能知、此法能生、無量無辺、福徳果報、乃至成弁、無上菩提」という文章は、『金光明最勝王経』寿《じゅ》量品《りょうぼん》の「是金光明最勝王経、於諸経中、最為殊勝、難解難入、声聞独覚所不能知、此経能生、無量無辺、福徳果報、乃至成弁、無上菩提」という文章を用いて作成されている。また、それに続く「譬如人懐随意宝、逐所須用尽依情、此妙法宝亦復然、祈願依情無所乏」という文章も、同経四天王護国品《してんのうごこくぼん》の長行頌《ちょうぎょうじゅ》の「如人室有妙宝篋／随所受用悉従心／最勝王経亦復然／福徳随心無所乏」という文章を改作して作られている。さらに、欽明《きんめい》の反応について記す「是日、天皇聞已、歓喜踊躍、詔使者云、朕従昔来、未曾得聞、如是微妙之法、然朕不自決」という文章も、同経四天王護国品の「爾時四天王聞是頌已、歓喜踊躍、白仏言、世尊我従昔来、未曾得聞、如是甚深微妙之法、心生悲喜、涕涙交流」という文章を用いて作成されている。そう藤井は指摘した。

『金光明最勝王経』は、唐の長安《ちょうあん》三年（七〇三）に義浄《ぎじょう》が訳出したものである。それが六世紀の聖明王の上表文や欽明の詔《みことのり》に用いられるはずがないから、『日本書紀』のこの部分は『日本書紀』の編纂者が述作したものであると藤井は説いた。これは大変重要な指摘であり、今日なお変更の必要のない妥当な見解である。藤井はまた、『金光明最勝王経』を日本にもたらしたのは誰かと考え、①慶雲《けいうん》元年（七〇四）帰国した遣唐使《けんとうし》粟田真人《あわたのまひと》の一行、②新羅《しらぎ》に留学して慶雲元年に帰国した義法《ぎほう》、浄達《じょうたつ》ら、③養老《ようろう》元年（七一七）もしくは二年に帰国した道慈、のいずれかであろうと論じた。

経典の文を用いたのは道慈

井上薫氏は、藤井の研究や津田左右吉『日本上代史研究』（一九三〇年）を継承、発展させて、『日本書紀』の仏教伝来記事を述作した人物は道慈であると説いた。井上氏の論文は、一九四二〜四六年に発表されたが、のち「日本書紀仏教伝来記載考」「道慈」の二本の論文に再編され、『日本古代の政治と宗教』（井上薫―一九六一年）に収められた。井上氏は、まず『金光明最勝王経』を日本にもたらした人物は誰かと問い、それは唐の西《さい》明寺《みょうじ》に留学した道慈に他ならないとした。その上で、仏教伝来記事の述作者は、一流の仏家で、経典理解や文章能力に秀でた人物でなければならず、『金光明最勝王経』との関係を考えるなら道慈その人としなくてはならないと論じた。

　道慈は大宝《たいほう》二年（七〇二）に入唐し、長安の西明寺で留学生活を送った。西明寺は、玄奘《げんじょう》（六〇二～六六四）や道宣《どうせん》（五九六～六六七）が活躍した寺として知られているが（藤善真澄―二〇〇二年）、道慈が訪れた頃は、義浄《ぎじょう》（六三五～七一三）がここで訳経作業を行なっていた。『金光明最勝王経』は、則天武后《そくてんぶこう》の勅《ちょく》によって義浄が久視元年（七〇〇）から翻訳を開始し、長安三年（七〇三）に完成したものである。道慈はその訳経作業にまぢかに接したこととなろう。『続日本紀』によれば、道慈は天平《てんぴょう》九年（七三七）十月に大極殿《だいごくでん》にて『金光明最勝王経』を講説している。また、「金光明四天王護国之《こんこうみょうしてんのうごこくの》寺《てら》」と呼ばれた国分寺《こくぶんじ》建立の建策者も道慈と考えるべきだと井上氏は指摘する。道慈は唐の西明寺にて学び、最新の経典である『金光明最勝王経』を日本に持ち帰り、それを大極殿で講説し、またそれに基づいて国分寺建立の政策を提言した。井上氏は、そうであるなら、この経典を『日本書紀』に用いたのも道慈に他ならないと論じたのである。

　ところで仏教伝来記事では、『金光明最勝王経』の「是金光明最勝王経、於諸経中、最為殊勝、難解難入、声聞独覚所不能知（是《こ》の金光明最勝王経は、諸経の中《うち》に、最も殊勝《しゅしょう》たり。解《かい》し難《がた》く入《い》り難《がた》し。声聞《しょうもん》・

独覚《どくがく》知ること能《あた》はざるところなり）」という文章が、「是法、於諸法中、最為殊勝、難解難入、周公孔子尚不能知（是の法は、諸法の中に、最も殊勝たり。解し難く入り難し。周公《しゅうこう》・孔子《こうし》も尚《なお》し知ること能《あた》はず）」という文章に変えられている。前者は、『金光明最勝王経』は最高の経典であって、声聞や独覚（どちらも大乗《だいじょう》仏教以外の仏教の修行者）にはなかなか理解できないものであるとする文章である。しかし後者は、仏法はいろいろな法（真理、教え）の中で最高のものであって、周公や孔子でも難解で理解できないものであるという意味となる。これは仏教の立場から儒教《じゅきょう》を見くだした文章に改変されているのである。井上氏は、この部分について、『懐風藻《かいふうそう》』などを検討して、儒家との間に一線を画する態度をとった道慈にふさわしい改変であると述べている。井上氏の見解は説得力に富んでおり、その後の議論の基本となった。

他の条の述作と道慈

井上氏はつづいて、『日本書紀』の他の条の述作にも道慈の関与がみとめられることを説いた。まず第一は、①敏達《びだつ》十三年是歳《このとし》条である。これは、わが国最初の出家《しゅっけ》者である善信尼《ぜんしんに》たち三尼が出家する記事であるが、そこに記される、鉄の槌《つち》で舎利《しゃり》を打つ話は、津田左右吉がすでに指摘したように、『高僧伝』巻一の「康僧会《こうそうえ》伝」に記される話に依拠して作られている。ここから井上氏は、この条もやはり道慈によって述作されたものであるとした。

第二は、②敏達十四年二月、三月および六月条である。この記事は蘇我馬子《そがのうまこ》の崇仏《すうぶつ》と物部守屋《もののべのもりや》および中臣勝海《なかとみのかつみ》の廃仏を記しているが、対立する氏族が仏教伝来記事と共通し、地理的に見て疑わしいと考えられる難波堀江《なにわのほりえ》という地名も共通している。また、文章に仏教伝来記事と酷似する表現が見られ、「仏神」という語句も、津田が説いたように『高僧伝』に依拠していると考えられるから、これも道慈が述作したのであろうとした。

第三は、③用明《ようめい》二年四月条である。これまた馬子と守屋、勝海の崇仏廃仏の論議を記す条であるが、そこに登場する人物は②と同一であり、「国神」と「他神」とを対立させて論議する論調は仏教伝来記事と共通する。またかつて飯田武郷が説いたように、守屋と勝海の「議《ぎ》」を「違詔（詔に違ふ）」と書き、一方の馬子の発言を「随詔（詔に随ふ）」とするのは明らかに作為的である。仏教伝来記事および①と②には、何回もくりかえされる類型的要素が見られるのが不審で、仏家による潤色と見るべきである。以上より井上氏は、③もまた道慈の述作とすべきであると説いた。井上氏の論文は、発表後、もうかなりの年月を経ているが、今日なお輝きを失わない、必読の力作である。

井上薫説の妥当性

私は、後述するように、①の舎利を打つ話は『高僧伝』康僧会伝にも見えるが、直接的には道宣の『集神州三宝感通録《しゅうしんしゅうさんぼうかんつうろく》』という書物に依拠して書かれたと考えている。道慈は西明寺の学風をほぼそのままに日本に伝えた僧であるが、西明寺では玄奘や義浄と並んで、道宣や道世（?～六六八?）が活躍した。道慈は義浄訳『金光明最勝王経』のみならず、彼らの著作を学び、それらを日本に持ち帰ったものと考えられる。私は、この条は井上氏の指摘通り、道慈が文章作成に関わったと考える。

また仏教伝来記事および②③に見える崇仏廃仏の一連の話は、歴史的事実を記すものではなく、創作と見るべきだと私も思う。『高僧伝』巻九の「仏図澄《ぶつとちょう》伝」によれば、後趙王《こうちょうおう》の石虎《せきこ》が仏教の是非について中書《ちゅうしょ》に諮問したところ、中書の王度《おうど》から、王者は天地を郊祀《こうし》し、「百神」をまつるもので、「外国之神」は祀るところではないとする「議」が「奏《そう》」せられた。これに対し、石虎は、自分は辺壌（辺地）の生まれであるから戎神である仏をまつるべきであると決し、これ以後仏教が中国社会に広く流通するところとなったという。仏教伝来記事に見える「蕃神《ばんしん》」という表現や「百八十神」という表現は、ここに見える「外国之神」や「百神」を改作して述作されたものであろう。また、②や③に見える「議」「奏」という表現も、同じく「仏図澄伝」に依拠して述作されていると考えられる。私は、『日本書紀』の崇仏廃仏の一連の話は、「仏図澄伝」など中国の仏教文献に依拠して述作されたものであると考えている〔本書Ⅰ—一参照〕。

また②には、井上氏が指摘した他にも、「三宝の力を蒙《こうむ》らずは、救ひ治《おさ》むべきこと難《かた》し」という注目すべき表現があり、③にも「朕《ちん》、三宝に帰《き》せむと思ふ」という表現がある。「三宝」は、『集神州三宝感通録』の著者である道宣が重視した観念、用語であり、道宣の仏教の強い影響を受けた道慈も重視した言葉であった。『懐風藻』に収められた道慈の詩「五言、在唐奉本国皇太子（唐にありて本国の皇太子《こうたいし》に奉る）」、一首」には、

三宝持聖徳　百霊扶仙寿　寿共日月長　徳与天地久
（三宝聖徳《さんぼうしょうとく》を持ち、百霊仙寿《ひゃくれいせんじゅ》を扶《たす》く、寿《いのち》は日月と共に長く、徳は天地とともに久しくあらむ）

とあって、「三宝」の語が見える。これは「皇太子」の「聖」なる「徳」を「三宝」が護持し、また「百霊」がその長寿を扶けることを詠じた詩である。これは、在唐中に首皇子《おびとのみこ》（のちの聖武《しょうむ》天皇）の立《りつ》

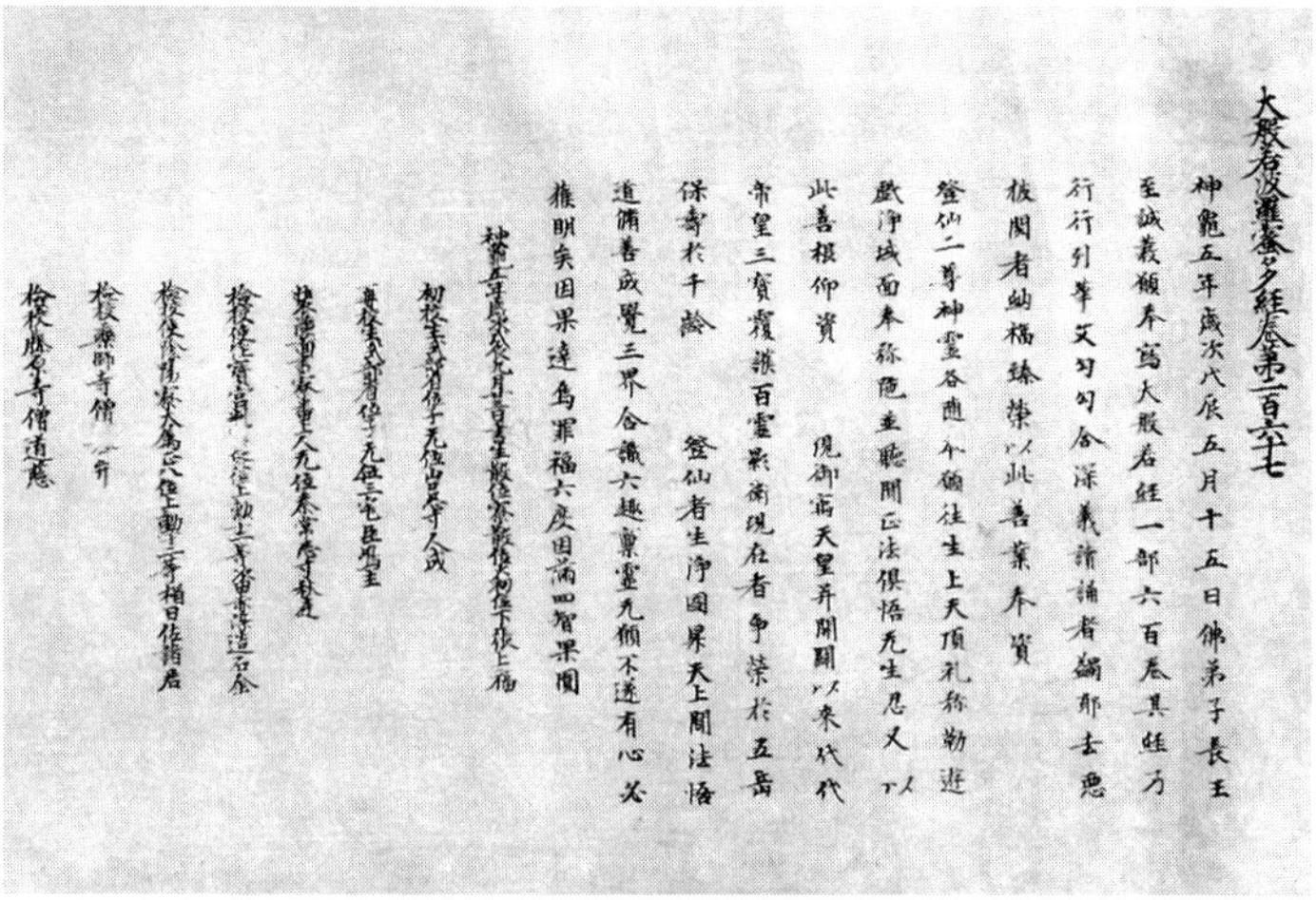

『大般若経』巻第二百六十七（長屋王願経）神亀五年（728）（根津美術館所蔵）

太子《たいし》を知り、本国の皇太子に奉ったという詩であるが、それが事実であるならかなり政治的な行為というべきであり、もし帰国後に在唐中のこととして作詩したものであるなら、いっそう政治的なものと評価しなくてはならないだろう。道慈が、藤原氏が強く望んでいた首皇子の立太子を慶賀する立場をとっていたことが、この詩から知られる。

その一方、長屋王《ながやおう》関係の史料にも道慈の名が見える。長屋王家では『大般若経《だいはんにゃきょう》』の写経が行なわれた。そのうち神亀《じんき》五年（七二八）五月十五日の日付を持つもの（いわゆる神亀経）の奥書には、検校《けんぎょう》僧の一人として道慈の名が見える。この写経の願文には「三宝覆護、百霊影衛」の一句が見えるが、この表現は先の漢詩の表現と酷似しており、願文の作文自体が道慈の手によるものであろうと私は考えている。道慈は首皇子の立太子を慶賀する一方で、長屋王とも親交が深く、その写経事業に関わっていた。

これらの詩文から、道慈が「三宝」という言葉に強いこだわりを持っていたことが知られる。②の一句は、三宝の力をこうむることによってしか救われがたいとする文章であるが、こうした言い回しは、儒教など外道に対して対抗的な意識を持っていた道慈にふさわしい表現と理解される。②③は、このように井上氏が指摘した以外にも道慈にふさわしい表現があり、やはり道慈が作成に関わった文章としなくてはならない。

なお「百霊」の語は、道宣『続高僧伝《ぞくこうそうでん》』の序、道宣『集古今仏道論衡《しゅうここんぶつどうろんこう》』冒頭の後漢の明帝の話、道宣編『広《こう》弘明集《ぐみょうしゅう》』に見え、道慈が道宣の文献などから学んだ語と理解することができる。特に『広弘明集』には、「百霊扶持」とあって、「百霊」とあわせて「扶」と「持」という文字が見える。先の道慈の漢詩は、そうした表現の強い影響を受けたものである。

仏家による述作

井上氏も引用する津田左右吉は、よく知られているように、『日本書紀』の記述を批判的に読み解き、その一々の記載内容の信憑性《しんぴょうせい》を考証した〔津田左右吉―一九五〇年〕。津田は、『日本書紀』の編者たちが依拠した中国文献を博捜《はくそう》し、また記載内容の不整合や作為をいくつも指摘した。そして、多くの記事に編纂段階での潤色、造作があることを明らかにし、特に仏教関係の記事、表現については、「仏家」による述作があると論じた。ただし、その仏家が誰であるかを特定するにはいたらなかった。だが、井上氏の研究に従うなら、『日本書紀』の述作に関わった仏家としては、道慈の名をあげなくてはならない。『日本書紀』は『古事記《こじき》』と異なり、多くの仏教関係記事を掲載し、また仏教語を用いた文章表現が豊富に見られるが、そのいくつかに道慈が関与したものと考えられる。

『日本書紀』と『金光明最勝王経』

『金光明最勝王経』は、『日本書紀』の他の記事にも用いられている。このことを明らかにしたのは小島憲之《こじまのりゆき》氏であった〔小島憲之―一九六二年〕。小島氏は、『金光明最勝王経』を用いたと考えられる表現が、顕宗《けんぞう》紀、武烈《ぶれつ》紀、継《けい》体《たい》紀、欽明紀、敏達紀、崇峻《すしゅん》紀に見え、清寧《せいねい》前紀や仁賢《にんけん》紀にもその可能性がある表現が見られることを指摘した。それらは巻十五、十六、十七、十九、二十、二十一にわたっている。そして、「これ等の諸巻は最勝王経語に関する限りでは、同一人の筆と断定できる」と結論している。

ここで注目されるのは、『金光明最勝王経』による表現が、仏教伝来以前の記事にも用いられていることである。それらは、森氏の分類ではα群の前半部（巻十四～巻二十一）に該当する。道慈は、少なくともα群の述作には関わっており、仏典、仏書をもっていくつかの述作、潤色を行なったものと理解される。

天壌無窮の神勅の述作

仏書による述作は神話を記した「神代紀《じんだいき》」の部分にも見られる。このことを最初に明らかにしたのは、家永三郎《いえながさぶろう》「神代紀の文章に及したる仏教の影響に関する考証」である〔家永三郎―一九六六年収録〕。これは家永氏の処女論文となるはずのものであったが、戦前、雑誌論文として刊行の直前までいったものの、掲載中止となり、戦後の一九四八年に発表されたという論文である。戦前、発表ができなかったのは、その内容がいわゆる「天壌無窮《てんじょうむきゅう》の神勅《しんちょく》」を扱ったもので、発売禁止となるおそれがあったからであるという。

天壌無窮の神勅とは、『日本書紀』巻二の一書に見える文章で、

　天照大神《あまてらすおおみかみ》（中略）因りて皇孫に勅《みことのり》して曰はく、葦原千五百秋瑞穂国《あしはらのちいほあきのみずほのくに》は、是《これ》、吾が子孫の王たるべき地なり。爾《なむじ》皇孫就《ゆ》きて治《し》らせ。行矣《さきくませ》。宝祚《ほうそ》の隆《さか》えむこと、天壌と無窮《きわまりな》けむとのたまふ

というものである。これは戦前の国家思想において重視された文言であった。家永氏が特に着目したのは、ここの「宝祚之隆、当与天壌無窮者矣」という部分である。ここの表現について、早く賀茂真淵《かものまぶち》や本居宣長《もとおりのりなが》は漢文的な潤色があると理解しており、『日本書紀通証』や『書紀集解』も、『文選《もんぜん》』や『史記《しき》』などを引用して注解をほどこしている。また久米邦武《くめくにたけ》は「漢語めきたれば、後世記者の頌辞《しょうじ》なるべし」と述べ、津田左右吉は「此漢文の部分は其の全体が『日本書紀』の編者の修補とすべきではあるまいか」と説いているという。

これらを継承した家永氏は、こうした表現は、外典《げてん》というよりもむしろ仏教の願文《がんもん》の類に見られる表現であるとして、中国の、（a）光宅寺刹下銘《こうたくじさつかめい》の「理与天地無窮」、（b）龍蔵寺碑銘《りゅうぞうじひめい》の「庶使皇隋宝祚与天長而地久」、（c）昭仁寺《しょうにんじ》碑銘の「（上略）与天壌而無窮、懸貞明而可久」、（d）禅林妙記後《ぜんりんみょうきこう》集序《しゅうじょ》の「真宗与日月倶懸、茲福無疆、宝祚将穹壌斉固云爾」といった文章を関係する表現として指摘している。そして「当時大陸及び我が国の仏教界において著しかったのは宝祚長久《ほうそちょうきゅう》の祈願であった」として、『日本書紀』のこの文章は、仏教の宝祚長久の祈願に影響されて成立したものであると論じたのである。

家永氏は、そこで井上論文を引用して、道慈が『日本書紀』の編者に加わっていることを指摘し、

その関与を示唆しているが、ただこの部分が道慈の筆によるものであるとまでは述べなかった。しかし、大山誠一《おおやませいいち》氏も主張するように〔大山誠一―二〇〇〇年〕、この部分を述作した仏家はやはり道慈とすべきである。先にも述べたように、道慈は西明寺で活躍した道宣や道世の影響を受けていた。家永氏が指摘した（a）や（d）は、その道宣編『広弘明集』に収められている。『日本書紀』のこの部分は、他の仏家ではなく、中国仏教、特に西明寺の仏教に通じていた道慈が書いたと理解してよいと考える。しかりとするなら、道慈はβ群についても筆を加えたと見ることになるだろう。

善信尼の出家をめぐる述作

善信尼たち三尼の出家について記す敏達十三年是歳条は、私見では、道宣『集神州三宝感通録』に依拠して書かれている〔本書Ⅲ―一参照〕。この条を本章の末尾に史料2として掲げるのでご参照されたい。この記事によると、蘇我馬子が三人の尼たちを出家させると、仏の「舎利」が「斎食《さいじき》」の上に出現した。司馬達等《しばのたつと》はそれを馬子に献上した。その舎利を鉄板の上に置いて鉄の金槌で叩いたところ、舎利が砕けないで鉄板と金槌が砕けてしまった。また水の中に投げ入れたところ、心に願うままに浮き沈みしたという。だが、この話は中国の著名な話をもとにして作成されている。津田左右吉が指摘したように、仏舎利を鉄板の上にのせて金槌で叩く話は、『高僧伝』康僧会伝に見える。それだけではない。類似の記述は『出三蔵記集《しゅつさんぞうきしゅう》』など他の中国文献にも見える。

特に注目すべきは、『集神州三宝感通録』の「振丹《しんたん》・神州の仏舎利が感通せること」である。ここで道宣は、鉄の砧《かなしき》の上に舎利を置いて金槌で撃ったところ、舎利は砕けず、金槌と鉄砧がこわれたという康僧会の話を紹介する。それに続けて、晋《しん》の初めに竺長舒《じくちようじよ》なる者が舎利を「水に投じ」たところ、五色の光が輝いたという話を紹介し、さらに晋の時代、木像の側らに舎利が出現し、「水中で浮沈」したという話を紹介している。また、宋《そう》の元嘉《げんか》八年（四三一）、安千載《あんせんさい》という仏をまつる者がいて、「他家に至りて斎食せるに、上に一つの舎利の紫金色なるを得たり。椎《つち》にて打てども砕けず。水を以ってこれを行ふに光明照発す」という話を記述している。ここには、敏達十三年是歳条に記される話の構成要素のすべて——斎食の上に仏舎利が出現する、金槌で撃っても砕けない、水中で浮沈する——がずらりと出てくる。『日本書紀』のこの条は、この文献に依拠して述作されたと見るべきであろう。

ところで、舎利はなぜ金槌で叩かれたのであろうか。道世の『法苑珠林《ほうおんじゆりん》』巻四十には、舎利にはいろいろな種類があるが、仏の舎利は椎《つち》で打っても砕けないのに対し、弟子の舎利は撃ったらこわれるという記述がある。『日本書紀』の金槌の話は、この舎利がにせものではなく、本物の仏舎利であることを明示するために記されたものと理解することができる。井上氏が指摘したように、この条は道慈が述作したと考えられるが、彼は『集神州三宝感通録』や『法苑珠林』に依拠してこの条を作文したのである。

仏法、神道、文史

『日本書紀』には「天皇不信仏法、而愛文史（天皇仏法を信ぜず、文史を愛す）」（巻二十、敏達前紀）、「天皇信仏法、尊神道（天皇仏法を信じ、神道を尊ぶ）」（巻二十一、用明前紀）、「尊仏法、軽神道（仏法を尊び、神道を軽んず）」（巻二十五、孝徳前紀）という表現が見える。「仏法」と「神道《しんどう》」や「文史」を対照的に描く興味深い記述である。津田左右吉は、ここの

「神道」の語に着目し、中国の諸書に見える「神道」という言葉を詳しく検討した。そして、仏家も「神道」という言葉を用いるようになったと指摘し、『魏書釈老志《ぎしょしゃくろうし》』や『高僧伝』巻十、十三にこの言葉が見られることを指摘した〔津田左右吉―一九六四年〕。これを承けた井上氏は、『日本書紀』の右の記述も仏家によって述作されたものであると説いた。ただ井上氏は道慈による述作を示唆するものの、人物を特定することはせず、判断を保留している。

　しかし私は、井上説を一歩進め、これらもまた道慈が述作した文章であろうと考えている〔吉田一彦―一九九五年〕。「神道」という言葉は、津田が指摘した他にも、道宣『続高僧伝』などに多数の用例が見える。ただ「神道」にはいくつかの語義があって、神という罪障深き存在類型を指して「神道」と称する用例がある。これは、中国でも日本でも、神仏習合関係の記述にしばしば見られる用法である。その一方、神信仰ないし神祇祭祀を指して「神道」と呼ぶ用例もある。たとえば『続高僧伝』巻二十一「慧主伝《えしゅ》」の「以仏為師、尚不敬天、況復神道、於是仏法方得開弘（仏をもって師となし、尚《なほ》し天を敬はず、況《いわん》やまた神道をや。是《ここ》において仏法方《まさ》に開弘すること得たり）」がそれである。これは「神道」と「仏法」とを対照的に用いており、『日本書紀』と類似した用法となっている。

　また「文史」の語も、『続高僧伝』巻三「慧浄伝《えじょう》」に、「太子中舎辛諝、学該文史、傲誕自矜（太子中舎の辛諝、文史を学び該《そな》へ、傲《おご》り誕《いつわ》り自ら矜《ほこ》る）」と見える。この慧浄と辛諝の論争については、同じ道宣の『集古今仏道論衡』巻丙にも記載があり、そちらでは「太子中舎辛諝、学該文史、誕傲自矜、心在道術、軽弄仏法（太子中舎の辛諝、文史を学び該《そな》へ、誕《いつわ》り傲《おご》り自ら矜《ほこ》る。心は道術にありて、仏法を軽弄す)」とやや詳しい記述がなされている。辛諤は「文史」を学びそなえ、「道術」に熱心であったが、「仏法」は軽んじたという。ここの「文史」「仏法」の用法は、『日本書紀』の用法と大変よく類似している。

先に見たように、道慈の漢詩には、「三宝」と「百霊」とが対句表現で用いられていた。こうした表現は、『日本書紀』の「仏法」「神道」の対句表現にはなはだよく通じると思う。もとより、類似の対句表現は道宣の書物にも頻出する。『集神州三宝感通録』に「敬玄素、不信仏法（玄素《げんそ》を敬ひて仏法を信ぜず)」、『続高僧伝』に「雖外渉玄儒、而内弘仏教（外は玄儒《げんじゅ》に渉るといへども内は仏教を弘む)」、「崇信道法、無敦釈教（道法を崇ひ信じ、釈教《しゃっきょう》を敦《あつ》くすることなし)」などとある類がそれである。

以上より私は、『日本書紀』の「天皇不信仏法、而愛文史」「天皇信仏法、尊神道」「尊仏法、軽神道」は、やはり他の仏家ではなく、道慈が述作した表現と見てよいと考える。

火中出生譚の表現の典拠

次に瀬間《せま》正之《まさゆき》氏の研究を参照しておきたい。一つは「日本書紀と漢訳仏典」（瀬間正之―一九九三年）である。この論文で瀬間氏は、『日本書紀』に見える兄弟皇位相譲譚および火中出生譚を仏典、仏書と比較検討して、注目すべき結論を得た。前者も興味深いが、ここでは後者（火中出生譚）を紹介しておきたい。題材となるのは、『日本書紀』巻二に記される、カシツ姫（コノハナサクヤ姫）の著名な話である。天孫ニニギノミコトと結ばれたカシツ姫はたった一夜にして懐妊した。天孫はそれが本当に自分の子かどうか疑った。すると、姫は怒り、出口のない室の中で「もしこの子が天孫の子でないならば私は焼け死ぬ、しかし本当に彼の子であるなら無事であろう」と「誓《うけ》」ひの言葉を述べて火を放った。姫は火中で無事出産してその正しさを証明した、という話である。

仏典には、シャカの妻ヤショーダラが、シャカの出家後六年も経ってからラーフラを生んだところ、シャカの実子であるかどうか疑われ、水によるウケヒ、火によるウケヒをもって実子たることを証明したという話があるという。こうしたウケヒは、インドでは早くマヌ法典に見られ、やがて仏典にも記述されるところとなった。漢訳仏典では、そのウケヒに相当する言葉として「誓」の文字が用いられ、これが『日本書紀』の用字と一致することも注目されるという。瀬間氏は、『日本書紀』の火中出生譚に影響を与えた文献として、吉迦夜《きつかや》・曇曜《どんよう》共訳『雑宝蔵経《ぞうほうぞうきよう》』（四七二年）、吉蔵『法華経義疏』（五四九～六二三年）、道世『法苑珠林』（六六八年）の三つを指摘し、そのいずれかであろうと考えた。特に『日本書紀』と『法苑珠林』とは用字がよく共通し、ストーリーの骨子も、胎中に子を宿したまま身を火中に投じたという点で最も一致点が高いという。そして「日本書紀火中出生譚は、仏典の知識無しに成立したとは考えられない」と結論している。これは重要な指摘だと思う。これに従うなら、カシツ姫（コノハナサクヤ姫）が誓《うけ》ひをして室に火を放ち、火中で子を生んだという話は、『法苑珠林』に依拠して述作されたこととなるだろう。

瀬間氏は、その述作への道慈の関与については一言もふれない。しかし、この部分が『法苑珠林』に依拠して述作されているなら、やはり他の仏家ではなく、道慈が関与したと理解するのが最も蓋然性が高いと考えられよう。

もう一つは、「日本書紀開闢《かいびゃく》神話生成論の背景」〔瀬間正之―二〇〇〇年〕である。『日本書紀』はその冒頭、天地が未分の状態から、天と地とが分化していった話を語っている。

『日本書紀』冒頭の表現の典拠

古天地未剖、陰陽不分、渾沌如鶏子、溟涬而含牙

（古《いにしえ》に天地未だ剖《わか》れず、陰陽分《わか》れず、渾沌《こんとん》にして鶏子《とりのこ》の如く、溟涬《めいけい》にして牙《きざし》を含めり）

という記述である。この文章は、すでに知られているように、『淮南子《えなんじ》』および『三《さん》五暦紀《ごりゃくき》』に依拠して作文されたものである。このうち『淮南子』は直接引用と考えてよさそうである。だが一方の『三五暦紀』は、直接引用なのか間接引用なのか、もし後者であるならどの文献から孫引きしたものであるのかが問題となる。

これについて、唐代の類書である『芸文類聚《げいもんるいじゅう》』（六二四年、欧陽詢《おうようじゅん》らの編）が引用する『三五暦紀』に依拠したと見る説があるが、瀬間氏は、『芸文類聚』の引用部分は「溟涬始牙」の語句を欠いており（引用部分が異なるためという）、同書に依拠したとは考えがたいとした。また、六朝《りくちょう》末の類書である『修文殿御覧《しゅうぶんでんぎょらん》』も『三五暦紀』を引用しており、『日本書紀』はこの書に依拠して述作されたと見る説もあるという。これに対し瀬間氏は、『法苑珠林』にも『三五暦紀』が引用されており、そこには「溟涬始可」（ただし「可」は「牙」の誤写とする）の語句があることに注目した。『法苑珠林』の記述は、『修文殿御覧』からの引用であるという。

瀬間氏は、結論は慎重で、『三五暦紀』を直接典拠としたのか、『修文殿御覧』を典拠としたのか、

はたまた『法苑珠林』を典拠としたのかは、現状では「いずれとも決しがたい」としている。だが、この部分は間接引用と見るのが通説であるから、後二者の可能性が高く、瀬間氏が注目した『法苑珠林』の記述に依拠した可能性が高いように思う。これについての結論は後考をまつが、『法苑珠林』に依拠した可能性があるという指摘は興味深い。

「聖徳」という表現

大山誠一氏は、「聖徳太子」の人物像は『日本書紀』ではじめて作り上げられたものであって、彼の伝記、業績のほとんどすべては歴史的事実と見なすことができないと論じた（大山誠一―一九九八年、一九九九年）。大山氏は『日本書紀』の聖徳太子像のうち、仏教関係記事は道慈によって述作されたとし、「憲法十七条」の中のいくつかの文言、厩戸王《うまやとのみこ》の死没日の設定（玄奘《げんじょう》と同一日）、厩戸王死去後の記述の弥勒《みろく》信仰的部分などに道慈の関与が見られることを説いた。それらが記されたのは『日本書紀』編纂の最終段階のことであったという。

私はこれらの述作に道慈が関与したとする大山氏の見解は妥当なものと考えるが、大山氏が指摘した以外にも興味深い表現が見られる。それは死去後の出来事を記す、推古二十九年（六二一）二月是月条に見える高麗《こま》の僧慧慈《えじ》の言葉である。慧慈はこの時本国に帰還していたというが、そこで「上宮皇太子」の死去を聞き、「皇太子」のために僧を招いて設斎し、自ら経を説いた。そして、自分も来年の二月五日に必ず死ぬであろうと「誓願」し、その通り、その日に死去したという。その誓願の言葉に、上宮豊聡耳《じょうぐうとよとみみ》皇子は「以玄聖之徳、生日本之国（玄聖の徳をもって日本の国に生）」まれ、「恭敬三宝（三宝を恭敬《きょうけい》）」したという記述が見える。ここの表現は、皇太子の「聖」の「徳」を強調するという点で、先に引用した『懐風藻』の道慈の詩と共通し、用字も「玄」を除いて同一である。『日本書紀』のこの条は、大山氏が指摘したように、道慈がその述作に関与したものと考えられるが、右の表現も道慈の詩と共通性があり、彼の手による文言と見てよいと私は考えている。

ところで、「聖徳太子」という呼称は、天平勝宝《てんぴょうしょうほう》三年（七五一）の『懐風藻』序が初見であり、他に八世紀中頃のものとしては、『令集解《りょうのしゅうげ》』公式令平出《くしきりょうへいしゅつ》条の「古記《こき》」（天平十年〈七三八〉頃）に「聖《しょう》徳王《とくのみこ》」という表現が見える。「聖徳太子」という名前の由来について、『日本書紀通証』は『日本書紀』の「玄聖之徳」という表現に由来すると述べている。「聖徳」なる呼称は、この表現および敏達五年（五七六）三月条の「東宮聖徳」にその起源を求めることができるだろう。「玄聖之徳」にしても「東宮聖徳」にしても、先に引用した道慈の漢詩の「聖徳」と見事に合致する。『日本書紀』のこうした表現は、道慈の手による可能性が高いように思う。

しかりとするなら、後世、彼を「聖徳太子」と呼ぶようになったのも、『日本書紀』のおそらく道慈による表現にその起源が求められることとなるだろう。

「僧旻」と道慈

私は、僧旻《そうみん》に関する『日本書紀』の記述にも道慈が関与していると考えている。まず彼の名であるが、僧旻は、『日本書紀』において、僧の「旻」ではなく、「僧旻」という名の僧として記述されていると読解すべきである。それは「釈僧旻《しゃくそうみん》」（大化《たいか》五年〈六四九〉二月是月条）や「僧旻僧《そうみんほうし》」（舒明《じょめい》九年〈六三七〉二月戊寅条）という表記が見られることから明らかである。これらは「僧旻」という名の僧を表記したとしか読めないからである。僧尼の法名に「釈」の文字を冠して「釈某」と表記すること、また法名末の一字をとって「旻師」「旻法師」などと略して表記することは、中国仏教、文献の強い影響を受けたものと考えられる。さらに梁《りょう》の三大法師の一人である僧旻との関係も注目される。『続高僧伝』巻五の「僧旻伝」と、『日本書紀』の僧旻に関する記述とを比較してみると、類似する表現がいくつか見られる。これらから、私は、『日本書紀』の僧旻に関する記述にも道慈が関与しているのではないかと考える。これについて詳しくは、別稿〔吉田一彦―一九九九年〕を参照されたい。

『日本書紀』の出典研究と仏書

『日本書紀』が典拠とした書物については、江戸時代以来の研究の蓄積があり、かなりのことがわかってきた。しかしその中心は外典に関する考証であって、仏書（内典）については判明していない部分が少なくない。『日本書紀』が参照した仏典、仏書を解明することは、今後の大きな課題と言えるであろう。『日本書紀』の述作に仏家が関わったことは、津田左右吉以来の指摘があり、ほぼ疑いないことと考えられる。ただその仏家が一人であったのか、それとも複数であったのかは、まだ明らかとはなっていない。しかし、道慈がいくつかの述作に関わったこと、それもいくつもの巻にわたって広範に筆を入れていたことはまちがいなかろう。それは、『日本書紀』編纂の最終段階のことであると考えられる。

道慈は唐の西明寺に学んだ。それゆえ、彼が参照した文献は、同寺に関係する書物が多い。すなわち、玄奘、義浄、道宣、道世などに関わる文献である。日本の奈良時代の仏教は、中国仏教の大きな影響を受けて成立したものと考えられるが、道慈がその形成にはたした役割は小さくなく、特にその前半は道慈を主たる窓口として中国仏教を吸収したという側面がある。それゆえ、彼が重視した文献を研究することは、中国仏教のどのような部分の影響を受けて、奈良時代の仏教が形成されていったのかを明らかにすることにつながるであろう。また彼は、『日本書紀』の述作にも関係したと考えられるから、それは『日本書紀』の記述の信憑性や成立過程を明らかにすることにもつながる。玄奘、義浄、道宣、道世などに関わる文献を丁寧に読み進め、それを日本側の史料と比較検討していくことは、この両面において重要な作業になると私は考えている。

史料1　『日本書紀』の欽明十三年（五五二）十月条〔仏教の伝来〕

冬十月に百済の聖明王《せいめいおう》〈更の名は聖王《せいおう》〉西部姫氏達率怒唎斯致契《せいほうきしだちそちぬりしちけい》等《ら》を遣《つかわ》して、釈迦仏の金銅像一躯《く》・幡蓋若干《ばんがいじゃっかん》・経論若干巻《きょうろんじゃっかんかん》を献《たてまつ》る。別に表して、流通《るつう》・礼拝《らいはい》の功徳《くどく》を讃《たた》へて云く、「是《こ》の法は、諸法《しょほう》の中に最も殊勝《しゅしょう》たり。解し難《かた》く入り難《かた》し。周公《しゅうこう》・孔子《こうし》も、尚《なお》し知ること能《あた》はず。此の法は、能《よ》く無量無辺《むりょうむへん》、福徳果報《ふくとくかほう》を生じ、乃至《ないし》は無上《むじょう》の菩提《ぼだい》を成弁《な》す。譬《たと》へば、人の、随意《ずいい》の宝を懐きて、用うべき所に逐《したが》ひ、尽《ことごとく》に情《こころ》の依《まにま》なるが如く、此の妙法《みょうほう》の宝も亦復然《またしか》なり。祈願すること情《こころ》の依《まにま》にして、乏《とも》しき所無し。且夫《またそ》れ、遠くは天竺より、爰《ここ》に三韓《さんかん》に洎《いた》るまでに、教《おしえ》に依《したが》ひ奉《う》け持《たも》ちて、尊敬せざること無し。是《これ》に由《よ》りて、百済王臣明《しんめい》、謹みて陪臣怒唎斯致契《ばいしんぬりしちけい》を遣《まだ》して、帝国に伝へ奉《たてまつ》りて、畿内に流通せしむ。仏の『我が法は東流《とうりゅう》せむ』と記せるを果たすなり」と。

是の日に、天皇、聞き已《おわ》りて、歓喜踊躍《かんぎようやく》し、使者に詔《みことのり》して云はく、「朕《ちん》、昔より来《このかた》、未だ曾《かつ》て是《かく》の如く微妙《みみょう》の法を聞くこと得ず。然《しか》れども、朕自ら決《さだ》むまじ」と。乃《すなわ》ち群臣に歴問して曰く、「西蕃《せいばん》の献《たてまつ》れる仏の相貌《そうぼう》、端厳《たんげん》にして全く未だ曾《かつ》て看《み》ず。礼《いやま》ふべきや以不《いな》や」と。蘇我大臣稲目宿禰《そがのおおおみいなめのすくね》奏《そう》して曰く、「西蕃《せいばん》の諸国、一に皆礼《いやま》ふ。豊秋《とよあきづ》日本、豈独《あにひと》り背《そむ》かむや」と。物部大連尾輿《もののべおおむらじおこし》・中臣連鎌子《なかとみのむらじかまこ》、同じく奏《そう》して曰く、「我が国家の、天下に王たるは、恒《つね》に天地社稷《てんちしゃしょく》の百八十神を以《も》ちて、春夏秋冬《しゅんかしゅうとう》、祭拝するを事《こと》とす。方今《いま》し、改めて蕃神《ばんしん》を拝まば、恐《おそ》るらくは国神の怒《いかり》を致《いた》さむ」と。天皇曰く、「情願する人稲目宿禰に付して、試《こころみ》に礼拝《らいはい》せしむべし」と。大臣、跪《ひざまづ》きて受けて忻悦《きんえつ》し、小墾田《おはりだ》の家《やけ》に安置す。懃《ねもころ》に出世《しゅつせ》の業を修《おさ》め、因《よ》りて向原《むくはら》の家《やけ》を浄捨《じょうしゃ》して寺とす。後に、国に疫気《えきき》行《おこ》りて、民夭残《ようざん》を致す。久《ひさ》にして愈《いよいよ》多く、治療すること能《あた》はず。物部大連尾輿・中臣連鎌子、同じく奏して曰く、「昔日臣《むかししん》が計を須《もち》ゐずして、斯《こ》の病死を致せり。今し遠からずして復さば、必ず当《まさ》に慶《よろこび》有るべし。早く投げ棄てて、懃《ねもころ》に後の福を求むべし」と。天皇曰く、「奏《そう》に依れ」と。有司《つかさ》、乃《すなわ》ち仏像を以《も》ちて、難波《なにわ》の堀江に流し棄《す》て、復《また》火を伽藍に縦《つ》く。焼き燼《つ》きて更余《またあまり》無し。是《ここ》に、天に風雲無くして、忽《たちまち》に大殿《おおとの》に災《わざわい》あり。

史料2　『日本書紀』の敏達十三年（五八四）是歳条〔最初の出家者〕

是《こ》の歳に、蘇我馬子宿禰《そがのうまこのすくね》、其《そ》の仏像二躯《く》を請《う》け、乃《すなわ》ち鞍部《くらつくりの》村主《すぐり》司馬達等《しまのたちと》・池辺直氷田《いけへのあたいひた》を遣《つかわ》して、四方に使《つかい》して、修行者を訪《と》ひ覓《もと》めしむ。是《ここ》に、唯播磨国《ただはりまのくに》にのみ、僧の還俗《げんぞく》せし者を得《う》。名は高麗《こま》の恵便《えべん》といふ。大臣《おおおみ》、乃《すなわ》ち以《も》ちて師《し》とす。司馬達等の女嶋《むすめしま》を度《ど》せしむ。善信尼《ぜんしんに》と曰《い》ふ〈年十一歳〉。又、善信尼の弟子二人を度せしむ。其の一は、漢人夜菩《あやひとのやぼ》が女豊女《むすめとよめ》、名を禅蔵尼《ぜんぞうに》と曰ふ。其の二は、錦織壺《にしこりのつふ》が女石女《いしめ》、名を恵善尼《えぜんに》と曰ふ〈壺、此《これ》をば都符《つふ》と云《い》ふ〉。

馬子独《ひと》り仏法に依りて、三尼を崇敬《すうけい》す。乃ち三尼を以ちて、氷田直と達等とに付けて衣食《いしょく》を供せしむ。仏殿《ぶつでん》を宅《やけ》の東方に経営《つく》り、弥勒《みろく》の石像《せきぞう》を安置《あんち》し、三尼を屈請《くっしょう》して、大会《だいえ》の設斎《せっさい》す。此《こ》の時に、達等、仏舎利《ぶつしゃり》を斎食《さいじき》の上に得たり。即ち舎利を以ちて、馬子宿禰に献《たてまつ》る。馬子宿禰、試《こころみ》に舎利を以ちて、鉄の質《あて》の中に置きて、鉄の鎚《つち》を振《ふる》ひて打つ。其の質と鎚と、悉《ことごと》に摧《くだ》け壊《やぶ》れぬ。而《しか》れども舎利をば摧き毀らず。又、舎利を水に投《なげい》る。舎利、心に願ふところに随《したが》ひて、水に浮び沈む。是《これ》に由《よ》りて、馬子宿禰・池辺直田・司馬達等、仏法を保ち信じ、修行《しゅぎょう》すること懈《おこた》らず。馬子宿禰、亦、石川の宅《やけ》にして、仏殿を修治す。仏法の初《はじ》め、茲《これ》より作《おこ》れり。

三　行基と霊異神験

1　行基の時代

生没年

行基《ぎょうき》は天平《てんぴょう》二十一年（七四九）二月二日に死去したが、その生年については二説がある。一つは『続日本紀《しょくにほんぎ》』の記述で、死去日の条にたてられた遷化伝《せんげでん》には「薨時年八十」とあって、年齢を八十歳としている。もう一つは『大僧上舎利瓶記《だいそうじょうしゃりびょうき》』の説で、こちらは死去時の年齢を八十二歳とし、「近江《おうみ》大津《おおつ》之朝《のみかどの》戊辰《ぼしん》之歳《のとし》」に誕生したと生年も記している。ここの「戊辰」の歳は六六八年に当たるから、天平二十一年には確かに八十二歳となる。

この『大僧上舎利瓶記』という史料は、鎌倉時代に出土した行基の骨蔵器《こつぞうき》に刻まれていた銘文《めいぶん》を写したものである。出土の事情について述べる『僧寂滅注進状《そうじゃくめつちゅうしんじょう》』『竹林寺略録《ちくりんじりゃくろく》』（どちらも大日本仏教全書『寺誌叢書』三に所収）などによるなら、天福《てんぷく》二年（一二三四）六月、慶恩《きょうおん》なる僧に行基の託宣《たくせん》があり、それはたびたびに及んだ。そこで翌文暦《ぶんりゃく》二年（一二三五）、律僧の寂滅《じゃくめつ》らが行基の廟《びょう》を発掘したところ、八角の石筒が出土した。石筒を開いてみると、中に銅製の筒が二重にわたってあり、さらにそれを開けてみると、中に銀製の瓶があった。瓶の頸《くび》には「行基菩薩遺身舎利之瓶云々」と記した銀の札が付してあったという。銅筒のうちの内側のものには銘文があった。この銘文はただちに筆写され、当時、律宗《りっしゅう》寺院となっていた唐招提寺《とうしょうだいじ》に報告され、その写しが同寺に伝えられるところとなった。それが『大僧上舎利瓶記』で、今日では、出土した骨蔵器自体は銘文の一部を含む破片がわずかに残るにすぎないが、この写しにより銘文の全文を知ることができる（なお行基廟の地には、律宗

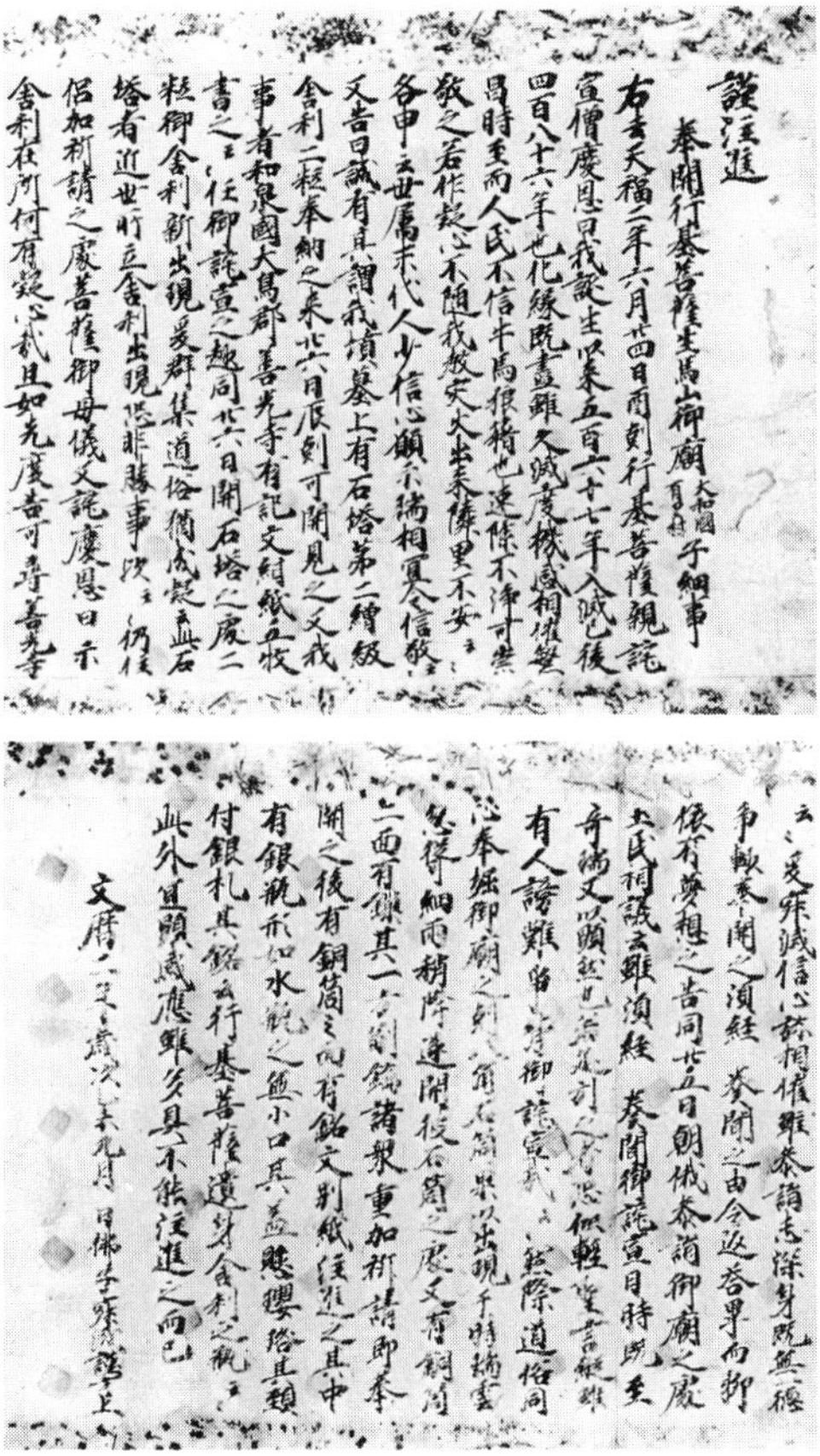

僧寂滅注進状（唐招提寺所蔵）

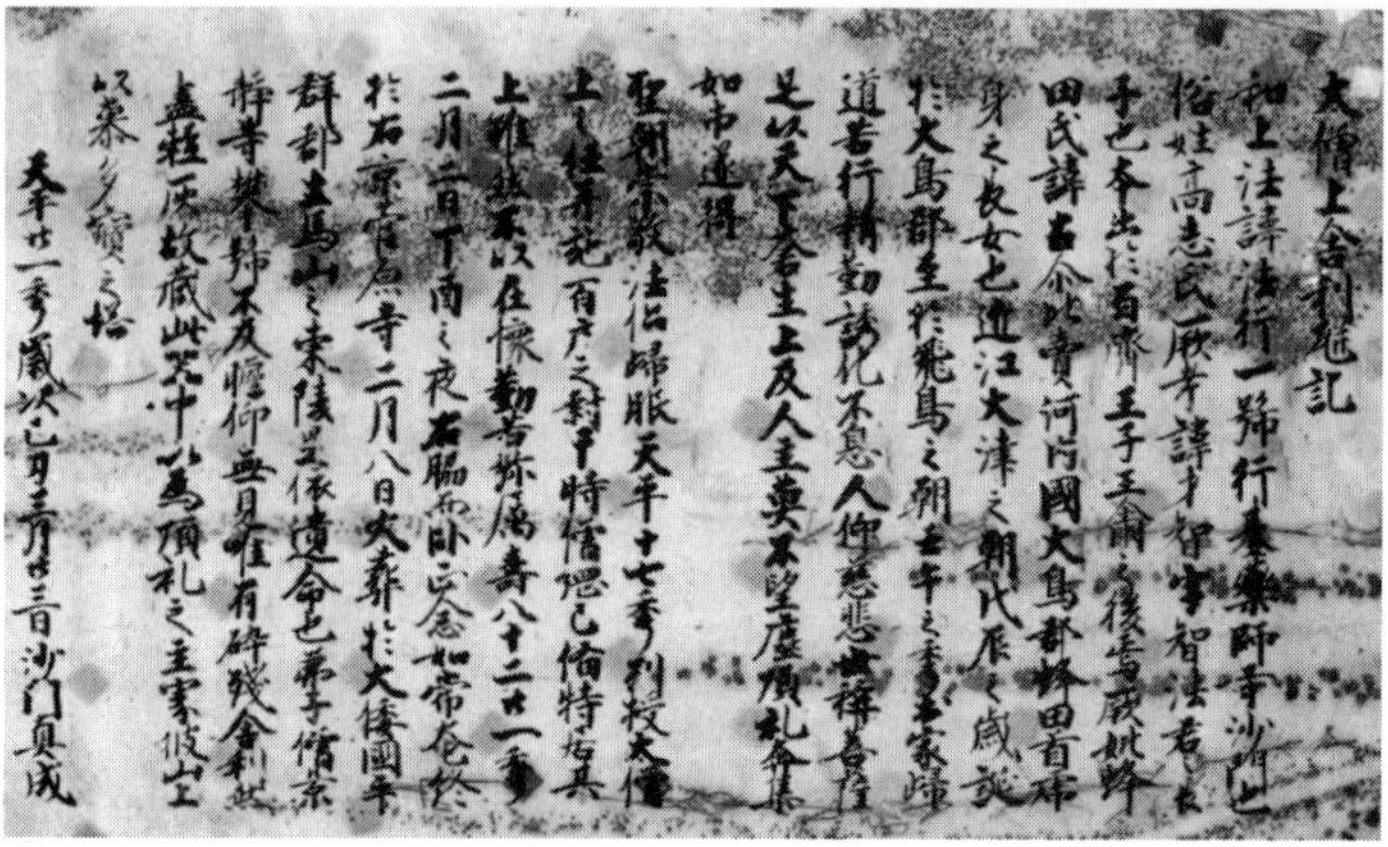

大僧上舎利瓶記
和上法諱法行一號行基薬師寺沙門也
俗姓高志氏厥考諱才智字智法君之長
子也本出於百済王子王爾之後焉厥妣蜂
田氏諱古爾比賣河内國大鳥郡蜂田首虎
身之長女也近江大津之朝戊辰之歳誕
於大鳥郡至於飛鳥之朝壬午之歳出家歸
道苦行精勤誘化不息人仰慈悲世稱菩薩
是以天下蒼生上及人主莫不望塵頂禮奔集
如市遂得
聖朝崇敬法侶歸服天平十七年別授大僧
上之任并施百戸之封于時僧綱已備特居其
上雖然不以在懐勤苦彌厲壽八十二廿一年
二月二日丁酉之夜右脇而臥正念如常奄終
於右京菅原寺二月八日火葬於大倭國平
群郡生馬山之東陵是依遺命也弟子僧景
静等攀號不及瞻仰無見唯有砕殘舎利然
盡軽灰故藏此器中以爲頂禮之主界彼山上
以慕多寶之塔
天平廿一年歳次己丑三月廿三日沙門眞成

大僧上舎利瓶記（唐招提寺所蔵）

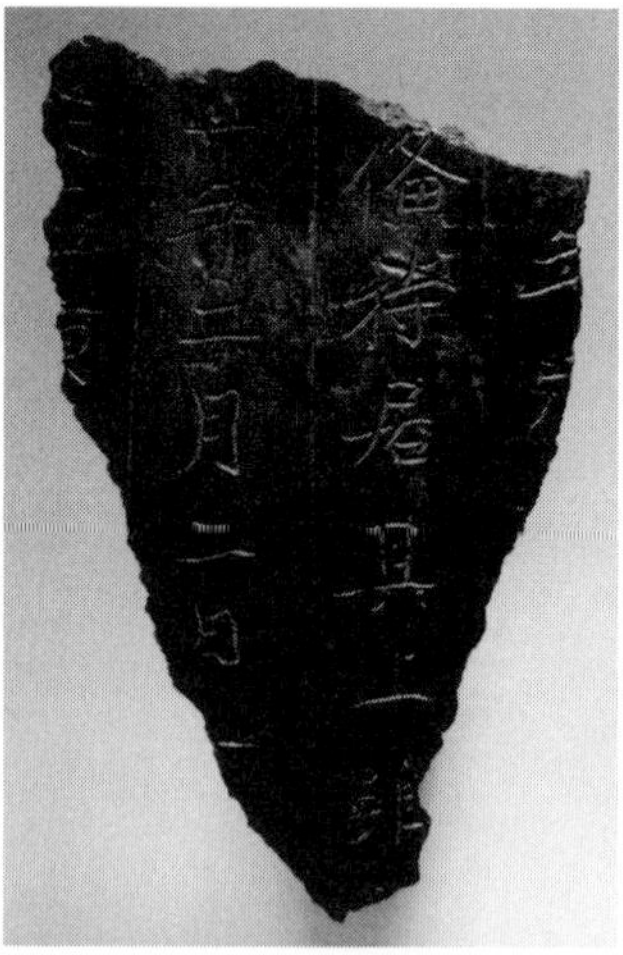

行基墓誌破片（奈良国立博物館所蔵）

寺院の竹林寺が建立された）。この銘文は、その末尾の記載によるなら、行基の弟子と考えられる真成《しんぜい》なる人物によって、行基死去直後の天平二十一年三月二十三日の日付で作成されたもので、内容は行基の略伝となっている（行基廟の発掘および竹林寺の成立については、長谷川嘉和―一九七一年。細川涼一――一九八七年）。

　しかし、この骨蔵器出現の経緯については、多分に演出めいたところがあり、同じ律宗の尼の信如《しんによ》が、夢告《むこく》によって、法隆寺《ほうりゆうじ》の蔵から天寿国曼荼羅繍帳《てんじゆこくまんだらしゆうちよう》を発見した経緯ときわめて類似した作為が看取される。当時の律宗は、そうした聖遺物を発見して、それを中心の一つとして荒廃した寺院を復興したり、あるいは新造するという活動を展開していた。それゆえ、発見されたという物品の信憑性《しんぴょうせい》については、慎重な史料批判が必要となるだろう。もっとも骨蔵器の現物は、今日ほとんど失われており、銘文の信憑性を検証する作業は困難をきわめる。写された銘文を見る限りは、天平二十一年の文章として一応は矛盾がなく、当面、行基研究の史料の一つとしておくべきであろうが、なお継続して検討すべきものと判断される。

一方の『続日本紀』は、奈良時代史の基本史料と言うべき信頼できる書物であって、その史料的価値はきわめて高い。だが、平安時代中後期の史料に目を転じると、『行基菩薩伝《ぼさつでん》』『行基年譜《ねんぷ》』は、行基死去の年齢を八十二歳としている（ただし『日本紀略《にほんぎりゃく》』『三宝絵《さんぼうえ》』『日本往生極楽記《にほんおうじょうごくらくき》』『大日本国法華経《ほけきょう》験記《げんき》』は八十歳）。梅原末治《うめはらすえじ》氏および井上薫《いのうえかおる》氏は、『続日本紀』は「八十二」の「二」を誤脱したのだろうと解釈して、『大僧上舎利瓶記』の記述を採った（梅原末治—一九四〇年、井上薫—一九五九年、一九九八年）。どちらを採るべきか大変悩ましいが、ここでは梅原氏、井上氏の見解に従って、行基を六六八年の生まれで、七四九年に八十二歳で死去したとしておきたい。

行基の活躍した時代

さて、行基が活動した七世紀末から八世紀前半は、仏教が日本列島に本格的に浸透をはじめた時代であった。仏教が中国に伝えられたのは、一世紀、後漢の時代であったが、中国社会は仏教に対する抵抗が強く、なかなか流布、浸透するに至らなかった。中国に仏教が広まっていくのは四世紀頃からで、漢人の出家者が誕生し、経典も本格的に翻訳されるようになって、しだいに中国社会に仏教が流布していった。その間、約三百年の時間を要している。やがて、仏教は中国で独自の発展をとげ、また朝鮮半島の高句麗《こうくり》、百済《くだら》、新羅《しらぎ》にも、四世紀末から五世紀にかけて伝えられていった。そして六世紀中頃、仏教は百済から倭国にも伝えられたのである。倭国では、仏教は最初、蘇我《そが》氏など大和の政治権力を構成した有力氏族や、渡来人系の氏族の支持をえて、飛鳥《あすか》など大和を中心に、畿内にいくつかの寺院が建立されていった。考古学の研究成果によれば、七世紀前半頃までのいわゆる飛鳥仏教の時代の寺院址は、現在五十ほどが調査もしくは推定されるに至っている。いまだ寺院の数は多いとは言えないし、分布する地域も限定されている。

それが、七世紀後半から八世紀初め頃のいわゆる白鳳《はくほう》仏教の時代となると、仏教は日本列島に急速に広まり、多数の寺院が広範な地域に建立されていった。この時代の寺院址として判明したもの、およびそう推測しうるものは、現在、もはや七百を越えており、この数は調査が進展すればなお増加するものと予想される。分布する地域も九州から東北地方に広がっており、地域社会に仏教が流布していったことが知られる。伝来から約一世紀、仏教は日本列島に浸透を開始し、最初の寺院建立ブームがおこったのである。それらの地方寺院は、多く、評造《こおりのみやつこ》、郡司《ぐんじ》クラスの地方豪族層によって建立されたものであるが、すでに民衆にも仏教は浸透を開始しており、彼らも寺院の造建に関与したと想定してよい。行基が僧として大いに活躍した八世紀前半は、そうした寺院建立ブームが一つのピークをむかえていた頃にあたる。彼もそうした時代の大勢に従って、地方豪族や民衆の協力のもとに、各地に多くの寺院を造建していった。

七世紀末の教化僧

行基は、民衆布教を展開した僧として著名であるが、そうした僧は彼がはじめてではなかった。地域社会で「教化《きょうけ》」を行っていた僧は、行基以前にも存在していた。わが国現存最古の古写経は、『金剛場陀羅尼経《こんごうじょうだらにきょう》』の写経で、それには次の奥書がある。

歳次丙戌年五月川内国志貴評内知識為七世父母及一切衆生敬造金剛場陀羅尼経一部藉此善因往生浄土終成正覚　　教化僧宝林

これを書き下し文にすると、「歳次丙戌《へいじゅつ》の年の五月、川内国《かわちのくに》志貴評内《しきのこおりのうち》の知識《ちしき》、七世父母及び一切《いっさい》衆生《しゅじょう》のために、金剛場陀羅尼経一部を敬造す。此《こ》の善因によりて浄土に往生し、終《つい》には正覚《しょうがく》を成さんことを。教化僧宝林《きょうけのそうほうりん》」となろう。この奥書は、河内国の志紀郡（しきのこおり）の「こおり」を「評」という文字で表記しているから、孝徳《こうとく》朝の立評《りつぴょう》（評をはじめて設定）以降、大宝律令《たいほうりつりょう》による「郡」制施行以前の年代のものであることがわかる。それゆえ、冒頭の「丙戌年」は六八六年にあたることが確定できる。これは七世紀末に書写された古写経なのである。

この地域（現在の大阪府藤井寺《ふじいでら》市東部、八尾《やお》市南部あたり）では、宝林なる僧が「知識」（仏教を信仰するグループ）をひきいて写経の活動を行なっていた。それがどの程度の規模のものであったのか、また宝林がどのような人物なのか、他に手がかりがなく不明であるが、すでに七世紀末に「教化僧」が存在していたことは大いに注目される。ところで、この奥書に見える「七世父母」「成正覚」あるいは「敬造」といった文言は、七、八世紀のわが国の仏像銘文や碑文などにしばしば見られる、特徴的な表現である。だが、それは倭、日本にのみ見られる表現なのかというとそうではなく、中国や朝鮮半島の仏像の銘文などに多数見られるもので、中国・朝鮮ではきわめて一般的な表現であった〔金申一九九四年、佐藤智水一九九八年、増尾伸一郎一九九九年〕。それゆえ、ここの奥書に見られる表現、信仰は、中国・朝鮮の仏教信仰を直輸入したものと理解することができるだろう。宝林は、おそらくは朝鮮半島における仏教信仰の表現や教化の形態をほぼそのままに受容して、わが国の地域社会で写経の活動を展開した人物と考えられる。行基以前にそうした僧がいたことは軽視されてはならないだろう。

朝鮮仏教から中国仏教へ

七世紀から八世紀への仏教史の進展でもう一つ注目しなくてはならないのは、倭・日本が吸収しようとした直接の対象が、朝鮮仏教から中国仏教へと変化したことである。伝来以来、六、七世紀のわが国の仏教は、朝鮮半島の仏教の影響下に形成されていった。朝鮮半島の仏教も、そもそもは中国仏教が伝播《でんぱ》したものであって、中国語に翻訳された漢訳仏典《かんやくぶつてん》に基づく仏教に他ならない。しかし、地域的、民族的特質はもちろんあり、中国仏教とは少しく色合いを異にする仏教がしだいに形成されていった。わが国は、五世紀から七世紀にかけて、漢字、儒教《じゆきよう》、仏教、律令などの中国文明を受容して、国家、社会、文化を形成していったが、仏教に関しては、最初、朝鮮半島を通じてこれを受容した。それが八世紀となると、中国仏教を直接摂取しようという志向が急速に強まっていった。その大きな契機となったのが、大宝《たいほう》元年（七〇一）に任命され、同二年に出発した遣唐使《けんとうし》である。これは三十二年ぶりという久しぶりの遣唐使であった。

七世紀中・後期の東アジアの国際情勢は決して平穏なものではなかった。よく知られているように、朝鮮半島では、新羅が唐と軍事同盟を結んで、百済、高句麗を滅ぼし、朝鮮半島を統一した。倭国は同盟関係にあった百済を支援していたが、六六〇年、百済が滅亡すると、百済復興のための大規模な軍事援助を展開して、唐・新羅連合軍と戦うに至った。しかし、戦争は不調に終わり、六六三年、ついに白村江《はくそんこう》の戦いで決定的な敗北を喫して、全面撤退を余儀なくされた。以後、倭国は、唐・新羅の侵攻にそなえ、軍事施設を建設するなど防衛態勢の構築に力をそそいでいった。また、百済から大量の難民が日本列島に流入してきた。渡来人（帰化人）はすでにこれ以前に多数が渡来、定着していたが、この時の百済人は人数規模が大きく、その与えた文化的影響も大きかった。この間、天智九年（六七〇）に倭国は遣唐使を派遣している。これは、唐が高句麗を征圧したことを慶賀するという使節であったが、唐との本格的な関係回復を目指したものとまではいえず、多分に様子見的な要素が強い遣使であった〔森公章─一九九八年〕。

大宝二年（七〇二）の遣唐使は、時機到来と判断した新生日本国（この少し前に倭国から日本国に改号）の政府が、唐との本格的な関係回復を目的に派遣したものであった。この使節は外交面で重要な職務を遂行したが、文化面でも大きな役割をはたし、唐の先進文化を多数日本にもたらした。仏教について言えば、道慈《どうじ》がこの遣唐使に参加しており、長期の留学生活を送って、唐の長安の仏教、特に西明寺《さいみょうじ》の仏教を吸収して、これを日本に伝えた。道慈が帰国したのは養老《ようろう》二年（七一八）のことであった。以後、彼は日本の仏教界の指導者としての地位を確立し、『金光明最勝王経《こんこうみょうさいしょうおうきょう》』と『法華経《ほけきょう》』の重視、国分寺《こくぶんじ》建立の建策、『日本書紀』の仏教関係部分の述作など、国家の仏教政策の根幹に関与していった〔井上薫―一九六一年〕。戒師招請《かいししようせい》計画（戒律の師を中国から招く計画――これによってのち鑑真《がんじん》が来日する）も、道慈の建策によるものであると推定されている〔佐久間竜―一九八三年〕。道慈は中国仏教に強い尊崇の念をもっており、以後の日本仏教は中国の、それも唐代の仏教を直接に吸収・受容しようとする道を歩んでいった。この遣唐使以降、八、九世紀の遣唐使は、全体に外交よりも中国文化の吸収に大いなる熱意を示していった。そうした情勢の中で、中国仏教は波状的に日本にもたらされ、日本仏教の形成に決定的な影響を与えていった。

2　行基の新しさ

行基の登場

八世紀を代表する僧はこの道慈、そして行基の二人であろう。道慈は国家の仏教の屋台骨を背負った僧で、奈良時代の国家の仏教の基調を最初に大きく規定した人物であった。一方の行基は、地方豪族の仏教や民衆の仏教を地盤に世に出た僧であった。行基は高志《こし》氏の出で（『続日本紀』）、父は高志才智《こしのさいち》（『大僧上舎利瓶記』）、母は蜂田薬師《はちだのくすし》氏といい（『日本霊異記《にほんりょういき》』中巻第七）、また蜂田首古爾比売《はちだのおびとこにひめ》なる人物であったとも伝える（『大僧上舎利瓶記』）。高志氏は朝鮮半島からの渡来系氏族で、文筆・学問・仏教などの方面で活躍したフミヒト系氏族の一つである〔加藤謙吉―二〇〇二年〕。また蜂田氏は、行基の生誕の地、和泉国大鳥郡蜂田郷《いずみのくにおおとりのこおりはちだのさと》を本拠地とした氏族で、やはり渡来系氏族と推定される。行基は渡来系地方豪族の出身と言ってよく、仏教文化を重視する環境の中で生まれ育った人物であった。

弾圧の詔

ただ、行基の前半生については、史料は多くを語らず、その実像はほとんど不明である。彼が史料上にはじめて出現するのは、養老元年（七一七）四月、政府から弾圧を受けた時のことで、『続日本紀』には彼を名指しで糾弾する詔《みことのり》が掲載されている。おそらく前半生の行基の活動にはさしたる個性がまだなく、朝鮮半島系渡来人の仏教文化を継承する活動に終始していたものと推定される。だが、行基はやがて新機軸を打ち出し、それはついに政府から弾圧を受けるまでの勢いを呈するに至った。養老元年四月の詔のうち、行基を弾圧する部分を『続日本紀』から引用しておこう（原漢文を書き下し文に改めた）。

詔して曰《いわ》く。（中略）方《まさ》に今、小僧《しょうそう》行基幷《あわ》せて弟子等、街衢《がいく》に零畳《りょうじょう》して、妄《みだ》りに罪福《ざいふく》を説き、朋《ほう》党《とう》を合わせ構《かま》へて、指臂《しひ》を焚き剥《は》ぎ、門を歴《へ》て仮説して、強《し》ひて余物を乞ひ、詐《いつわ》りて聖道《しょうどう》と称して、百姓を妖惑す。道俗擾乱《じょうらん》して、四民《しみん》は業《ごう》を棄《す》つ。進みては釈教《しゃっきょう》に違《たが》ひ、退《しりぞ》きては法令を犯《おか》す。（後略）

これによるなら、行基および弟子たちは、街頭で教化の活動を行なって、人々に「罪福」についての教えを説き、徒党を組んでは、指や手足に火を灯《とも》して見せたり、皮を剥いでそれに写経する行為を行なっていたという。そして、家々を巡っては教えを説き、物を乞い、「聖道」を得たと自ら称して民衆を惑わせたという。もっとも、この詔に記される「妄説罪福」「合構朋党」「歴門仮説」「強乞余物」「詐称聖道、妖惑百姓」「道俗擾乱」という表現は、どれも大宝律令の一篇「僧尼令《そうにりょう》」の文言をそのまま、もしくは若干変じて用いたもので、この詔は、「僧尼令」で禁止されている活動をそのまま抜き出してつなぎあわせたものとなっている。それゆえ、詔の表現は、政府が行基を糾弾するために法の文言を連ねたという性格があり、実際の行基の活動を考察するには少し割り引いて読まなくてはならないのかもしれない。しかし私は、ここに描かれたような活動を、実際に行基が行なっていたと理解してよいと考えている。というのは、「零畳街衢」「焚剥指臂」などの律令にない文言もこの詔には見られるし、また後に掲げるが、『続日本紀』の行基遷化《せんげ》伝に描かれる姿や『日本霊異記』の伝える行基の姿がこれらの記述とよく符合するからである（なお、吉田靖雄《よしだやすお》氏もこうした活動を実際に行基が行なっていたとしてよいと説いている〔吉田靖雄一一九八八年〕）。

ただし、行基がこの時僧尼令に従って処罰を受けたかというと、そうとは考えられない。この詔に連ねられた行為は、「僧尼令」および「律」によるなら、強制還俗《げんぞく》の上に遠流《おんる》となる。しかし、行基はこの詔ののちも僧として活動しているから、還俗させられたとも、遠流に処されたとも考えられないからである。法を用いて糾弾しておきながら、法に基づく刑罰を科さないのは、今日から見ると不審であるし、もとより律令法の本旨からもはずれていると言わざるをえない。だが、八世紀において、僧尼が関与した事件を一例ずつ検証してみると、「僧尼令」に基づいて刑罰が科された事例は一つもなく、この法が刑罰法規としてまったく機能していなかったことが知られる。行基の事例のみではないのである。ただ、行基の場合、このように強い口調で政府から糾弾されたのであるから、従前の活動をそのままに継続することはむずかしくなったと見るべきであり、何らかの活動の変更、転換がせまられたと理解しなくてはならないだろう。事実、これ以降の行基の活動を見ていくと、活動方針を転換して新路線を打ち出した痕跡がはっきりと認められる。それは、布施屋《ふせや》や橋などの交通施設を造営したり、池、堤などの灌漑《かんがい》施設を建設するという活動である。行基の著名な社会事業、勧農《かんのう》事業は、弾圧以後の新路線として開始されたとすべきであろう〔吉田一彦―一九九五年〕。

行基と国家との関係をどう見るかについては、かつていくつかの見解が提起された。行基は一貫した宗教活動を貫徹したのだが、国家の側が行基についての見方をしだいに変えていき、当初は批判・弾圧の姿勢をとったが、後になると行基を高く評価するように変化していったのだと見る見解が、一つの説として存在する。しかし、私はそうは考えない。行基の側にも活動の変化が明確に認められ、弾圧以後は、弾圧に対応して活動を大きく変化させていったと見るべきだと理解している。

行基の活動の新しさ

行基は八世紀初め頃から人々の熱烈な支持をえていった。彼の活動には、それまでの倭国の仏教にはあまり見られない新しさがあったのだと思う。それはおおよそ以下の三点に求めることができるであろう。一つは、街頭でくりひろげられる布教活動である。弾圧の詔は、「零畳街衢」とこれを表現している。もう一つは、人々の注目を集める、過激な捨《しゃ》身《しん》行為や仏教的呪術行為の実施である。弾圧の詔はそれを「焚剥指臂」「詐称聖道、妖惑百姓」と表現している。三つ目は、弾圧以降の新路線として開始されたものであるが、広範に展開された社会事業、勧農事業の実施がそれである。

このうち一つ目の行為と二つ目の行為は、あわせて実践することによって、より大きな効果がえられたものと考えられる。両者一体となった活動は新鮮な魅力に満ちており、教線伸張の原動力となったものと考えられる。呪術的な行為を実施して、超自然的もしくは超人間的な神秘を現出する宗教活動は、当時の中国仏教に広く見られるもので、中国ではそのことを神異《しんい》、霊異《りょうい》、神験《しんげん》、霊験《りょうげん》、神奇《しんき》、神通《じんつう》、感通《かんつう》などの語をもって表現していた。そうした神異、感通の重視は、同時代の道慈にも見られるもので、道慈、行基に共通する特色と評価されよう。また、指や手足に火を灯したり、自らの皮を剥いでそれに写経をする行為は、中国仏教に広く見られるもので、中国ではこれを捨身、亡身《ぼうしん》などと呼んでいた。これらについては、中国仏教の状況を参照しながら、次節以下で詳しく考察していくこととしよう。

次に、三つ目の社会事業、勧農事業については、行基以前に、わが国でもすでに道登《どうとう》（生没年不詳、七世紀の僧）や道昭《どうしょう》（六二九〜七〇〇）による活動があり、行基も彼らから影響を受けていたとしてよかろうが、一方、中国仏教にもそうした活動が広く見られることを軽視してはならないと思う（中国仏教における社会事業については、道端良秀―一九五七年、一九六七年）。行基は、自らの宗教活動を模索する中で、中国仏教の状況を、直接的ではなく間接的にではあろうが、彼なりに学習、吸収して、新たな活動を構築していったと理解できよう。

3　霊異神験の僧、行基

『続日本紀』は、行基の死去した天平二十一年二月二日条に彼の伝記を掲載している。以下に、原漢文を書き下し文にして掲げよう。

行基の遷化伝

大僧正《だいそうじょう》行基和尚《わじょう》遷化《せんげ》す。和尚は薬師寺の僧なり。俗姓《ぞくしょう》は高志《こし》氏、和泉《いずみ》国の人なり。和尚は真粋《しんすい》天挺《てんじょう》にして、徳範《とくはん》夙《はや》く彰《あらわ》る。初め出家せしとき、瑜伽唯識論《ゆがゆいしきろん》を読みて即《すなわ》ちその意をさとりぬ。既にして都鄙《とひ》を周遊して衆生《しゅじょう》を教化《きょうけ》す。道俗《どうぞく》化を慕ひて追従《ついじゅ》する者、動《やや》もすれば千を以て数ふ。行くのところ、和尚来るを聞けば、巷《ちまた》に居《お》る人なく、争ひ来りて礼拝《らいはい》す。器《うつわ》に随ひて誘導し、咸《みな》善に趣《おもむ》かしむ。又親《みずか》ら弟子等を率《ひき》ゐて諸《もろもろ》の要害の処に橋を造り陂《つつみ》を築く。聞き見ることの及ぶところ、咸来たりて功《く》を加へ、不日にして成る。百姓今に至るまで其の利を蒙れり。豊桜彦《とよさくらひこ》天皇甚《はなは》だ敬重《きょうちょう》す。詔して大僧正の位を授け、幷《あわ》せて四百人の出家を施《せ》す。和尚、霊異《りょうい》神験《しんげん》類《たぐい》に触れて多し。時の人、号《なづ》けて行基菩薩《ぼさつ》と曰ふ。留止するの処には皆道場を建つ。其れ畿内《きない》には凡そ卌九処、諸道にも亦往々《ところどころ》に在り。弟子相継《あいつ》ぎて皆遺法《いほう》を守り、今に至るまで住持《じゅうじ》せり。薨《こう》ずる時年八十。

おおよその意味をとると以下のようになるだろう。大僧正行基和尚が遷化した。和尚は薬師寺の僧である。俗姓は高志氏で、和泉国の人である。和尚は真摯《しんし》・純粋な人で、才能にあふれ、人の模範となる徳が若い頃からあらわれていた。出家してすぐに『瑜伽師地論《ゆがしぢろん》』や『成唯識論《じょうゆいしきろん》』を読んで、たちどころにその意を了解した。都や地方を周遊して衆生を教化した。出家者も俗人も、行基の教化を慕って追従する者が多く、その人数は千人単位に及ぶこともあった。行基の行くところ、彼が来ることを聞くと、街路から人影が消え、争い集まって行基を礼拝した。行基は信徒各人の個性に応じて仏法の世界に誘導し、人々をみな善におもむかせた。また弟子たちを率いてもろもろの要害の処に橋を造り、陂《つつみ》を築いた。これを聞いたり見たりできた人たちは参集して助力したので、事業は短期間のうちに成就した。百姓は今に至るまでその恩恵を受けている。聖武天皇は行基をはなはだ敬い重んじて、詔して大僧正の位を授け、あわせて四百人分の出家（政府公認の得度《とくど》）を認めた。和尚はしばしば「霊異神験」をあらわし、時の人たちは号して「行基菩薩」と呼んだ。行基は滞在した地に道場を建てた。その数は畿内に四十九箇所あり、また諸道にもところどころに存在する。弟子たちは行基の遺志を継承して、それらの院を守って今日に至るまで住持している。薨じた時の年は八十であった。

霊異神験

ここに行基が「霊異神験」をしばしば現わしたとあることに注目したい。しかもそれは彼が人々から「行基菩薩」と呼ばれたことに連続して記述してあり、「霊異神験」と「菩薩」と呼ばれたこととは関連があると読解すべきであろう。また、行基が訪れた先では、人々が争い集まって行基を「礼拝」したとあって、彼自身が礼拝の対象となっていたことも知られる。行基はしばしば「霊異神験」を現わし、それがゆえに人々から「行基菩薩」と呼ばれ、彼自身が礼拝されたのである。

『日本霊異記』の行基

行基の霊異神験について、『日本霊異記』を参照してさらに考えてみよう。『日本霊異記』は薬師寺《やくしじ》の僧景戒《きょうかい》の著作で、弘仁《こうにん》十三年（八二二）以降まもなくの成立。上中下の三巻からなる、わが国最古の仏教説話集である。

景戒は、この書において、中国仏教に多々見られる霊異が、中国ばかりでなく日本にも見られることを述べようとして、「自土《じど》の奇事《きじ》」（上巻序）をいくつも蒐集《しゅうしゅう》し、記述していった。『日本霊異記』にはさまざまな僧尼が登場するが、中で最も数多く出てくるのは行基であって、上巻第五、中巻第二、七、八、十二、二十九、三十と六つの話に登場する。同書においては、行基こそが最も代表的な霊異の僧であった。

このうち中巻第二十九は次のような話である。もとの京（藤原京《ふじわらきょう》）の本元興寺《もとがんごうじ》で行基を招いて七日間の法会《ほうえ》を行なうことがあった。聴衆の中に一人の女人がいた。行基は、「天眼《てんげん》」をもって、その女人の髪の油が実は猪の血であることを見破り、彼女を外に追い出してしまったという。また中巻第三十はこうである。行基が難波《なにわ》に船津（船着場）を造っていた時、集会が開かれ、教えが説かれた。これに子連れの女人が参加していたが、行基は彼女にその子を淵に捨ててしまえと告げた。みな大変驚いたが、実はその子は、前世で彼女から負債を回収できなかった人物が、子の形になってとりつき、責めて食いとろうとする者であったのだという。行基はこれをただちに見破り、彼女に捨てるよう指導したのであった。さらに中巻第八はこうである。行基の院の一つ富《とみ》（登美）尼寺の上座《じょうざ》の尼である法邇《ほうに》に一人の娘がいた。置染臣鯛女《おきそめのおみたいめ》という。行基につかえる者であった。彼女は山で蛇に飲まれそうになっていたかえるを助けたが、その時に蛇に結婚の約束をしてしまった。だが、行基の指示に従って戒律《かいりつ》を堅く守り、また道で出会った老人から譲ってもらった蟹《かに》を行基のもとに持っていき、「呪願《じゆがん》」してもらって放生《ほうじょう》したところ、夜やって来た蛇は蟹にずたずたに切られてしまい、彼女は助かったという。また、中巻第七（詳しくは後述）では、行基は「神通《じんつう》」をもって智光《ちこう》の心の中を読みとったと述べられている。

このように『日本霊異記』では、行基は「天眼」を持ち、「神通」を有し、また「呪願」を用いる霊異の僧として描かれている。ここの「天眼」とは何か。神異、霊異を現わす力は仏典では神通力《じんつうりき》と呼ばれたが、神通力としては五ないし六種が列挙されることが多く、これを五通、六通と言った。天眼（天眼通《てんげんつう》）はその一つとして掲げられるもので、遠方を見たり、未来を見通したりする特別の力を持つ眼のことであった。また「呪願」とは呪文を唱えるまじないのことであるが、次に見ていくように、中国の神異、感通の僧が得意としたのがこの「呪」「神呪」「呪願」であった。

『日本霊異記』に描かれたような行基の言動は、合理的思考をもっぱらとする私のごとき現代人からすれば、とても納得できない、とんでもない言動としか思えない。しかし、当時の中国と日本の仏教の状況を対比しながら考えてみるなら、景戒が、行基のような僧こそが、本場の中国仏教の水準に達することができた僧であると評価していたことは疑いない。いや、そうした評価は、地域の仏教、民衆の仏教の立場に立つ『日本霊異記』にのみ見られる評価では決してない。他ならぬ政府も、行基をそのように評価したのであって、しかるがゆえに、彼の「霊異神験」を特記し、人々から「菩薩」

と称されたことを承認、顕彰《けんしょう》したのである。行基は晩年、政府に重く用いられ、わが国最初の大僧正に任じられた。行基は、民衆からも、地方豪族からも、政府からも、また僧尼たちからも高い評価をうけるに至った僧であった。

4　中国の霊異神験と日本

中国仏教と霊異神験

「霊異神験」なる概念は、すでに述べてきたように、日本で生まれたものではなく、中国仏教で発達した概念であった。今、中国仏教史研究の基本史料と言うべき『高僧伝《こうそうでん》』『続高僧伝』をひもといて、これについて考察していきたい。

『高僧伝』は、梁《りょう》の慧皎《えこう》（四九七〜五五四）の著作。全十四巻。『名僧伝』など先行する僧伝、寺伝、応験記《おうげんき》などを参照、集成してまとめられた高僧の伝記集である〔牧田諦亮—一九八九年〕。『高僧伝』は、高僧たちを十の類型に分類して列伝、論評している。それは、訳経《やくきょう》、義解《ぎげ》、神異、習禅、明律、亡身《ぼうしん》、誦経《ずきょう》、興福《こうふく》、経師《きょうし》、唱導《しょうどう》の十科である。ここで第一に掲げられているのは「訳経」で、ここから、中国では、インド古典語で記された経典を中国語に翻訳する営みが最も重視されていたことが知られる。次の「義解」は、仏教の教理・教学をよく習得した僧のことで、経典を講説したり、教学書を著作した学僧たちがこれに該当する。そして注目すべきことに、次の三番目に「神異」が掲げられているのである。

神異の僧（神僧）としては、何と言っても仏図澄《ぶつとちょう》が著名で、同書も彼を神異の僧の筆頭に排列し、以下計二十人の僧の伝を掲載している。仏図澄（二三一〜三四八）は、神呪《しんじゅ》を誦して鬼を使役したといい、麻油に胭脂《えんし》（頬や唇につける化粧品のべに）をまぜて掌に塗ると、千里の外のことが掌中に見え、まるで対面するようであったという。また器に水を盛り、香を焼《た》いて呪《じゅ》するとたちどころに青蓮華《しょうれんげ》が生じたという。彼の左乳の横には穴があり、普段は綿でふさいでいるが、夜、書を読む時に綿を取ると光が出て部屋中明るくなったといい、水辺では穴から腸を取り出して洗ったという。焼香呪願《じゅがん》を得意とし、龍に命じて雨を降らすこともあったという。神通力を持つ僧であった。仏図澄は、後趙《こうちょう》を建国した石勒《せきろく》、および王位を継承した石虎《せきこ》に重く用いられ、「国の大宝」とたたえられ、「大和上」と号されたという。道安《どうあん》、慧遠《えおん》などとともに中国に仏教が流通する基盤を形成した僧であった。

同書では、他にも多くの僧の「神異」「霊異」「神験」「霊験」「神奇」が語られている（『高僧伝』の神異については、村上嘉実―一九七四年）。「呪願」をもって病気を治した僧、「秘呪」をもって神龍を呪して雨を降らせた僧、分身（同時に何ヵ所にも出現）を示した僧などである。彼らの持つ特別の力は「神力」と表現され、彼ら自身が「神人」「聖僧」「権者」であるとされている。彼らは、しばしば周囲の人から「頂礼《ちょうらい》」すなわち五体投地《ごたいとうち》の礼をもって遇され、あるいは「礼拝《らいはい》」されたと記されている。保誌《ほうし》（宝誌、四一八〜五一四）は、斉《せい》の武帝から衆を惑わす（「惑衆」）ととがめられて投獄されたが、なお、分身、予言などの神異を現わしたという。のち梁《りょう》の時代にはさらに活躍し、梁の武帝に神力を示したこともあったという。『高僧伝』では、「神異」以外の九科に分類された僧でも、その神異霊異について語られる者が少なくなく、同書が全体として神異を重視していることが知られる。

次に『続高僧伝』は唐の道宣《どうせん》の著作で、全三十巻。『高僧伝』を継いで梁から唐初までの高僧の伝記を集成した大著である。本書では、『高僧伝』の分類が少しく変更されており、訳経、義解、習禅、明律、護法、感通、遺身、誦経、興福、雑科の十科がたてられている。『高僧伝』にあった「神異」は、こちらでは「感通」と表現が改められているが、これを高く評価する姿勢に変わりはない。著者の道宣（五九六～六六七）は、唐代を代表する僧の一人で、南山律宗の開祖として著名であり、またすぐれた仏教史家であり、さらに感通を重視したことでも知られている（藤善真澄―二〇〇二年）。著作としては、『四分律行事鈔《しぶんりつぎょうじしょう》』『戒壇図経《かいだんずきょう》』などの戒律関係のもの、『続高僧伝』『大唐内典録《だいとうないてんろく》』『広弘明集《こうぐみょうしゅう》』などの護法、仏教史関係のものなど多数があり、感通に関しては『集神州三宝感通録《しゅうしんしゅうさんぼうかんつうろく》』という著作にまとめられている。『続高僧伝』の「感通」の部には、多くの僧のさまざまな感通が記されており、また『集神州三宝感通録』には、巻上に塔、巻中に仏像、巻下に寺と神僧に関する感通のことが記されている。

以上のように、中国仏教においては、訳経、義解などと並んで「神異」「感通」が重視されており、それは隋唐の仏教に継承されていた。

日本古代仏教と霊異神験

先に述べた道慈は、唐では長安の西明寺にて留学生活を送ったと考えてよいが、この西明寺はかつて道宣が活躍した寺であった。道慈が訪れた頃はすでに道宣は亡くなっており、義浄《ぎじょう》（六三五～七一三）が『金光明最勝王経』などの訳経作業に従事していた。だが、道慈はこの寺で道宣の仏教の薫陶《くんとう》を受けたようで、『懐風藻《かいふうそう》』に残された彼の漢詩には道宣の書物からの強い影響がうかがえるし、また戒師の招請《しょうせい》も、道宣の法脈に連なる鑑真《がんじん》に白羽の矢が立っている。道慈はまた、『日本書紀』の仏教関係記事の述作に関わったが、それに道宣の書物が用いられている。たとえば敏達《びだつ》十三年是歳《このとし》条の善信尼《ぜんしんに》らが出家する記事では、仏舎利《ぶっしゃり》出現の奇瑞が語られているが、それは本書Ⅱ—二で述べたように、道宣『集神州三宝感通録』に依拠して述作されたものである。ここで重要なのは、『日本書紀』が養老四年（七二〇）の文献だということであって、仏舎利の奇瑞の話は敏達十三年（五八四）段階の倭国の仏教の状況を示すものではなく、七二〇年段階の日本仏教の思想状況を示しているのである。

七世紀までの倭国の仏教においても、朝鮮半島の仏教を通じて中国仏教的な霊異神験の思想が何らか伝わっていたことは推測にかたくない。しかし、『日本書紀』以外の金石文史料などから見る限り、その痕跡は必ずしも明らかでない。霊異神験の重視は、むしろ八世紀になって、中国仏教を中国から直輸入するようになって、ようやく日本仏教に明確化されるようになったと見るべきであろう。

こうした霊異神験の思想は、すでに述べてきたところから明らかなように、日本の固有信仰と外来の仏教信仰とが、習合ないし混淆《こんこう》して日本列島で成立したものと見ることはできない。それは、北インドの大乗《だいじょう》仏教や、西域および中国の仏教において、すでに成立、展開していた思想であり、のち、中国において、さらに独自に成長をとげていった思想であった。仏教思想の一類型と言うべきものなのである。もとより、仏教伝来以前の日本列島にも、超自然的な神秘に対する尊崇の心情は存在したであろうが、それは、仏教的な霊異神験の思想とは様相、性質の異なるものであったとすべきであろう。道慈が受容、導入し、また行基が人々に示したという霊異神験は、仏教的な霊異神験なのであって、それは当時の日本において最先端の宗教であったとしなくてはならない。霊異神験の思想は、八世紀初頭以降、日本の仏教にも明確化されていき、日本仏教の基調の一つを形成していった。その一つの到達点が、九世紀初めに完成した『日本霊異記』なのである。

5　仏教的呪術と行基集団

仏教的呪術

「僧尼令《そうにりょう》」の第二条に次のような条文がある（原漢文を書き下し文に改めた）。

凡《およ》そ僧尼、吉凶《きっきょう》を卜相《ぼくそう》し、及び小道《しょうどう》、巫術《ふじゅつ》して病を療《いや》せらば、皆還俗《げんぞく》。其《そ》れ仏法に依りて、呪《じゅ》を持《じ》して疾《やまい》を救はむは、禁ずる限りにあらず。

僧尼が吉凶を卜相（うらないを行なったり地相を視ること）したり、小道（原始的および道教的な呪術）や巫術（シャーマニズム）を用いて病気を治療したならば、還俗の刑を科す。ただし、仏法の呪を用いて治療することは禁ずる限りではない、とする規定である。この条は、『大宝令』と『養老令』とで文言に若干の違いがあり、『大宝令』の復元について諸説があるが（ここには『養老令』の条文を掲げた）、条文の本旨は両者大きな差異がないとしてよいであろう。ここに見える「仏法」の「呪」を、ここでは「仏教的呪術」と呼ぶこととしよう。僧尼が非仏教的な呪術を用いることは禁じるが、仏教的呪術を用いることは禁じない、とこの法では規定していた。

次に僧尼令第二十七条には次のようにある。

凡《おおよ》そ僧尼、身を焚《や》き、身を捨てること得ざれ。若《も》し違《たが》へらむ、及び所由の者は、並に律に依りて科断せよ。

この条では、僧尼が焚身《ふんしん》、捨身《しゃしん》を行なうことを禁じている。『大宝令』の注釈書である『古記《こき》』（『令集解《りょうのしゅうげ》』所収）によるなら、「焚身捨身」とは、指に火を灯すこと、身を焼くこと、身の皮を剥《は》いで写経すること、畜生に自分の身体を布施《ふせ》することを指しているという。吉田靖雄氏によれば、こうした行為は仏教経典の説く「捨身行《しゃしんぎょう》」に当たるといい、具体的には、①剥皮身写経、②指灯《しとう》、③焼身、④畜生布施、⑤身肉布施、の五つほどが諸経典に記述されているという。『古記』の解釈は仏典に従った説明であったと言えるであろう。中国においては、こうした行為を実践した僧尼が少なくなく、『比《び》丘尼伝《くにでん》』『高僧伝』『続高僧伝』にいくつもの実践事例が記述、顕彰されているという〔吉田靖雄—一九八八年〕。また、船山徹《ふなやまとおる》氏は、中国における捨身の事例を数多く蒐集して、それらを分類、検討した〔船山徹—二〇〇二年〕。それによれば、中国では五世紀頃から捨身が実行されるようになっていたが（鳩摩羅什《くまらじゅう》などによる経典翻訳の影響が大きいという）、それは具体的には、指灯、焼身、刺血写経（自らの皮を剥いで血で写経をする）、奴婢《ぬひ》となる（奴隷となることで得た財貨で仏法僧を供養する）、捨身往生などの行為であったという。中国では、こうした激烈な行為がかなり広く行われており、それは日本の比ではない。中国においては、捨身に対して賛否両論の意見があったというが、日本の『大宝令』作成者たちは捨身を否定し、これを禁止するという立場を選択した。それでも、八世紀初頭の頃、行基集団のように、中国流の捨身行為を導入するようなグループが出現するようになってきたのである。

先に引用した、弾圧の詔によるなら、弾圧以前の行基集団の活動には、指灯、剥皮写経などの捨身行為が含まれていた。すでに述べたように、行基は、弾圧に対応して活動を転換しており、交通施設、灌漑施設などの造営は弾圧後の活動として開始されたものであった。行基の活動には、おそらく呪術という側面においても、弾圧以前と以後とに変化があり、それは、一部の過激な仏教的呪術や、異端的、逸脱的な呪術をやめることとし、許される仏教的呪術にその呪術を一本化していくという変化であったと推定される。

行基と雑密

「正倉院《しょうそういん》文書」に、次の優婆塞貢進文《うばそくこうしんもん》がある（続々修二十八の五、『大日本古文書』二四巻、三〇二頁）。

丹比連大歳　大養徳国城下郡鏡作郷戸主立野首斐太麻呂戸口
読経　法華経一部並破文
　　　最勝王経一部
　　　千手千眼経
　　　薬師経　「反（異筆）」
誦経　八名普密経

多心経
観世音経
師主薬師之寺師位僧行基
浄行五年

優婆塞貢進文とは、政府公認の得度《とくど》を願い出る時に提出する申請文書のことである。ここでは丹比連大歳《たじひのむらじおおとし》なる人物の得度が申請されているが、「師主《ししゅ》」が行基と記されているから、行基の弟子であったことが知られる。この文書は年月日を欠いているが、井上薫氏の考証によるなら、天平十二年（七四〇）以後、十七年（七四五）以前のものと推定できるという〔井上薫―一九五六年〕。行基が政府から高い評価を得た後のもので、行基は師主として弟子の得度を申請したのである。

ここに列挙されている経典は、これまで丹比連大歳が政府公認の得度（官度《かんど》）を目指して読誦《とくじゅ》してきた経典であるが、これが興味深い。最初の二つ、『法華経』と『金光明最勝王経《こんこうみょうさいしょうおうきょう》』は、官度を得るための必修の経典であったから（『続日本紀』天平六年十一月戊寅〈二十一日〉条）、官度を望む者は全員が学ぶ経典であった。また末尾の『多心経《たしんぎょう》』（『般若心経』のこと）と『観世音経《かんぜおんきょう》』（観音経、『法華経』

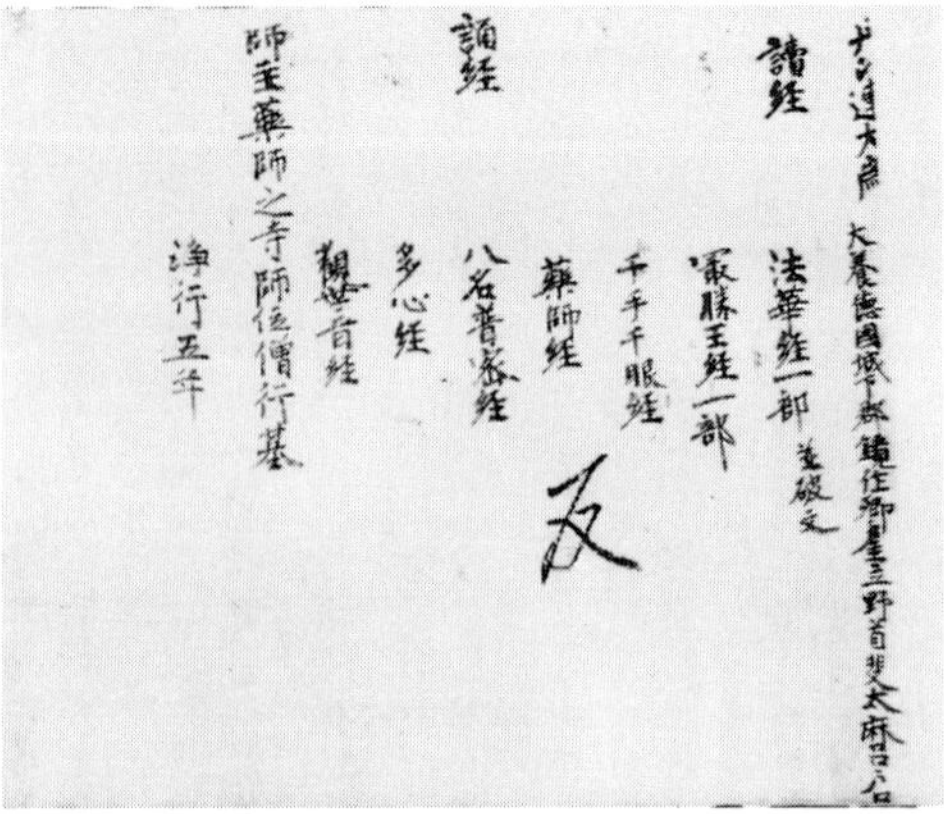

優婆塞貢進文（正倉院宝物）

の観世音菩薩普門品《かんぜおんぼさつふもんぼん》のこと）は基礎的経典と言ってよいと思う。問題はそれ以外の経典である。

行基の「遷化伝」には、行基は「瑜伽唯識論」を学んだとあったが、しかしこの弟子はそうした経典は勉強していない。ここにあるのは、雑密《ぞうみつ》系の経典である。八名普密経は、玄奘《げんじょう》訳『八名普密陀《はちみょうふみつだ》羅尼経《らにきょう》』（六五四年訳）のことで、雑密経典。八名普密陀羅尼を唱える功徳《くどく》が広大甚深《じんしん》であることを説く経典である。千手千眼観世音《せんじゅせんげんかんぜおん》は、千の手を持ち、掌《てのひら》のそれぞれに眼を持つ変化《へんげ》観音で、千の眼を持つとされるインドラ神の影響を受けて成立した雑密の観音である。千手千眼経は、伽梵達摩《かぼんだるま》訳『千《せん》手千眼陀羅尼経《じゅせんげんだらにきょう》（千手千眼観世音菩薩広大円満無礙大悲心陀羅尼経《こうだいえんまんむげだいひしんだらにきょう》）』（六五〇年訳）のことで、雑密経典。千手千眼観音の陀羅尼（呪）の功徳を説く経典である。『日本霊異記』下巻第十二には、盲人が千手観音を信心し、日摩尼手《にちまにしゅ》（千手観音の火の珠を持っている手、盲人の信仰を集めていた）を称念して目が見えるように祈ったという話が見える。千手千眼観音は、八世紀の日本で、すでに人々の信仰を集めていたと言ってよいであろう。さらに薬師経は、現世利益《げんぜりやく》的志向の強い経典であり、ここで用いられた漢訳が玄奘訳『薬師如来本願経《やくしにょらいほんがんきょう》』（六五〇年訳）であるなら、密教的傾向が著しいものとなっている。

雑密とは密教の一分類で、日本では、空海によって将来された体系化された密教を「純密」、それ以前の非体系的な密教を「雑密」と呼ぶことが多い。頼富本宏《よりとみもとひろ》氏によれば、雑密は、諸尊《しょそん》の陀羅尼を唱えることを中心として、「治病・求児・延命などの現世的な御利益」を目的とする密教であるという〔頼富本宏—一九八四年〕。仏教的呪術を正面から取り上げるものと言えるであろう。観音経にしても、観音力を念じることによってさまざまな災厄をまぬがれることを説いており、現世利益の要素が大変大きい。行基の弟子は、そうした雑密系、現世利益系の経典を学んでいた。

もっとも、現存する奈良時代の優婆塞《うばそく》・優婆夷《うばい》の貢進文を見てみると、雑密、現世利益系の経典を学ぶのはむしろ一般的傾向であったとすべきだから、行基の弟子のみの特色ということはできない。こうした仏教的呪術の重視は、八世紀の日本仏教の一つの特色とすべきであり、行基集団もそうした潮流の中にあったと見るべきであろう。いや、そうした潮流の形成に、行基集団も大いに関わったと言うべきで、この文書はそうした事情を伝えてくれる貴重な史料となっているのである。

6　霊異と義解

『日本霊異記』中巻第七

唐の仏教で重視されていた神異、感通、あるいは捨身、亡身の思想は、八世紀の日本に本格的に導入され、これを実践する僧尼が活動した。行基は八世紀前半を代表する「霊異神験」の僧であった。中国では、神異の僧と言えば、最初に名が出るのは仏図澄であったが、日本では行基ということになるだろう。では、唐で重視されていた訳経や義解はどうであろうか。「訳経」は、中国の文字、文（漢字、漢文）を用いていた古代日本においては、そもそも成立しない行為であり、仮名文字が誕生した後も、経典の全文を漢字仮名交じり文にするという作業は発達しなかった。漢文経典を漢字仮名交じり文にするという作業は、近代になってようやく開始されたと言ってよいであろう。

閻魔大王に懺悔する智光　『元興寺極楽坊縁起』上巻より（元興寺所蔵）

「義解」はどうか。むずかしい経典の内容を的確に理解し、解釈し、講義する。さらにはその注釈を書物にまとめるという営為は、倭・日本においては、仏教伝来後、かなりの時間を経てようやくはじめられた。かつては、早く推《すい》古《こ》朝に、聖徳太子が天才的能力を発揮して三つの経典の注釈書（三経義疏《さんぎようのぎしよ》）を著作したと考えられてきた。しかし、近代歴史学は、聖徳太子の実像を明らかにする研究を積み重ねる中でこれを否定し、「三経義疏」は厩戸王《うまやとのみこ》の真作ではなく、中国で著作された文献であることを明らかにしてきた。この書物を除いて考えてみると、日本人が著作した注釈書、教学書は八世紀中頃にまで下る。学解にたけ、注釈書や教学書を著わすような僧は、八世紀中頃以降ようやく日本にも出現したと言ってよい。

その最初期に活動した僧に智光（七〇九〜宝亀《ほうき》年間）がいる。智光は、中国の吉蔵《きちぞう》（五四九〜六二三）の教学を引く三《さん》論《ろん》の学僧であり、また阿弥陀《あみだ》信仰（浄土教）の研究家であり、いくつもの経典の注釈書を著わした著述家であった。

『日本霊異記』中巻第七は、この智光と行基とを対照的に描く興味深い話である。

智光は生まれつき聡明な智恵第一の僧で、盂蘭盆経《うらぼんきよう》、大般若経、般若心経などの注釈書を著作し、学生たちに仏教の教学を教える者であった。一方、行基という者がいた。彼は内面は菩薩の段階に達していたが、外見は声聞《しようもん》の姿をとっていた。聖武天皇は行基を尊重し、時の人々は彼を「菩薩」と呼んだ。行基が大僧正に任命されると、智光は嫉妬の心をおこして行基をそしり、不満を言った。すると、智光はたちまち病気になり、命を失って、閻魔王に召されてしまい、次々と地獄をめぐらされた。智光がこうした苦しみを受けるのは、行基菩薩を誹謗したからであり、その罪を滅ぼすためだという。その後、智光は地獄から帰ることを許され、何とか生き返ることができた。その頃、行基菩薩は難波で橋を造ったり、船津を造ったりする活動をしていた。智光は行基のもとを訪ね、かつて嫉妬のあまり、悪口を言ったことを懺悔して謝罪した。以後、智光は行基菩薩を信じ、彼が「聖人」であることを明らかに知ったという。

何とも強烈な話である。だが、『日本霊異記』は、日本でおこった「霊異」を蒐集、顕彰しようという編集方針でまとめられた書物であるのだから、同書において、霊異の僧行基の方が義解の僧智光よりも高く評価されるのは、当然といえる。こうして、義解の僧は霊異の僧に説話の中で敗北した。では、現実の歴史においてはいかがであったろうか。

霊異神験と日本仏教

八世紀後半から九世紀初頭にかけて、日本では教学研究が進展し、いくつかの教学書、注釈書が著わされていった。天長《てんちよう》年間（八二四〜八三四）になると、淳和《じゅんな》天皇の命令によって、各宗が自宗の教義や特色を書物にまとめて進上することとなり、華厳《けごん》、天台《てんだい》、律《りつ》、三論、法相《ほっそう》、真言《しんごん》の六宗がそれぞれ書物を撰述した。この六書は「天長六本宗書」と呼ばれているが、それらは平安時代初期を代表する教学書となっている〔曽根正人―二〇〇〇年〕。以後、平安鎌倉時代を通じて古典仏教の世界では、教学研究が継続、発展し、義解の僧が輩出されていった。だが、その一方、霊異神験も奈良平安鎌倉時代を通じて重視され、むしろそれは義解を凌駕《りょうが》したと言ってよいと思われる。特に、仏教的呪術を体系化した真言密教が空海によって導入されると、霊異神験の優位は確立したと言えよう。

霊異の僧行基は、平安鎌倉時代の僧尼、文人たちから、ただ人ならぬ聖人として回顧、再生され、やがて文殊《もんじゅ》菩薩の化身であるとする評価（その初見は『日本霊異記』）が確立、定着するに至った。観音菩薩の化身とされた聖徳太子と、文殊菩薩の化身とされた行基は、平安鎌倉時代の仏教に大きな影響を与え続けていったのである。

四　東アジアの中の神仏習合

日本の神仏習合《しんぶつしゅうごう》を考えるには、神仏習合のはじまった八世紀中頃から中世前期までの時期と、中世後期以降の時期とに区分して考察する必要がある。この小文は、そのうちの前者の、しかもその初発の部分についての私見を述べるにとどまるものである。だが、この時期の神仏習合は以後の習合のあり方を最初に大きく規定したものであって、これを正しく理解しておくことは、日本の神仏習合史の全体像を考える上で欠かすことができない。

神仏習合をどう理解するか

神仏習合というと、日本宗教史、日本文化史の特質の一つとして論じられることが多く、日本固有の宗教観念から発生した現象のようにとらえる見解も少なくない。しかしながら、宗教がさまざまな形で習合することは広く世界的に見られる一般的現象であって〔M・エリアーデ―二〇〇〇年〕、東アジア世界においても普通に見られると言ってよい。日本のみの固有の宗教現象ではないのである。在来の神々と外来の仏教との習合も、すでに中国において広く展開していた。中国仏教では、仏教と神々とが習合するにあたって、これを説明し、正当化する論理が生み出され、くりかえし説かれてきた。私見では、日本古代の神仏習合は、中国の神仏習合の強い影響を受けたものであって、神宮寺《じんぐうじ》（神社など神をまつる施設に併設して建立される寺院のこと）の建立や、神前読経《しんぜんどきょう》（神に対して仏教の経典を読経すること）などの際に語られた説明、用語は、中国仏教で説かれていたそれをそのまま借用したものと考えてよい。古代日本は、朝鮮半島や中国から仏教を受容したが、その際、あわせて神仏習合のあり方やその論理、用語も、受容、模倣したと考えられる。それゆえ、日本の神仏習合を考えるには、中国仏教圏全体で進展した神仏習合を視野に入れて考察する必要がある。

辻善之助の学説

辻善之助《つじぜんのすけ》が一九〇七年（明治四十）に『史学雑誌』に六回連載で発表した論文「本地垂迹説の起源について」（のち辻善之助―一九八三年）は、その後の神仏習合研究に決定的な影響を与えた雄篇であった。辻は、多くの関係史料を逐一掲げ、それらに厳密な史料批判を加えて信頼できるものとできないものとに弁別し、最初期の神仏習合の姿を実証的にときあかした。そして論じるところを総括して、「神明は仏法を喜ぶ、……神明は仏法を擁護する、……神明は仏法によりて苦悩を脱する（神明は衆生の一である）、……神明は仏法によりて悟を開く、……神即菩薩となる、……神はさらに進んで仏となる、……神は仏の化現したものである」と述べて、日本の神仏習合思想は、「護法善神《ごほうぜんしん》」の思想から「神身離脱《しんしんりだつ》」の思想へと進み、そこから「本地垂迹説《ほんじすいじゃくせつ》」へと歴史的に進展していったという見解を提示した〔「護法善神」「神身離脱」「本地垂迹説」についてはⅠ

山折哲雄《やまおりてつお》氏が論じたように、辻説は「定説」の位置を占め、その後の研究の大枠を形づけた〔山折哲雄—一九八四年〕。辻以降の研究は、辻説をさらに精緻《せいち》に展開したり、あるいはそうした神仏習合思想をいくつかの類型に分解して理解を深めようとしてきたが、基本的には辻の設定した枠組みを踏み出すものではなく、これを継承してきたと理解してよい。

津田左右吉の批判

辻説に対しては、かつて根本的な批判が提起されたことがあった。それは津田《つだ》左右吉《そうきち》による批判である。津田は、「日本の神を輪廻《りんね》の苦に悩むものとし、仏法に帰依して解脱《げだつ》を得たいという希望を有つてゐるものとしたのは」仏家の説に他ならないと述べ、「神が僧の前に現はれて法を聴いたとか、戒をうけたとか、また済度《さいど》を乞《こ》うたとか、いふ話はいろいろに作られてゐて、高僧伝《こうそうでん》などにも記してあるから、日本の仏家のかういう説には、一つは、それから示唆《しさ》せられたところもあらう。この思想の由来はいふまでもなくインドにあるが、日本の仏家の考としてはかう見られよう」と説いている〔津田左右吉—一九六四年〕。すなわち津田は、こうした思想を中国仏教の思想を輸入したものだと理解しているのである。

津田説は、今日ではまったくと言ってよいほど顧みられることなく、これを継承する論も見うけないが、私は津田説に共感を覚える。ただ、津田は一点も史料を掲げず、結論のみを短文で記したので、その論は必ずしも明快ではなく、説明不足の部分があった。しかし、辻善之助説およびそれを継承する論のほとんどが、神仏習合を日本国内で自生的に発生、展開したものとして説いているのは疑問である。そこには、神仏習合思想の受容という大事な論点がぬけおちてしまっている。私は、津田が説いたように、こうした思想は中国仏教の思想を受容したものであると考えている。

神宮寺の建立と神身離脱の思想

①気比神宮寺《けひじんぐうじ》の創建に関わる史料（『家伝《かでん》』下「武智麻呂伝《むちまろでん》」）、②若狭《わかさ》の神願寺《しんがんじ》の創建に関わる史料（『類聚国史《るいじゅうこくし》』巻第百八十、天長六年〈八二九〉三月乙未条）、③多度神宮寺《たどじんぐうじ》の創建に関わる史料（「多度神宮寺伽藍縁起《たどじんぐうじがらんえんぎ》幷《ならびに》資財帳《しざいちょう》」）、④香春神宮寺《かわらじんぐうじ》の創建に関わる史料（『続日本後紀《しょくにほんこうき》』承和《じょうわ》四年〈八三七〉十二月庚子条、『叡山大師伝《えいざんだいしでん》』）、⑤奥《おく》嶋神宮寺《しまじんぐうじ》の創建に関わる史料（『日本三代実録《にほんさんだいじつろく》』貞観《じょうがん》七年〈八六五〉四月二日条）、⑥勝道《しょうどう》による日光の補陀洛山《ふだらくさん》の神宮寺の創建に関わる史料（空海《くうかい》『性霊集《しょうりょうしゅう》』巻二）、あるいは⑦陁我大神《たがのおおかみ》が仏教に帰依《きえ》する『日本霊異記《にほんりょういき》』下巻第二十四などには、神が自分の境遇をなげき、仏法に救いを求めるという話が見える。そこでは、神たちは、重い「罪業《ざいごう》」のために「神道《しんどう》」の「報」をうけてしまったとか、「宿《すく》業《ごう》」のために「神」となってしまったなどと身の上を告白し、「神身」は「苦悩」が深いので「神道」をまぬがれたいとか、「神身」を「離」れたいとか、「業道《ごうどう》」の「苦患《くかん》」から救われたいなどと述べて、「三宝《さんぼう》」「仏法」に帰依したいと願っている。こうした思想は、神が神の身を離れたいと希望するところから、「神身離脱」の思想と呼ばれている。こうして神宮寺が建立されたり、神前読経がなされるにいたったのだという。

なお、これらの史料では、神が人々に自らの意志を伝達する時、（a）夢の中に現れて意志を伝える、（b）人に憑《つ》いて託宣《たくせん》をもって意志を伝える、のどちらかである場合が多いことも注目される。

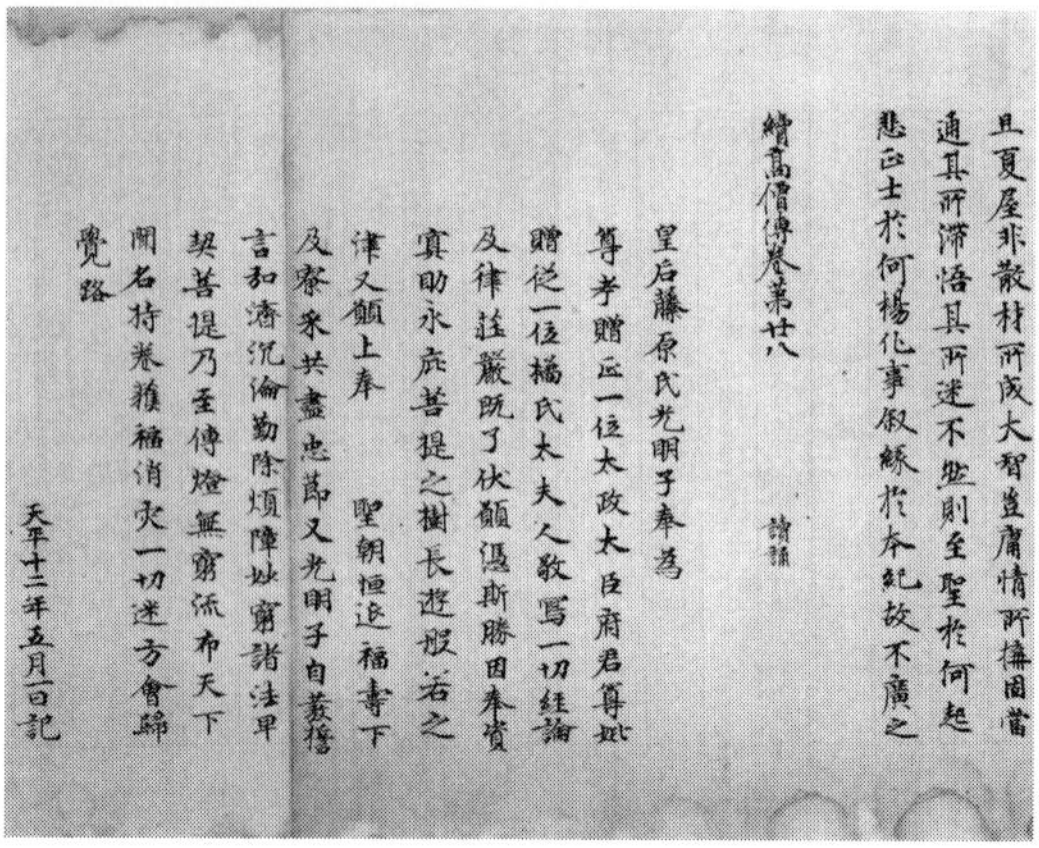
且夏屋非散材所成大智豈庸情所攝固當
通其所滞悟其所迷不然則至聖於何起
悲四士於何揚化事叙縁於本紀故不廣之

續高僧傳巻第廿八　讀誦

皇后藤原氏光明子奉為
尊考贈正一位太政太臣府君尊妣
贈従一位橘氏太夫人敬寫一切経論
及律莊嚴既了伏願憑斯勝因奉資
冥助永庇菩提之樹長遊般若之
津又願上奉　聖朝恒延福壽下
及寮采共盡忠節又光明子自発誓
言弘濟沉淪勤除煩障妙窮諸法早
契菩提乃至傳燈無窮流布天下
聞名持巻獲福消災一切迷方會歸
覺路

天平十二年五月一日記

『続高僧伝』巻第二十八（光明皇后五月一日経より）
天平十二年（740）（京都国立博物館所蔵）

中国の神の意志伝達方法と一致するからである。

中国の仏教文献に同様の話

唐《とう》の道宣《どうせん》（五九六～六六七）の『続高僧伝《ぞくこうそうでん》』巻第二十五（巻第三十五とするテキストもある）の「法《ほう》聡《そう》伝」には、海塩県《かいえんけん》鄱陽府《ばんようふ》の「君神《くんしん》」が「祝《しゅく》」に神がかりして、法聡法師の講説を聞きたいと希望したという話が見える。希望がかなって経典の講説がなされると、神は再び「祝」に憑《つ》いて、法師の講説によって「神道」の「業障《ごうしょう》」による「苦悩」から脱することができたと告げた、という。ここには日本古代の神仏習合と同一の用語、論理が見え、注目される。

また、梁《りょう》の僧祐《そうゆう》（四四五～五一八）の『出三蔵記集《しゅつさんぞうきしゅう》』巻十三や梁の慧皎《えこう》（四九七～五五四）の『高僧伝』巻第一「安世高伝」に見える安世高の話も注目される。安世高は昔の同学を済度《さいど》せんと述べて廬山《ろざん》に赴いた。昔の同学とは廬山の䢼亭《きょうてい》の湖廟《こびょう》の神であった。神は「祝」に神がかりして安世高を呼び、自分は前世、外国の出家者であったが、瞋怒《しんど》の心がやまず、そのため「神報」に堕《だ》してしまったと告げ、布施《ふせ》を行なうから塔を建立してほしいと希望した。やがて神が姿を現わすと、それは長大な大蛇であった。安世高は絹などの廟物《びょうもつ》を財源にして寺を建立した。去ろうとしたところ、一人の少年が姿を現わした。神が「悪形」を「離」れて転生《てんしょう》したのがこの少年であった、という。この話は神身離脱の話そのものであって、日本古代の神仏習合思想の原型を示すものとして注目される。

なお、神が語った前生譚《ぜんしょうたん》や布施の話は、⑦『日本霊異記』下巻第二十四の話と大変よく類似している。⑦の話は、中国仏教、中国思想の強い影響をうけて成立したものと理解しなくてはならないだろう。また、神が蛇の姿をしていたとか、いかりの心（瞋怒）を有していたということも、わが国の神観念に影響を与えている可能性が高く、注目されるところである。

中国仏教と神

『高僧伝』『続高僧伝』などの中国の仏教文献には、しばしば神が登場する。彼らは山に住む「山神《さんしん》」であったり、「樹神《じゅしん》」である場合もある。中国の高僧たちは「名山」を歴巡《へめぐ》って山の神たちを済度し、その山に寺塔を建立していったという。神が山中にある「石室」を僧に譲渡し、そこに「寺舎」が建立されたという話もある。また、山の聖なる木を伐って、それを材にして仏具が作られたという話もある。

神たちはしばしば「夢」でその意志を伝え、姿を現わすと、虎や蛇の形をしていたり、常人とは異なる特別の姿、異形《いぎょう》で登場することもあった。女性の姿に化して出現したという話もある。神たちは、仏教に帰依し、僧から「戒」を受け、あるいは読経や講説を聴聞して救いを得たという。その際、布施が提出されることがしばしばあった。中国では、そうした説明、論理によって、山岳仏教が大いに発達し、いくつもの山岳寺院が建立されていった。

中国の天台山国清寺の伽藍殿

天台山は智顗が天台宗を開いた山で，国清寺はその中心寺院．最澄も入唐して天台山を訪れた．伽藍殿は在地の神をまつる殿舎．現在の建物は文化大革命の廃仏以後に復興したもの．

伽藍殿にまつられる伽藍神の王喬

王喬は仙人で，王子喬または太子晉とも．中国の仙人を集めた『列仙伝』に伝があり，孫興公の「遊天台山賦」（『文選』）や葛野王の「遊龍門山」（『懐風藻』）にも出てくる．天台山はこの仙人が守護する山と観念されるようになっていた．

護法善神の思想

神が仏法に帰依した後、「善神」となって、僧や寺あるいは塔を守護したという話も中国文献に多数見える。神が仏教の守り神、すなわち「護法善神」になるという思想である。「善神」の「神像」（画像である）が、高僧によって「手づから」造立されたという話も見える。

日本の関係史料では、たとえば④や⑥で「善神」が「守護」するという思想が語られている。また

『日本霊異記』を見ると、中巻第一、第三十五、下巻第十、第十八、第二十九、第三十三に、「護法」「善神」「護法神」が登場する。そこでは、神は僧を迫害したり、仏教に敵対する人物に厳罰を加える存在として描かれ、あるいは僧が難に遭いそうになった時に、これを護り助ける存在として描かれている。こうした「護法善神」の考え方は、系譜上はインド仏教までさかのぼりうるものであるが、日本のそれは、直接的には中国仏教で説かれていた思想、用語を受容したものと理解すべきであろう。

神仏習合外来説

日本の神仏習合は、中国仏教で説かれていた神仏習合思想を受容して開始されたものだと私は考える。中国仏教を学んで帰国した道慈《どうじ》、あるいは最澄《さいちょう》、空海《くうかい》などは、中国における神仏習合に深い理解を示し、その思想を日本に伝えたと考えられる。また、鹿島《かしま》神宮寺や多度神宮寺、あるいは箱根《はこね》山の神宮寺を開創したという満願《まんがん》（万巻）の活動や、日光の補陀洛山の神宮寺を開創したという勝道《しょうどう》の活動も、名山を歴巡ったという中国の高僧たちの活動の強い影響を受けたものと理解すべきものであろう。

万巻上人坐像（箱根神社所蔵）

日本の神仏習合を理解するには、中国仏教圏全体で進展した神仏習合を視野に入れて考察する必要がある。中国を中心とする東アジア世界において、文明としての仏教がどのように受容され、定着していったのかという観点も重要であろう。もとよりその動向には、地域、国家によって差異も見られる。日本の神仏習合を考察するには、中国や朝鮮半島の神仏習合と比較して、その共通性と差異を明らかにする作業を行なう必要があると私は考えている。

〈付記〉私見の詳細については「多度神宮寺と神仏習合——中国の神仏習合の受容をめぐって——」〔吉田一彦—一九九六年〕を参照されたい。また、その後関連する論考を発表したので、あわせてご参照いただければ幸いである〔吉田一彦—二〇〇五年、二〇〇六年a〕。

Ⅲ　古代の女性と仏教

高野山の女人堂

一　女性と仏教をめぐる諸問題

女性と仏教

はじめになぜ女性と仏教というテーマをとりあげるのかについて述べたいと思います。

「日本仏教史」といった書名の書物をひもときますと、名高い僧の話がずらりと出てきます。聖徳太子から始まって、行基《ぎょうき》に鑑真《がんじん》、最澄《さいちょう》や空海《くうかい》、また円仁《えんにん》や円珍《えんちん》、空也《くうや》や源信《げんしん》。鎌倉時代になりますと、法然《ほうねん》、親鸞《しんらん》、栄西《えいさい》、道元《どうげん》、日蓮《にちれん》、一遍《いっぺん》といった新仏教の開祖《かいそ》たち。あるいは叡尊《えいそん》、忍性《にんしょう》、明恵《みょうえ》といった改革派の僧たち。そして中世後期となりますと、蓮如《れんにょ》などが登場してきます。こうした「高僧」とされる僧たちの伝記を記述し、それからその教え、教義を解説し、さらに彼らを開祖とする宗派の成立や教団の歩みを述べるのが、これまでの「日本仏教史」の一般的な語り方です。

そこには女性はほとんど出てきません。また、仏教と国家との関係、社会との関係、寺院の経済活動、神仏の習合《しゅうごう》といった研究でも女性は少ししか出てきませんし、個別寺院の歴史を研究するのでも、尼寺がとりあげられることは稀です。しかし、実際に史料を読んでいますと、随所に女性が出てきますし、調査にうかがって現場の史料を拝見しますと、多くの女性が登場し、当然のことですが、日本の仏教にはたくさんの女性が関わりを持っていたということに気づきます。

これはおそらく仏教に限らないのだろうと思います。多くの宗教において、女性は重要な役割を担っているように感じられます。また過去に限らず、現在でもさまざまな宗教団体に加入されている信者さんたちをみますと、女性信者の割合がかなり高いようです。現在の日本の宗教団体の多くは、女性信者によって支えられているという色あいがあります。一方、伝統的な仏教のお寺の方はどうかといいますと、高齢の女性の信者たちが日常の活動を支えているように見えます。ですから、女性信者のことをぬきにしては、日本の宗教の歩みをとらえることはむずかしいと考えています。また現在では、尼や尼寺の数はそれほど多くはありません。しかし歴史をさかのぼってみますと、僧と並んで尼が大いに活躍した時代がありました。尼寺の数も少なくなく、社会の中で一定の役割をはたしていた時代もありました。皇族や貴族、あるいは武家の女性がいくつかの理由で出家《しゅっけ》し、家の中で、あるいは寺に入って生きていくということもありました。そういった側面にもう少し光を当てると、従来の日本仏教史とは別のとらえ方で、歴史を見ることができるように思います。

また、女性と仏教という視点は、「仏教史」という分野を離れても、新しい見方を与えてくれるのではないかと考えます。たとえば、日本の文学、芸能、美術を理解するにも、この視点が役に立つように思いますし、日本の文化史や社会史をとらえ直すのにも、そして何よりも女性史を考える上でも、有効であろうと思います。

1　研究のあゆみ

（1）　第Ⅰ期の研究

最初に「女性と仏教」に関するこれまでの研究をみておきます。戦前には、遠《えん》藤元男《どうもとお》氏による先駆的な研究があります〔遠藤元男―一九三六年、一九三七年a、b〕。これは今日から見ても立派な研究だと思いますが、当時はほとんど注目されることがありませんでした。

笠原一男氏の研究

戦後の歴史学で、初めてこの研究テーマに本格的に取り組んだのが笠原一男氏です。『女人往生思想の系譜』をはじめとして、いくつかの論著を発表されました。小栗純子《おぐりじゅんこ》氏と共著のものもあります〔笠原一男―一九七五年、一九八三年、笠原・小栗―一九八五年、小栗純子―一九八七年〕。笠原氏の議論はおおよそ次のようです。

①古代仏教は女性を拒絶しており、女性は仏教の救済の対象から除外されていた。経典には「女性は地獄の使《つかい》」などと書いてある。古代の寺院、特に山寺は、「結界《けっかい》」をして女性の立ち入りを拒否していた。それらの寺院は、女性を差別する思想に基づいて女性を拒否していた。

②時代が中世となっても、いわゆる「旧仏教」は古代仏教の延長であって、同様に女性は仏教の救

済の対象外であった。

③しかし、鎌倉新仏教は違う。新仏教の開祖（法然、親鸞、道元、日蓮）によってはじめて女性にも救済の手がさしのべられた。こうして「女人往生思想」「女人成仏《じようぶつ》思想」が誕生した。

笠原氏は、日本の古代仏教は、女性を救われる素質のないものであると決めつけて対象外とし、結界を行なって女性の立ち入りすら拒否していたとします。また、女性は国家や権力者に連なる、いわば公式の仏教の世界で拒否されていたばかりではありません。民間の仏教――古代でも民間に少しは、仏教が広まっていたと笠原氏はお考えのようですが――の世界でも、女性の成仏や往生は大変難しいものであったとしています。古代の巷《ちまた》では、女性にも仏教が開かれていたのですが、しかしそこで女性が往生や成仏をとげるには、難行苦行の宗教的条件と厳しい人間的・倫理的条件とが必要とされたので、実際には往生、成仏は高嶺《たかね》の花、絵にかいた餅であり、ほとんど不可能であったと言います。古代仏教の世界では女性はまったく問題外でありました。こうした状況は平安・鎌倉時代と続きますが、鎌倉時代になって新仏教の開祖たちが誕生するにおよんで、はじめて、女性にも救われる道が開かれたとして、法然、親鸞、道元、日蓮、蓮如らの女人往生・女人成仏に関する言説を解説します。こうして笠原氏は、新仏教の開祖たちを高く評価されます。しかし、この見解には多くの問題が含まれており、支持することができません。

笠原説の問題点

笠原説については、すでに牛山佳幸《うしやまよしゆき》氏や平雅行《たいらまさゆき》氏による批判があります（牛山佳幸―一九九〇年、平雅行―一九九二年）。私も次のような問題点を感じます。

①史料に基づかない見解で、特に古代については、ほとんど古代の史料を参照しておらず、事実ではない。
②鎌倉新仏教を高く評価したいという歴史観に基づく見解である。
③「往生」や「成仏」を中心に古代仏教、あるいは日本仏教全体を検討する視角が妥当かどうか。これもまた、新仏教中心史観ではないのか。
④古代仏教や中世の古典仏教（旧仏教）は国家や貴族の仏教であって、民衆とはかけはなれたものであったという見解をとるが、これも事実とは異なる。
⑤新仏教も「五障《ごしょう》」の教えや「変成男子《へんじょうなんし》」の教えを説いているが、そこを過小に評価している。

笠原氏は経典の記述を史料として論を立てました。しかし経典はインド文献です。また法然の書物（『無量寿経釈《むりょうじゅきょうしゃく》』）を見ると、女性は障《さわ》り多い身なので成仏や往生は男性に比べて大変に難しく、そのため旧仏教の諸山、諸寺は女性を拒否しているという記述があります。笠原氏は、それをそのまま史料として採用して古代仏教を論じるのですが、古代のことを論じるには同時代の史料を用いなくてはいけません。それが歴史研究の基本です。「六国史《りっこくし》」など古代の史料を一読しますと、わが国最初の出家者が女性であったとされることをはじめとして、女性が仏教から拒否されていたというのとはまったく別の姿が浮かび上がってきます。笠原氏は中世史の研究者ですから、古代史の史料は取り扱わないのかもしれません。ほとんど新仏教関係の史料だけを用いて論を立てました。しかし、他の史料も見なくては女性と仏教の歴史を述べることはできないと思います。

ただ笠原氏は、古代の史料では『日本霊異記《にほんりょういき》』にふれています。『日本霊異記』には、仏教を信心した女性や女性の仏教者の話がいくつも出てきますが、そこには「往生」「成仏」といった表現が見当たりません。そこで氏は、これは真の仏教の救いとは言えないとして否定してしまいます。しかし、往生や成仏を重視するのは新仏教の特色、あるいは近代の仏教学に基づく価値判断なのであって、ということは、新仏教の基準から見れば、古代仏教には異なる信心があったというだけの話です。男性でも「往生」「成仏」を基準として古代仏教を見ることはできません。したがって、『日本霊異記』の世界において、女性が仏教の救いから切り捨てられていたとは言えないと思います。

能「海士」（観世喜正，神遊提供）
讃岐の志度の浦の海士（藤原房前の母）は，竜神から宝の珠を取り戻したが，出血のため息たえてしまった．後シテでは，竜の飾りのついた輪冠を戴いた竜女の姿で登場し，女人成仏を喜ぶ早舞を舞う．

五障と変成男子

次に「五障」や「変成男子」の問題があります。新仏教の開祖たちも、ほとんどは五障の教えや変成男子の教えを説いていて、彼らの女人往生思想、女人成仏思想は、これらの教えに立脚したものです。そもそも経典には、女性を差別する文言がいくつも書かれていますが、私の考えでは、原始仏教、部派《ぶは》仏教の経典と大乗《だいじょう》仏教の経典とでは、どうも差別のあり方、その質が異なるように思います。前者は単純に女性を忌避《きひ》するという記述になっています。戒律《かいりつ》を守り、欲望を滅ぼさなくてはならない修行者たちにとって、女性は修行のさまたげとなるから避けるのがよいという思想です。これももちろん男性中心主義の思想です。

ところが、後者の大乗経典の方は、これと違ってもう少し複雑というか、巧妙な理屈を説きます。そこでは、はじめに女性を差別し、女は劣っている、救われない、という話をします。しかし、その次に、私の教団のみはそんな女でも見捨てずに特別に救済するのだというように話が展開していきます。そうした経典の代表は、『法華経《ほけきょう》』と阿弥陀《あみだ》系の経典です。たとえば『法華経』は、「五障」の教えを説きます。女は五種類の立派な存在（梵天《ぼんてん》、帝釈天《たいしゃくてん》、魔王《まおう》、転輪聖王《てんりんじょうおう》、仏陀《ぶつだ》）になることができないという教えです。その五番目に女は仏陀になれないとありますから、女は成仏できないとまずは説くのです。しかしその先があります。わが『法華経』の教えだけは他と違って、女を特別に救うのだと言うのです。ただ成仏する時に、女性は変身して男性になります。これを「変成男子」と言います。阿弥陀系の『大無量寿経《だいむりょうじゅきょう》』にも、女性は女身《にょしん》のままで往生しない（男性に変じる）という、ほぼ同様の教えが見られます。これらは、やはり差別の思想と言わなくてはなりません。

紀元前一世紀から西暦二世紀にかけて、インドの複数の地域で大乗仏教が成立しました。これにはいくつかのグループがありまして、般若《はんにゃ》系が南インドのアーンドラ地方、法華経系が西北インド、阿弥陀系が中央アジア、維摩経《ゆいまきょう》系は東インドのヴァイシャーリー地方で成立、活動しました。それらは信者獲得合戦を展開したようです。それ以前の仏教に対抗する場合もあり、大乗の教団どうしでの競争もあったのでしょう。そこで、わが教団は他と違って女人でも成仏できる、往生できると説き、それを売り文句に布教をいたしました。女性信者を獲得したかったのです。そこで説かれた教えは、差別と救済とが一体となった構造の思想だと私は思います。つまり、大乗仏教は女性を忌避して遠ざけたのではなく、女性を劣った存在だとし、その上で自分の教団はそんな女性も歓迎しますよ、と誘って布教をしたのです。笠原氏がこれこそ女人救済の教えだとした法然、親鸞、日蓮、蓮如などの著作には、この五障や変成男子の教えがしばしば出てきます。それは旧仏教——私は「古典仏教」と呼ぶのですが——の書物と同じように出てきます。これを考えるなら、新仏教が女性を差別していないだとか、はじめて女性を救済したとは言えないように思えます。

古代の国家と仏教、民衆と仏教

笠原氏は、古代仏教は国家仏教であったという見解をとっています。七〜九世紀頃の仏教は、基本的には天皇や貴族といった支配階級の仏教であって、民衆世界にはほとんど仏教は流通しておらず、あったとしても、それは国家の仏教全体に飲み込まれる形で、ごく一部存在したにすぎないとします。また平安時代になっても、国家の仏教や貴族の仏教が中心であって、民衆世界には仏教があまり浸透していないというお考えです。しかし私は、そうした「国家仏教論」には反対で、古代社会において、民衆階級にかなりの程度仏教が流通していたと考えています。

実は、民衆の仏教の問題と女性の仏教の問題は、関係する部分があります。もちろん支配者階級でも女性の問題は大事でありまして、たとえば、持統《じとう》天皇や元明《げんめい》天皇、元正《げんしょう》天皇はあつく仏法を敬い、いくつもの国家事業を実施しました。持統は、わが国最初の中国風の都城である藤原京《ふじわらきょう》を造り、そこに薬師寺《やくしじ》を完成させました。また『金光明経《こんこうみょうきょう》』という経典に基づく国家儀礼を開始し、国家の公式の僧尼を一年に十人ずつ出家（得度《とくど》）させる「年分度者《ねんぶんどしゃ》」の制度も始めました。さらに死後は自ら火葬になりました。七日ごとの法要も彼女から始まります。四十九日や百カ日の法要をいたしました。「天皇」という君主号を採用したのは持統からであろう（もしくは天武の途中から）と考えられており、「日本」という国号も彼女が天皇もしくは太上《だいじょう》天皇の時代にはじまると考えられます〔本書Ⅱ—一参照〕。持統も、元明も、元正も、太上天皇となりましたが、彼女たちが重病となると、病気平癒《へいゆ》のために百人単位で臨時の出家（得度）が行なわれました。元明太上天皇のためには、県犬養橘三千代《あがたいぬかいのたちばなのみちよ》も「入道《にゅうどう》」しました。

この持統天皇の皇統はその後、聖武《しょうむ》、称徳孝謙《しょうとくこうけん》と続きますが、みな仏法をあつく信仰しました。聖武天皇は大仏を造立し、また臨時の得度をしばしば大量に実施しました。彼は退位するとほぼ同時に出家しましたが、これはわが国最初の天皇の出家です。持統皇統は、天皇の出家という点でも注目されます。聖武の妻の光明《こうみょう》皇后も仏教に熱心で、東大寺《とうだいじ》や国分寺《こくぶんじ》・国分尼寺を建立したのは彼女の意向によるものですし、大規模な写経事業も実施しました。東大寺大仏の左右の脇士《わきじ》は、観音菩薩像と虚空蔵《こくうぞう》菩薩像でしたが、観音の方は信勝尼《しんしょうに》、虚空蔵は善光尼《ぜんこうに》という尼が造立したと伝えられています。信勝尼は坂田寺《さかたでら》、善光尼は法華寺の尼で、古代を代表する官尼です。また聖武と光明の娘の称徳孝謙天皇は、退位したのち法華寺で出家し、そのまま再び天皇に復位しました。こうして、日本の歴史上、他に例を見ない出家の天皇、尼天皇が誕生したのが奈良時代であって、支配者階級にとっても女性と仏教の問題はかなり重要です。この時代の政治史はこの点を踏まえないと理解できない部分がたくさんあります。

けれども民衆の仏教の方でも、これと同様に女性と仏教の問題は大切です。笠原氏は、奈良時代も平安時代も、民衆にはほとんど仏教が広まっておらず、民衆仏教は鎌倉新仏教から始まるとお考えになっています。しかし、これは古代史や考古学の研究とは噛みあいません。考古学の方では、各地で発掘調査が行なわれ、中央の記録には現れてこないような地方寺院の跡がいくつも発見されています。七世紀後期から八世紀にかけて、各地に数多くの寺院が造立され、その数は七百以上になるものと思われます。こうした地方寺院は、多く、評造《こおりのみやつこ》、郡司《ぐんじ》クラスの地方豪族によって建立されたことが『出《いず》雲国風土記《ものくにふどき》』『日本霊異記』からわかりますが、村人たちが自分たちで村に仏堂《ぶつどう》を造ったという話も『日本霊異記』にはあります（下巻第十七、第二十八）。

そうした地方の寺院では民衆教化《きょうけ》も行われ、民衆に仏教を広める僧も出ました。六八六年の古写経（『金剛場陀羅尼経《こんごうじょうだらにきょう》』）によりますと、河内国志貴評《かわちのくにしきのこおり》では、「教化僧《きょうけのそう》」の宝林《ほうりん》という人物がリーダーとなって、知識《ちしき》（仏教を信仰するグループ）をひきいて写経を行なったことがわかります。やがて、八世紀になると行基が出現します。行基は民衆に布教をし、橋や池を造ったり、「布施屋《ふせや》」という施設を造営しました。彼の造立した院には尼院が多いことが注目されます。行基には多くの女性信者がおり、

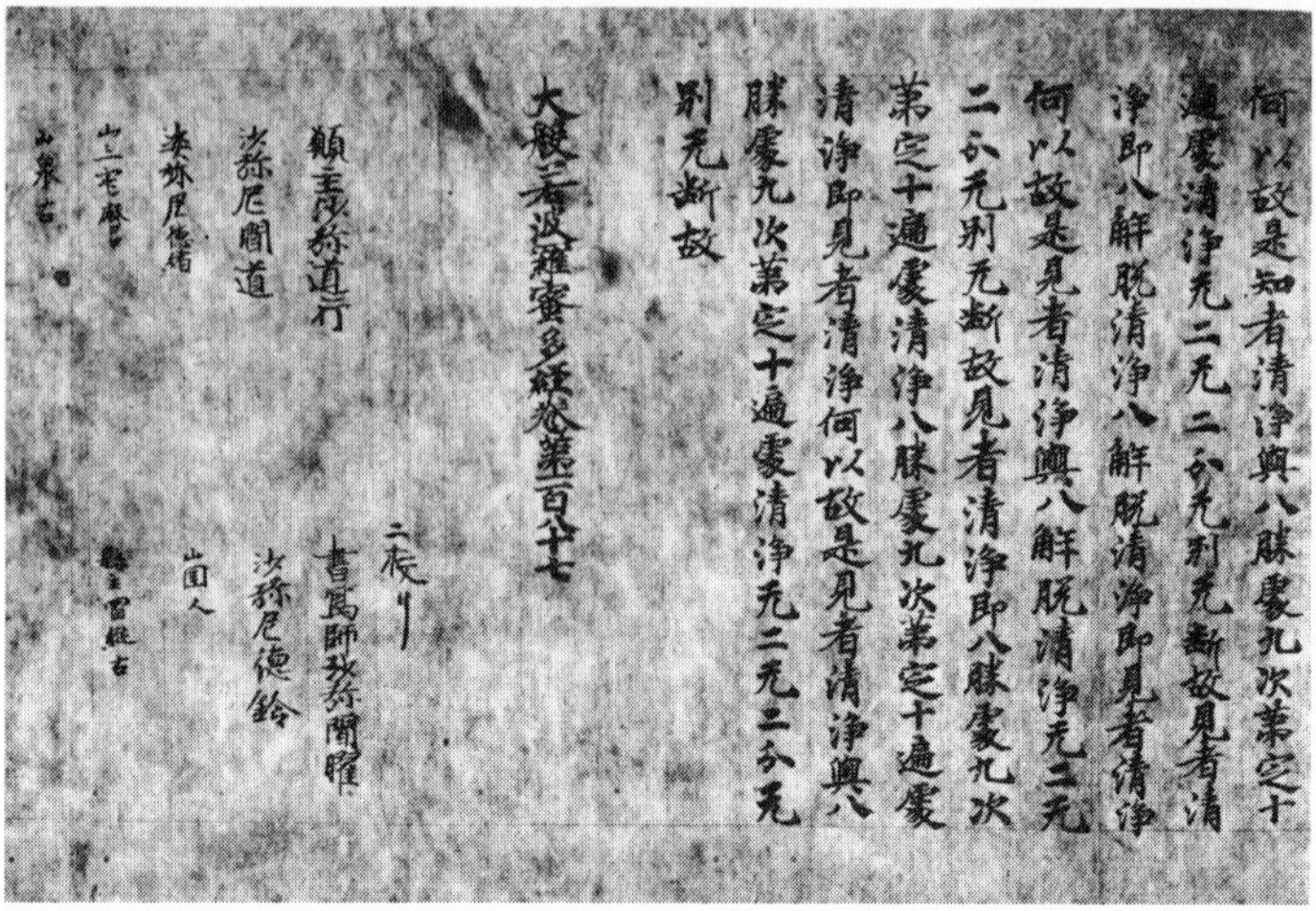

何以故是知者清浄與八勝處九次第定十
遍處清浄无二无二分无別无断故見者清
浄即八解脱清浄八解脱清浄即見者清浄
何以故是見者清浄與八解脱清浄无二无
二分无別无断故見者清浄即八勝處九次
第定十遍處清浄八勝處九次第定十遍處
清浄即見者清浄何以故是見者清浄與八
勝處九次第定十遍處清浄无二无二分无
別无断故
大般若波羅蜜多経巻第百八十七

『大般若経』巻第百八十七（道行知識経）　天平宝字二年（758）（常楽寺所蔵）
沙弥道行が知識を率いて伊勢大神のために行なった写経．沙弥尼も参加した．

出家して尼となり、尼院で生活した者も多数おりました。行基の造立した院は畿内に四十余り——通常「四十九院」といいます——ありましたが、実にその約三分の一が尼院でした。また鑑真《がんじん》の弟子の道忠《どうちゅう》は、東国で民衆教化を行い、「東国の化《け》主《しゅ》」と呼ばれました。東北地方では徳一《とくいつ》も活躍し、民衆の支持を得ていました。『日本霊異記』を読みますと、民衆階級にもかなり仏教が流通していたことがうかがえ、女性の信者も数多く描かれています。仏教は民衆世界でかなり信仰されていたとしなくてはならないのです。

では平安・鎌倉時代はどうでしょうか。新仏教がおこるまで民衆階級に仏教は広まっていないとするのが笠原氏などが説く「鎌倉新仏教論」の一つの中心論点なのですが、これも事実ではないようです。平安・鎌倉時代に古典仏教（旧仏教）は大きな力を持ち、日本列島の各地に末寺《まつじ》を持ちました。東大寺、興福寺《こうふくじ》、延暦寺《えんりやくじ》、園城寺《おんじようじ》、東寺《とうじ》など中央の大寺院は、また荘園《しようえん》領主でもありました。古典仏教の寺院はたいてい神仏習合しており、各地の荘園や公領にはそれらの末寺や末社が広範に展開し、人々はそうした地域の寺院や神社と関わりをもって生活していました。年中行事もしだいに形成されました。民衆は、古典仏教の寺社と関わって生きており、その教えや行事に囲まれていました〔平雅行―一九九二年〕。もちろん、女性たちも仏教と関わっていたのであって、鎌倉新仏教が成立するまで民衆や女性に仏教はとどいてなかった、あるいは仏教の側が拒否していたという見解は事実ではなく、誤りとしなくてはなりません。

松尾剛次氏の見解

笠原説を継承する研究はあまりないのですが、近年では、松尾剛次《まつおけんじ》氏が笠原説を一部修正した上で継承する議論を展開しています。〔松尾剛次―一九八八年、一九九四年、一九九六年〕。松尾氏が笠原説を修正するのは鎌倉新仏教の範囲で、これまで旧仏教の改革派とされてきた、叡尊、忍性、明恵、貞慶《じようけい》などを、鎌倉時代の新しい潮流の中から誕生した僧たちであると位置づけ、新仏教に含めて理解すべきだとします。いやむしろ鎌倉新仏教の中心として理解すべきだとします。この点は笠原説を修正しました。しかし、それ以外はほぼ笠原説と同じとしてよいと思います。

古代仏教や中世の旧仏教（古典仏教）は「官僧」たちの仏教であり、すべて（あるいは本質的に）天皇や国家のための仏教で、そこには民衆や女性に対する救済は見られない。そうした救済活動は、「遁《とん》世僧《ぜそう》」の仏教である「鎌倉新仏教」になってはじめて誕生した。鎌倉新仏教は、それまでの仏教とこの点で異なるものであって、高く評価されなくてはならないという議論です。しかし、この説には笠原説と同じ誤りがあり、事実とは異なると言わざるをえません。

なお、この「鎌倉新仏教」という用語・概念自体に、実は問題があります。「新仏教」が日本社会に広く流通したのは鎌倉時代ではなく、十五世紀後期以降のことと考えられるからです。鎌倉時代には、法然の集団はある程度の規模がありましたが、他の祖師たちはごく少数の弟子を持っていたにすぎません。鎌倉時代のほとんどの仏教は古典仏教です。新仏教は、応仁《おうにん》の乱以後の日本社会の大きな変化と呼応して広まっていきました。私も「新仏教」という用語は使います。しかし、それは鎌倉時代の新仏教という意味ではなく、十五世紀後期以降に日本社会に広く展開した新しい仏教という意味で用いております。この点についても、笠原説や松尾説には事実誤認があるように思います。

（2）　第Ⅱ期の研究——古代史の分野で——

第Ⅰ期の研究が中世史の分野からおこったのに対し、やがて古代史の領域でそれとは異なる視角の議論が提出され、以後の研究に大きな影響をあたえました。ここでは、桜井徳太郎《さくらいとくたろう》氏と牛山佳幸氏の研究を紹介しておきます。桜井氏は次のような見解を述べました〔桜井徳太郎—一九七七年〕。

桜井徳太郎氏の見解

①『日本書紀《にほんしょき》』は、最初の出家者を司馬達等《しばのたつと》の娘の嶋《しま》（善信尼《ぜんしんに》）など三人の女性としており、それを指して「仏法の初《はじめ》、これより作《おこ》れり」と述べている。彼女たちは未通の少女であった。

②初期仏教では尼の数が多く、活躍しており、その傾向は奈良時代にも継続している。
③なぜ尼なのか。仏教伝来以前の倭国の社会はシャーマニズムの要素が色濃く、ファミリーシャーマン（家巫）として女性が活動していた。初期の尼はこれを承け継ぐ存在であった。

『日本書紀』は、わが国最初の出家者を善信尼など三人の尼であるとしています。ただ『日本書紀』は大変厄介な史料で、史実として信用してよい話と信用できない話とが混在しています。何しろ、最初の方は神話です。また神話が終わっても、最初の方の天皇は架空の人物で、どのあたりから信用できるのか、信用するにしてもどの程度信用できるのかは大問題です。記述の信憑性《しんぴょうせい》についての見解は、研究者によって大きく異なります。すでに津田左右吉《つだそうきち》は、戦前、『日本書紀』に書かれていることを逐一検討して、その記述内容の信憑性を論じました。

津田は、善信尼の話について、「三尼の話も、また仏家の所伝から出ているに違いないが、これには何ほどかの事実の根拠があろう」としました〔津田左右吉―一九五〇年〕。桜井氏もこの説を支持して、善信尼の出家の話は信用しうるとしました。私も、次節で述べますが、最初の出家者であるかどうかは別としても、倭国の仏教のごく初期の段階で、善信尼ら三人が出家したこと自体は、史実に基づく記載としてよいだろうと考えています。

また『日本書紀』による限り、初期仏教では尼が数多く活躍しており、その傾向は奈良時代にもひきつがれています。聖武天皇の時代に、光明皇后の発案で、全国に国分寺や国分尼寺が造立されました。これは中国の制度を真似たものですが、しかし、唐《とう》には尼寺に該当するものがありません。隋《ずい》の制度を取り入れて、尼寺を付け加えたのです。国分尼寺の詳細については、勝浦令子《かつうらのりこ》氏が論じています〔勝浦令子―二〇〇〇年〕。

なぜ尼なのか。桜井氏は民俗学の視点によって、こう考えました。仏教以前の倭国《わこく》の社会はアニミズムの段階であって、シャーマニズムの要素が未だ色濃くあった。神がかりして、神の意志を我々人間に伝えるのがシャーマンで、家のシャーマン（ファミリーシャーマン、家巫）が五、六世紀の倭国にはいた。ファミリーシャーマンには女性が多く、その女性が神々の世界と我々の世界とを繋ぐ役割をしていたので、仏教伝来後も女性の方がそうした役割を継承する存在として理解されやすかったとしました。

この見解については、歴史学者から批判があります。神がかりしたのは女性ばかりでなく、男性にも見られます。はたして、シャーマニズムを女性を中心に理解してよいのかという点はなお考えなくてはなりません。また初期仏教の尼と、巫女とを重ねあわせてとらえてよいのかというのもそう簡単ではありません。しかし、倭国の初期仏教には尼が多いという特色があるという指摘は重要です。

牛山佳幸氏の見解

この第Ⅱ期の研究で、その後の研究に決定的な影響を与えたのが、牛山佳幸氏の（a）「律令制展開期における尼と尼寺」、（b）「古代における尼と尼寺の消長」の二本の論文です〔牛山佳幸―一九九〇年収録〕。牛山氏は、初期仏教にたくさんいた尼たちがしだいに差別待遇を受けるようになり、時代を追って減少していくことについて、その理由や画期を考えました。

①初期仏教においては、善信尼など多くの尼が活躍した。また「僧尼令《そうにりょう》」を見ても僧と尼とは平等対等である。位階も僧だけに与えられたものではなく、「僧尼位」であった。
②寺院社会における尼の差別待遇は、八世紀中頃を境に、まず宮中における国家的法会《ほうえ》からしだいに尼が排除され始めるという形態で現れた。
③ついで尼の得度そのものがきわめて制限されるようになり、九世紀初頭に確立した年分度者《ねんぶんどしゃ》の対象からはまったくはずされたと推定される。
④八世紀中頃に諸寺に「鎮《ちん》」という管理職が設置されたが、尼寺の「鎮」には僧（男性）が任命された。平安初期に諸寺別当《べっとう》制が成立したが、尼寺の「鎮」は「別当」に準ずる扱いを受けたので、尼寺は寺務全般にわたって「鎮」となった僧による一定の統制を受けることとなった。
⑤この時期には女性不浄《ふじょう》観や女性蔑視《べっし》思想はまだ成立していない。尼の地位低下の原因は、国家による儒教《じゅきょう》倫理の導入、家父長制家族の成立、の二点によると考えられる。

大宝元年（七〇一）に完成し、同二年に施行された『大宝令《たいほうりょう》』には、「僧尼令」という一篇がありま す。僧と尼のみを対象とした特別法です。この「僧尼令」のほとんどの条文は、書き出しが「凡《おおよ》そ僧尼」となっていて、僧と尼との差別待遇は見られません。

それから、八世紀の前半から僧に位をさずけるようになります。天平宝字《てんぴょうほうじ》四年（七六〇）の制度では、「伝灯法師位《でんとうほっしい》」など「四位十三階」の位階が定められています。一般にはこれを「僧位《そうい》」と言いますが、牛山氏は、これは尼にも位を与える制度となっており、実例も一例あるから、「僧尼位《そうにい》」と言わねばならないと述べました。こうしたところは、僧と尼の差別待遇はないとしました。ただし、僧綱《そうごう》制は違います。僧綱とは官度の僧尼集団の長のことで、僧正《そうじょう》・僧都《そうず》・律師《りっし》の役職で構成されます。これが日本では、男性しか任命されていません。中国や朝鮮では女性の管理職もいたことが史料から確認できます。しかし、日本の場合は、官度の僧と尼の集団全体を男性の僧が監督したと牛山氏は述べます。

さて、やがて八世紀の中頃から、国家の仏教儀礼という部分で尼の差別待遇が始まります。宮中の仏教儀礼には、それまで僧と一緒に尼も参加していたのですが、神亀《じんき》四年（七二七）の法会を最後に尼の参加が見られなくなり、僧のみで行なわれるように変化しました。ただしこれは宮中の法会に限るので、地方では尼が法会に参加する形態がしばらく残りました。だが宮中の儀礼では尼は排除されていったと（a）で述べました。

しかしこの点について、（b）では若干修正されて、排除ではなく、男女（僧尼）の同座、同席が禁じられたと見解を改めました。どういうことかと言うと、宮中の国家儀礼に僧尼が一緒に出席することはなくなるのですが、宝亀四年（七七三）の称徳孝謙天皇周忌御斎会《しゅうきのごさいえ》、尼のみで法会が挙行されています。つまり、僧のみで挙行する法会があり、それが主流であったのですが、一方に尼だけで行なわれる法会もありました。それで牛山氏は、僧尼の同席が禁じられたと修正しました。そうした段階を経て、のち尼がまったく排除されるにいたったとしたのです。

次に得度の制限ですが、公式の僧尼になるには、大宝元年（七〇一）頃に始まる官度制という制度に従って、国家の認可をうける必要がありました。これがしだいに僧中心の運用になり、尼が官度制の対象となりにくくなっていきます。やがて最澄の時代となると、「年分度者」の制度が変化します。年分度者の制度とは、先ほど申し上げたように七世紀末に始まった制度で、一年に十人ずつ得度（出家）させて、国家公認の僧尼を生み出す制度です。実際には拡大運用が行なわれて、十人どころか多人数の得度が実施された年もありました。それが最澄の頃、延暦二十五年（八〇六）から制度が変わり、年分度者が宗派ごとに割り振られるようになりました。華厳宗《けごんしゅう》と天台宗《てんだいしゅう》と律宗《りつしゅう》は一年にそれぞれ二人、三論宗《さんろんしゅう》と法相宗《ほつそうしゅう》は三人といった具合です。それが、実質、男性ばかりに割り振られたと理解できます。そのため尼が得度できる機会は、臨時の得度の時となりました。こうして、尼の再生産システムが機能しにくくなり、結果として公式の尼の数が減少しました。尼寺の運営は困難となり、廃寺となったり、僧寺に変わる尼寺ができたりしました。

さらに、寺院には管理職があり、東大寺などでは「別当」が最高責任者でした。尼寺の場合は、「鎮」がその役をはたしました。ところが、その尼寺の「鎮」には、尼ではなく僧が任命され、僧が尼寺の管理運営の役職につきました。こうして牛山氏は、八世紀中頃から、尼や尼寺の差別待遇が始まったとしたのです。

では、なぜそうなったのか。まず考えられるのが、女性はけがれた存在だとする女性不浄観が原因ではないかとする説です。しかし、牛山氏はこれは違うと退けました。平安時代初期までは女性不浄観や女性蔑視思想はまだなく、それが日本で語られるようになるのはもう少し後のことで、十世紀以降（もしくは九世紀後期以降）からであると言います。そこで、牛山氏が考えたのが儒教倫理です。国家が儒教倫理、道徳を導入し、やがてそれに応じて家族のスタイルが変化をとげ、日本にも家父長制家族が成立したと考えました。八世紀の中頃、法会において僧尼の同席が禁じられたのは、男女間の性関係に目くじらをたてる儒教道徳によったのだとしました。九世紀以降、尼の出家得度が減少していくのは、家父長制家族が成立し、家長が女性の出家を好ましく思わない風潮が生じたからだとしました。女性は家にいて、親や夫に仕え、子を生み育てるべきものであるという儒教的観念が影響を与えたと考えたのです。

牛山説をめぐって

牛山氏の考察は大変すぐれたもので、重要な指摘がたくさん含まれています。しかし、私は部分的に意見が違うところもあるので、それについて二点述べておきます。

一つは、官度の尼以外の尼についてです。牛山氏の研究は、国家の仏教を担った公式の尼を対象としたものです。しかし、日本の古代社会には、国家の仏教以外にも、貴族の仏教の世界があり、また地方豪族の仏教や民衆の仏教の世界がありました。こうした方面での尼の活動については、牛山論文はほとんどふれておらず、今後解明していく必要があります。勝浦令子氏によれば、古代の貴族の家には、「家僧」「家尼」と呼ぶべき僧尼が住み込んでいて、家の仏事を担当していました〔勝浦令子—二〇〇〇年〕。長屋王家木簡《ながやおうけもっかん》にも僧や尼がでてきます。そこから長屋王家にも僧や尼が住んでいたことがわかりました。また、大伴家にも理願《りがん》という新羅《しらぎ》人の尼がおりまして、大伴安麻呂《おおとものやすまろ》の佐保《さほ》の宅に住み、安麻呂の死後もこの家で終生生活しました（『万葉集』巻三）。貴族の家には、たくさんの僧や尼が住んでいたようです。そうした家僧、家尼は、官度を経ていない者も含まれていたでしょうし、国家儀礼には関わっていなかったでしょう。私の考えでは、そうした僧尼は地方豪族の家にもいた可能性があります。また、それ以外にも、少なくない数の私度《しど》の僧尼が、都でも地方でも弾圧されることなく、活動していたと思われます〔吉田一彦―一九九五年〕。牛山氏は国家に関わる尼について研究し、多くのことを明らかにしましたが、尼全体の動向を理解するためには、それ以外の尼についても今後解明していく必要があります。

もう一つは、尼の減少や衰退の原因についてで、私は牛山氏とは別の意見を持っています。まず事実認識ですが、「僧尼令」は確かに僧と尼とを差別していません。しかし、「僧尼令」は唐の「道僧格《どうそうきゃく》」という法をもとに作成されたものであって、「道僧格」に差別が見られないことが、そのまま反映したと理解すべきでしょう。次に僧尼位ですが、制度としては、牛山氏の言うとおり、尼にも叙されるものとなっていました。しかし、尼が叙された実例は一例のみしか確認できず、実態は僧に与えるのが中心であったと考えられます。また、僧綱にしても、「鎮」にしても、はじめから男性が任命されました。次に、国家の仏教儀礼ですが、牛山氏は、最初は僧尼同席であったものが、やがてそうでなくなったと理解しました。国史の記事は、確かにそのようにも読めるのですが、私は臨時の法会と恒例の法会とは区別して理解すべきだと考えています。毎年実施する法会――これこそ重要な国家儀礼なのですが――は、最初から僧のみで挙行されたと理解すべきように思います。臨時の法会や地方の法会は、僧と尼が一緒に挙行し、地方では恒例の法会でもしばらくそうした形態が続きます。しかし、中央の恒例の国家儀礼は、最初から僧たちによって挙行されるものとして設定されているように思われます。

これらを考えるなら、私は、男女の性の風紀に厳格な儒教倫理や、女性を家に閉じ込める傾向のある家父長家族の成立が、尼の地位低下や減少の直接の原因となったとは思えません。もっとも、私も牛山氏と同じく、女性不浄観や女性蔑視思想が原因となったとは考えません。ではどう理解したらよいのか。

七世紀末に「日本国」が成立し、「天皇」号も成立して、中国の皇帝制度を模倣した天皇制国家がスタートしました。中国的な官僚制度が導入され、中国風の都城を造営し、中国の法である律令《りつりょう》も模倣しました。持統天皇はそれを中心になって実施した人物ですが、彼女をはじめとして、当初は女性の天皇がおりました。しかし、称徳孝謙天皇を最後に女帝がいなくなり、男性の天皇となります。大臣・納言《なごん》などの官僚組織は、はじめから女性はいません。女性大臣は、近代、それも戦後になるまで出現しません。女性の摂政《せっしょう》・関白《かんぱく》も、将軍も老中《ろうじゅう》もいません。それは、「国家」は男性が運営するという思想によると私は思います。国家を運営し、政治を動かすのは男性なのであって、女性にはそれを背後で支えたり、補完する役割しか与えられなくなるようになりました。七世紀末に新しい国家体制が成立すると、女官《にょかん》が設けられ、位階が叙されました。しかし、その人数は少なく、限られた役割しか与えられませんでした。

仏教は国家と関わりを持ちました。官度制が成立すると、国家公認の僧尼が誕生し、「国家の仏教」の実施を担当しました。国家儀礼としての仏教儀礼は、七世紀末頃から八世紀を通じて少しづつ整い、九世紀前期には、一年間の行事の大体の姿が固まってきました。そうした国家の恒例の仏教儀礼は、男性たちが挙行するものとして設定されたように私はとらえています。それは、国家とは男性が運営、執行すべきものとしたからだと思います。そうした儀礼は、担当する僧たちにとってまさしく「仕事」と言うべきで、国家運営の一翼を分担したという色彩があります。そうした僧になることは、一種の立身であり、官度僧には「立身としての僧」「職業としての僧」という側面が色濃くあるのです。

私は、七世紀末にスタートした新生「日本国」が国家として確立し、制度が安定するには約百年の時間を要したと考えています。天皇にしても、当初は「天皇」という存在はどういうものかという観念が確定しておらず、手探りの状態で、あるべき天皇像が模索されました。定型が定まっていないという事態は、勝った者が勝ちという血なまぐさい争いを招き、多くの変や乱がおこり、たくさんの皇族、貴族が死んだり、追放されたりしました。それが、奈良時代末から平安初期になると、ようやく国家の基本的なしくみ（国制）が確立し、天皇の姿も、こういうものだという形が定まってきました。薬子《くすこ》の変（弘仁元年〈八一〇〉）の後の嵯峨《さが》天皇の時代が一つの画期となったと思います。その百年の間に、女帝は姿を消しました。その間、官度の尼が挙行に参加する中央の法会がしだいになくなり、尼の数が減少していきました。それでも、八世紀前期は尼もそれなりに活躍しましたし、光明皇后によって国分尼寺が建立されたことが尼たちの一つの基盤を形成しました。しかし、持統皇統が称徳孝謙天皇で終わると、官度の尼の衰退は顕著となっていきました。官度の尼には、女官と同様、限られた役割しか期待されず、人数もあまり必要なかったのです。官度の尼の衰退や地位の低下は、国家は男性が運営するという思想によると私は考えます。

ただそうだとすると、逆に問題となるのが、先程述べた、国家の仏教以外の領域で活動した尼たちです。貴族の仏教や宮廷の仏教の世界で尼たちはどう活動し、どのような役割をはたしたのか。地方豪族の仏教や民衆の仏教の世界ではどうだったのか。そこにこそ、「職業としての僧」とは性格を異にする尼の特色がうかがえるのではないでしょうか。

女人禁制をどう理解するか

「女人禁制《にょにんきんぜい》」とは、寺院への女性の立ち入り禁止、または寺院の所在する山への女性の立ち入り禁止のことです。ここから先はだめという地点を「結界」と言うので、「女人結界」とも言います。この女人禁制の始まりや、歴史的な歩みについては実証的な研究があまりなく、不明な部分が多かったのですが、牛山氏はこれについても注目すべき研究を発表しました。これは、第Ⅲ期に分類すべき研究ですが、同じ牛山氏の見解なので、ここであわせて紹介しておきます。「『女人禁制』再論」という論文で、論旨は次のようです〔牛山佳幸―一九九六年〕。

①女人禁制の理由を女性の不浄観（月経や出産の血のケガレ）から説明する見解がしばしば説かれてきたが、賛成できない。また、経典の女性蔑視思想から説明する見解にも賛成できない。

②女人禁制は戒律の遵守《じゅんしゅ》という考え方からはじまった。それは男子禁制と対であった。僧寺は女人

禁制、尼寺は男子禁制であった。こうした戒律の遵守は中国仏教にすでにみられる。
③日本では、七世紀初頭の飛鳥仏教の時代にすでに僧寺と尼寺とが別個に建立されていたから、女人禁制の起源は飛鳥時代までさかのぼる。
④平安時代になると官尼が減少し、その結果尼寺が廃寺化、僧寺化したので、自然と女人禁制ばかりが目立つところとなった。
⑤女人禁制の歴史は奈良時代末までの第一期と、平安時代以降の第二期とに区分できる。第一期は国家主導型であったのに対し、第二期は自主規制型である。

まず①が注目されます。近年でも、女性のケガレ、血のケガレを理由に、立ち入りを拒否するような場所が——これは寺や山に限りませんが——あるものですから、この理由づけが古くから行なわれてきたようについ思ってしまいます。しかし、牛山氏は、そういう考え方は後世になってから言い出されたもので、古い時代にはなかったと指摘しました。いつからそうした理由づけが始まったかは現在検討中とのことですが、少なくとも近世初頭にはあったとしています。「女人禁制」「女人結界」という言葉——これは古い時代にはありませんでしたが——は、十五世紀頃以降から用いられるようになると言いますから、これと同じ頃、中世後期〜近世初頭頃から、女性のけがれを立ち入り禁止の理由づけとすることがおこったと見ているのかもしれません。

では、それ以前は女人禁制の理由は何だったのか。それは戒律である、と牛山氏は言います。早く女人の立ち入り禁止が行なわれた寺に比叡山延暦寺《ひえいざんえんりゃくじ》がありますが、最澄の著した『山家学生式《さんけがくしょうしき》』を見ると、戒律を守ることが修行の根本だとされており、酒・女等が禁じられています。牛山氏は、こうした戒律遵守の考え方から女人禁制が始まったと理解しました。

戒律は、日本では、中世、近世、近代と時代を追うごとに守られなくなりました。僧が結婚し、家を持ち、家族を営み、子を生み育てて、その子が後を継ぐ。このような、他の仏教国には見られない日本独自の形態がしだいに取られるようになります。浄土真宗《じょうどしんしゅう》はその代表というべきでしょう。しかし、そうした戒律の軽視、無視は、日本の歴史のある時点から始まったのであって、奈良時代や平安中期頃まではそうではありませんでした。八世紀には、中国から戒律の師として鑑真を招きましたし、女犯《にょぼん》の罪で寺から追放されたり、流刑《るけい》に処された僧の実例も何例か見えます。牛山氏によると、中国でも女人を寺に停めないという寺法が隋代に確認でき、戒律に基づく女人禁制はすでに中国にあったといいます。わが国でも仏教を受容し始めた飛鳥仏教の頃から、僧寺と尼寺は別々に建立されたから、そうした戒律の重視は初期仏教までさかのぼるとします。そこでは、僧寺は女人禁制、尼寺は男子禁制でした。こうした状況は奈良時代でも続きましたが、平安時代となると官尼が減少し、尼寺が減ってしまったので、結果として、僧寺の女人禁制ばかりが目立つようになったと述べます。

こうした観点から、牛山氏は女人禁制の歴史を二つに時期区分しました。第一期は、仏教伝来から奈良時代の末までで、国家が僧尼や寺院に戒律を遵守させたので、これを国家主導型とします。これに対して、平安時代以降が第二期で、戒律の遵守は国家の法によるのではなく、各寺院の自主規制にゆだねられるようになったとしたのです。

牛山説の問題点

牛山氏の見解は注目すべきものであって、女人禁制の理由をケガレ観とせず、戒律を守るという点に求めたことは重要です。私も、女人禁制は戒律を守るという点から始まったという意見を述べたことがあります〔吉田一彦―一九九五年〕。また奈良時代まで（第一期）と、平安時代初期以降（第二期）とに時期を区分するのも賛成で、さらに十五世紀頃以降にもう一つ新しい段階を考えるという点も説得的です。

しかし、第一期と第二期との違いは何かという点について、前者を国家主導型、後者を自主規制型として違いを説明することには異論があります。私は、第二期の特色は、寺院への立ち入りばかりはなく、山全体への立ち入りを禁止したことにあると考えています。第一期は、確かに戒律という点から、女性がみだりに僧寺に立ち入ることや、停まることは避けられたと思いますし、尼寺では、男性に対して同様の態度がとられたのだと思います。しかし、寺に参詣すること自体が禁じられたわけではありません。たとえば大安寺《だいあんじ》――当時の代表的な国家の寺院ですが――ここは民衆にも開かれた寺院であったようで、女性の参詣《さんけい》も行なわれました（『日本霊異記』中巻第二十八など）。ところが、第二期の女人禁制は、女性の寺院への立ち入りを禁止し、さらには山に足を入れること自体を禁止する方向に進展していきます。ここにこそ、第一期と第二期との決定的な差異があると私は考えます。「女人禁制」は、やはり第二期こそが問題なのであって、第一期はその前史として位置づけるのが適切だと考えます。山岳仏教の成立も関連があると思います。山岳仏教では、山自体が聖なるエネルギーに満ちた場であって、山で修行することによって聖なる力が蓄えられると考えました〔薗田香融―一九八一年〕。持戒《じかい》は、力を蓄積する上で最も重要な要素となります。男性の僧が修行する、そうした山に女性が立ち入ることは、山の持つ聖なる力を侵害し、僧たちが持戒によって蓄えた力を無力にしてしまう行為になると考えて結界が行なわれたのではないか、と私は理解しています。それが、女性はケガレているから立ち入り禁止だと説明されるようになるのは、牛山氏の言うとおり、もっと時代が下ると考えられます。

（3）　第Ⅲ期の研究——研究会・日本の女性と仏教——

「女性と仏教」研究の新段階

こうして「女性と仏教」の研究は新しい段階を迎えます。「研究会・日本の女性と仏教」が、大隅和雄《おおすみかずお》氏と西口順子《にしぐちじゅんこ》氏を発起人として発足し、一九八四年から九三年まで十年間にわたって活動しました。笠原一男氏の見解を批判しつつ、新たな「女性と仏教」像を追究しようとする試みでした。多くの若手研究者が集まり、私も会に参加して議論に加わりました。研究会の成果としては、シリーズ『女性と仏教』全四冊が刊行されています〔大隅・西口—一九八九年〕。

この研究会の活動によって個別研究が進展し、新しい視点も提示されました。中世の尼や尼寺の多様な実態が史料にそくして明らかとされたこと、女性の信心の具体的な姿が明らかとされたことなどは重要です。ただ、そこで議論されたことはあまりに多様で、一見するとばらばらで焦点が定まらないようにも感じます。しかし、私は、次の二点に関しては、明確な方向性を示しえたのではないかと考えています。一つは、「五障」や「変成男子」に関する問題です。五障や変成男子は、江戸時代以来の各宗派の伝統的教学では、女性を救済する教えとして位置づけられることが多く、近代歴史学が成立してからも、その影響をひきずっておりました。――女性は五障三従の罪深い身だが、わが教団の経典（もしくは如来）は特にそんな女性でも救うのである。変成男子の教えによって救うのであると言うのです。このように、伝統的教学では、これらを「女人往生」「女人成仏」のありがたい教えであると意味づけてきました。実は、先に見た、笠原一男氏や松尾剛次氏の議論は、そうした伝統的教学の立場を継承した部分があります。松尾氏は、こうした教えについて、確かに差別的な思想を含んでいるけれど、最後は救うのだから、救済の思想であるとし、副作用のある薬のようなものだという比喩《ひゆ》を用いています。

しかし、研究会の大勢はこうした評価を批判するものでありました。五障や変成男子の教えは、「いかがわしい教え」〔平雅行―一九九二年〕であり、差別の思想だとしたのです。私も「差別と救済とが一体となった思想」だとしました〔吉田一彦―一九八九年〕。それは、「救済」という概念自体がそもそも差別的だと考えているからです。男と女を同列には扱わず、特に女性のみを区別して、何だかんだと言った挙げ句に、救ってやる（女人救済）というのは、どう考えても、いかがわしい差別の教えであるとしなくてはなりません。単に差別して排除する思想よりも、かえってたちのよくない教えだと思われます。これらをありがたい救済の教えだとする立場を明確に批判したことは、大きな成果であったと考えています。

もう一つは視点の問題です。「女性と仏教」というと、法然は女性をどう教化したか、蓮如にとって女人往生思想はどのような意味があったのか、などがまず議論されてしまう傾向がありました。しかしこれらは、法然や蓮如の思想の研究なので、男性の僧の思想についての研究に他なりません。仏教にとって女性とは何だったのか、という問題の立て方なのです。しかし、研究会では、問題の立て方を逆にすべきであるという意見がしばしば唱えられました。「仏教にとって」ではなく、日本の「女性にとって」仏教とは何であったのか、これこそ追求すべきテーマであろうというわけです。そう発想を変えて史料を見ていくと、女性が生きる一生の中で、さまざまな機会に仏教にふれ、信心に生きたり、自ら出家した者もありました。勝浦令子氏の『女の信心』には、そうした方面の研究成果がまとめられています（勝浦令子一九九五年）。

女性にとって仏教とは何だったのか

勝浦氏は、「制度上の存在としての尼を基準とすれば、尼の地位や公的役割の低下が、歴史的推移といえる。しかし社会的身分としての尼やその役割に注目すると、むしろ九世紀以降の方が、国家的統制から外され、ある意味で自由な女性の出家が増加し、女性の尼としての活動は活発となったのである」、「さまざまな形態をとった尼たちの有機的関係を」総合的に明らかにする必要があると述べています。また、女性の信心の姿を解明し、女性たちがどう仏教を理解したのかを、「女性本人の文脈」でとらえ直したいとも論じています（同書序「女の信心史」）。

ただし、全体を見通した、「女性と仏教」をめぐる通史はまだ書かれていませんし、この論点を視野に入れた日本仏教史も書かれていません。それらは今後の課題ということになります。日本における女性と仏教をめぐる研究は、ようやく新しい段階へ入っていく準備が整ってきました。今後、この方面で新しい研究が展開されていくことと考えています。

2　善信尼の出家について

わが国の女性と仏教の歴史を考えるときに、最初に登場するのが善信尼です。善信尼に関する史料には、『日本書紀』と『元興寺縁起《がんごうじえんぎ》』とがあります。

『日本書紀』と『元興寺縁起』

『日本書紀』はむずかしい史料で史料批判が大変ですが、『元興寺縁起』はさらに厄介な史料です。現在私たちが手にしているテキストは、醍醐寺《だいごじ》本の「諸寺縁起集《しょじえんぎしゅう》」（全十八冊）の中の一冊『元興寺縁起』です。これは長寛《ちょうかん》三年（一一六五）頃までに現在のような形となり、建永《けんえい》二年（一二〇七）に書写された写本で、中世のものです。この本に収められる四つの文章の一つが「元興寺伽藍縁起《がんごうじがらんえんぎ》并《ならびに》流記資財帳《るきしざいちょう》」です。これは天平十九年（七四七）二月十一日の日付を持っていますが、古代史の史料としては疑問の多いものです。「元興寺伽藍縁起并流記資財帳」には善信尼の話が出てきて、『日本書紀』の記述とは一致しないところがありますが、それを史料として採用するのはむずかしいと考えております〔吉田一彦―二〇〇三b〕。ここでは、『日本書紀』をしっかり読んでおくこととします。

『日本書紀』の記述

『日本書紀』の敏達《びだつ》十三年（五八四）是歳《このとし》条には、次のようにあります。史料をご覧ください（本書一二〇ページ史料2）。

蘇我馬子《そがのうまこ》が仏像二体を入手し、司馬達等《しまのたちと》と池辺氷田《いけべのひた》を遣わして、仏教の修行者を探させたところ、高麗《こま》の人で、もと僧で今は還俗《げんぞく》している恵便《えべん》という人物を見つけ出しました。この恵便を師匠にして、司馬達等の娘の嶋《しま》という当時十一歳の少女を出家させました。これが善信尼です。同時に嶋の弟子二人も出家させました。一人が禅蔵尼《ぜんぞうに》でもう一人が恵善尼《えぜんに》です。彼女たちを出家させると、馬子はひとり仏法に帰依し、この三人の尼を「崇敬《すうけい》」しました。その時、仏の「舎利《しゃり》」が「斎食《さいじき》」の上に出現しました。司馬達等はそれを馬子に献上しました。舎利とは仏陀の骨のことです。これを鉄板の上において金槌《かなづち》で叩いたら、骨が砕けないで鉄板と金槌が砕けてしまいました。また、水の中に投げ入れたら、心に願うままに浮き沈みしました。そこで馬子たちは、石川の宅を改築して仏殿を造りました。

これがわが国の「仏法の初《はじめ》」であるとこの条は記述しています。

しかし、この『日本書紀』の記事には事実とは考えられない話が含まれています。舎利の奇瑞の話です。中国の仏教文献には舎利の話がいくつも出てきます。津田左右吉は、金槌で舎利を叩いたら舎利ではなく鉄板と金槌が砕けたという部分は、中国の『高僧伝《こうそうでん》』という書物の「康僧会伝《こうそうえ》」にほとんど同じ記述があるので、それを参照して述作されていると指摘しました〔津田左右吉―一九五〇年〕。これは大変すぐれた見解で、おそらくこの部分は道慈《どうじ》という僧によって述作されたと考えられます〔井上薫―一九六一年〕。

『日本書紀』の仏教関係記事と道慈

津田左右吉は、『日本書紀』の仏教関係記事のいくつかについて、「仏家」が述作したと述べました。しかし、その仏家が誰かについては述べませんでした。井上薫氏は、『日本書紀』の仏教伝来記事を検討して、これは道慈が書いたのではないかと論じました。仏教伝来記事（欽明《きんめい》十三年十月条）には、『金光明最勝王経《こんこうみょうさいしょうおうきょう》』という経典の文言が引用されています。しかし、この『金光明最勝王経』は、唐の義浄《ぎじょう》がそれまでとは異なる新しい訳として、長安《ちょうあん》三年（七〇三）に翻訳したものです。その八世紀初頭の経典の文章が、六世紀中頃の仏教伝来の記述に引用されるのはおかしな話で、『日本書紀』の編纂段階で、誰かが書き加えた、もしくは新たにこの条全体を作文したとするほかありません。この『金光明最勝王経』を日本に伝えたのは、大宝の遣唐使《けんとうし》で中国に渡り、養老二年（七一八）に帰国した道慈だと考えられます。彼は帰国後、『日本書紀』の編纂事業に関わりました。井上氏は、仏教伝来記事以外にも、合計四つの記事に道慈の関与があったとしています。私は、他にも道慈が書いた記事があると見ており、どうも『日本書紀』の仏教関係記事は、かなりの部分を道慈が記述しているのではないかと考えるようになりました（本書Ⅱ—二参照）。

舎利の奇瑞

金槌で舎利を叩いたら、舎利でなく金槌の方が砕けたという『日本書紀』の記述について、津田左右吉は、『高僧伝』の「康僧会伝」にほとんど同じ記述があると指摘しました。もちろんこの指摘は正しいのですが、しかし類似の記述は他の中国文献にも見えます。康僧会の伝は、梁《りょう》の慧皎《えこう》（四九七～五五四）の『高僧伝』に先立って、梁の僧祐《そうゆう》（四四五～五一八）の『出《しゅつ》三蔵記集《さんぞうきしゅう》』巻十三に見え、すでにそこに同様の記述があります。だがより重要なのは、唐の道宣《どうせん》（五九六〜六六七）や道世（?〜六六八?）の書物に、もっと『日本書紀』に近い形で見えることです。道宣や道世は、唐の時代、西明寺《さいみょうじ》で活躍した僧ですが、道慈は唐に留学した時、この西明寺で留学生活を送りました。道慈の仏教には西明寺の仏教の影響が強く、とりわけ道宣の影響が大きいと考えられます。道宣の『広弘明集《こうぐみょうしゅう》』巻十七や、『集神州三宝感通録《しゅうしんしゅうさんぼうかんつうろく》』巻上、あるいは道世の『法苑珠林《ほうおんじゅりん》』巻三十八や巻四十には、舎利の奇跡の話がたくさん収められています。

特に注目したいのが、『集神州三宝感通録』の「振旦《しんたん》・神州《しんしゅう》の仏舎利が感通せること」です。ここで、道宣は、まず康僧会の話、つまり鉄の砧《かなしき》の上に舎利を置いて金槌で撃ったところ、舎利はもとのままで、金槌と鉄砧がこわれたという話を紹介します。そしてそれに続けて、晋《しん》の初めに竺長舒《じくちょうじょ》なるものが舎利を「水に投じ」たところ、五色の光が輝いたという話を記述し、また、晋《しん》の時代、木像の側らに舎利が出現し、「水中で浮沈」したという話を紹介するのです。さらに、宋《そう》の元嘉《げんか》八年（四三一）、安千載《あんせんさい》という仏をまつる者がいて、「他家に至りて斎食せるに、上に一つの舎利の紫金色なるを得たり。椎《つち》にて打てども砕けず。水を以ってこれを行ふに光明照発す」という話を紹介しています。ここでは、舎利は斎食の上に出現しています。『日本書紀』敏達十三年条の仏舎利に関する記述――舎利が斎食の上に出現する、金槌で舎利を叩いたてもこわれない、水に投げ入れたら浮沈する――はすべてここに見えます。おそらく道慈は、道宣のこの書物を主たる題材として、この部分を記述したと考えられます。

なお『法苑珠林』巻四十には、舎利にはいろいろな種類があるが、仏の舎利は椎で打っても砕けないのに対し、弟子の舎利は撃ったらこわれるという記述があります。だから、『日本書紀』の金槌の話は、この舎利がにせものではなく、本物の仏舎利なんだということを言うために記されたものと理解できます。

さて、馬子が舎利を入手したことについて、『日本書紀』のこの条は、司馬達等が発見して馬子に献じたとしています。しかし、『日本書紀』には、これとは異なるもう一つの伝えが記述されています。それは、崇峻《すしゅん》元年（五八八）是歳条です。こちらでは、舎利は百済《くだら》から贈られたと記されています。この二つの記事をどう理解したらよいでしょうか。二葉憲香《ふたばけんこう》氏が述べたように、これはどうも後者を史実に近いとするべきで、前者は疑わしいように思われます〔二葉憲香―一九六二年〕。司馬達等が斎食の上から発見して馬子に献上したというのは、『日本書紀』の作者による創作と理解すべきでしょう。後に述べますが、司馬達等が舎利を献上したという話は、もう一ヵ所、推古《すいこ》十四年（六〇六）五月条にも記述されています。こちらはその条の末尾から、坂田寺の所伝をもとに『日本書紀』に書かれた記事だとわかりますが、坂田寺は司馬氏の氏寺と考えられますから、自分の先祖を顕彰《けんしょう》するために造作された話とするべきでしょう。おそらく敏達十三年（五八四）是歳条は、坂田寺の所伝を材料にして『日本書紀』に記事が立てられることになったのだと思います。道慈は、そこに中国帰りの知識で、たくさんの尾ひれを書き加えたと考えられます。仏舎利が国内で奇跡的に出現したなどというのは、事実無根の創作とすべきだと思います。

馬子の「崇敬」

さて、善信尼たちが出家した記事に戻ります。舎利の話以外の部分はどうでしょうか。私は、馬子が三尼を「崇敬《すうけい》」したという部分も事実ではなく、作文なのではないかと考えています。ここの崇敬は、古訓では「かたちいやぶ」と訓むらしいのですが、具体的にはどのような行為を表現しているのでしょうか。参考になるのが、翌年の敏達十四年六月条です。そこでは蘇我馬子が三尼に対して「頂礼《ちょうらい》」したとあります。頂礼とは頭の頂を地面につける敬礼で、「五体投地《ごたいとうち》」のことです。五体投地とは仏教の最上の敬礼法で、五体を地に投げて行なう拝礼です。経典によれば、まず右膝をつけ左膝をつけ、次に右肘をつけ左肘をつけて、最後に頭頂を地面につけるというもので、もともとは、釈迦もしくは仏像に対する拝礼法でした。とすると、当時の政界の最高実力者である蘇我馬子が、まだ出家したばかりの少女の尼に対して、いわば土下座して最上の敬礼を行なったということになります。「崇敬」も「頂礼」と同様の拝礼を指す表現と読解してよいでしょう。

以前、私はこの話について、敏達朝の史実かどうかはともかく、『日本書紀』が奏上された養老四年（七二〇）には、人々が出家者に対する敬礼をこのように認識していたのではないかと述べました〔吉田一彦―一九九五年〕。しかし、今は考えが変わりました。僧尼に対して五体投地の礼をとるべきだという考え方は、七二〇年段階では、決して一般的な考えになってはいません。他の史料にほとんど見えないからです。五体投地は、わずかに『日本霊異記』に二例、『日本感霊録《にほんかんりょうろく》』に一例見えるのみです。しかもそれは、仏像に対して行なわれるか、懺悔《ざんげ》の作法として行なわれています。僧尼に対しての五体投地が、七二〇年の日本で一般的であったとは言えず、まして六世紀に実施されていたとは考えにくいのです。私は、馬子の「崇敬」「頂礼」は、『日本書紀』編纂段階で、中国仏教に造詣が深い人物が書き入れたものと理解します。それはやはり道慈とするべきでしょう。

中国の沙門礼敬問題

中国では、四世紀から沙門《さもん》が王者を敬礼すべきかどうかが問題となり、この議論は隋唐まで続きました。慧遠《えおん》（三三四～四一六）の『沙門不敬王者論《さもんふけいおうじゃろん》』は有名ですし、論争の中で書かれた文章が僧祐《そうゆう》の『弘明集《ぐみょうしゅう》』に収められています。沙門（僧尼）も一般人と同じく王を拝礼すべきなのか、それとも俗世間の秩序の外にいるから、拝礼しなくともよいのか、という議論です。これは、中国仏教では重大な問題として論争がたたかわされました。道慈は中国へ留学し、本場の仏教を学んだ人です。日本の仏教が中国の仏教に比べて落差があることを嘆いたことも知られています。彼は、日本でもやがてこれが問題になる日が来るかもしれない、自分は僧だから沙門が王者に礼をとるのは賛成できないと考えた。そこで、最初の出家者に対して馬子がどういう態度をとったかを『日本書紀』に書き加えた、というのが私見です。僧尼が王者を拝礼するのでなく、逆に王者が僧尼を拝礼すべきだとしたのです。日本において、王法と仏法との関係はいかにあるべきか。道慈は、馬子が崇敬、頂礼する場面を記述することによって、自分の考える理想の姿を示した、と私はこの部分を読んでみたいのです。道慈は、奈良時代前期の仏教界の中心となりました。やがて、この道慈の路線は聖武天皇が「三宝《さんぼう》の奴《やっこ》」として三宝の前にぬかづくという形で、現実のものに展開していったと私は考えています。善信尼の出家を記す記事のうち、舎利の話ばかりではなく、馬子の崇敬も道慈による述作としてよいと思います。では善信尼らが出家したこと自体は信用できるのでしょうか。

坂田寺の所伝

ここで参照すべきは、先にも少しふれた推古十四年（六〇六）五月条です。

鞍作鳥《くらつくりのとり》に勅《みことのり》して曰《い》はく、「朕、内典《ないてん》を興隆せしめむと欲す。方《まさ》に仏刹《ぶつせつ》を建てむとして、肇《はじ》めて舎利を求む。時に汝《なんじ》が祖父司馬達等、便《すなわ》ち舎利を献《たてまつ》れり。又国に僧尼無し。是《ここ》に、汝が父多須那《たすな》、橘豊日《たちばなのとよひ》天皇の為に出家して、仏法を恭敬す。又汝が姨嶋女《おばしまめ》、初めて出家して、諸の尼の導者として、釈教《しゃっきょう》を修行せしむ。今朕、丈六《じょうろく》の仏を造りまつらむが為に、好《よ》き仏像を求む。汝が献れる仏本《ぶつぽん》、則《すなわ》ち朕が心に合へり。又仏像を造ること既に訖《おわ》りて、堂に入るること得ず。諸《もろもろ》の工人、計ること能《あた》はずして、将《まさ》に堂の戸を破《こぼ》たむとす。然るに汝、戸を破たずして入《い》るること得《う》。此《これ》、皆汝が功なり」とのたまふ。既《すなわ》ち大仁《だいにん》の位《くらい》を賜《たま》ふ。因《よ》りて近江国坂田郡《おうみのくにさかたのこおり》の水田二十町を給《たま》ふ。鳥《とり》、此《こ》の田を以《もち》て、天皇の為に、金剛寺《こんごうじ》を作る。是《これ》今、南淵《みなぶち》の坂田尼寺《さかたにじ》と謂《い》ふ。

推古が鞍作鳥に勅して、汝の祖父の司馬達等は仏教の功労者で、舎利を献上し、また息子の多須那と娘の嶋《しま》を出家させたとあります。ところで、この条の末尾には「是今、南淵の坂田尼寺と謂ふ」とありますから、これは坂田尼寺の起源についての話となっています。『日本書紀』はさまざまなものを題材として編集されました。政府に伝わる公の記録、豪族の家に伝わる家の伝え、寺院の伝え、個人の手記などです。この一条は、坂田寺に伝えられた話が文章にまとめられ、『日本書紀』編纂室とでも呼ぶべき部所に提出され、それを資料にして書かれたものと考えられます。とすると、善信尼や多須那が出家したという話は、坂田寺の伝えに基づいて『日本書紀』に記述されたと理解できます。

この記事には、多須那は橘豊日天皇のために出家したとあります。橘豊日天皇とは、用明《ようめい》のことです。そこで『日本書紀』を見ますと、用明二年（五八七）四月条に

天皇の瘡《そう》、転《いよいよ》盛《さか》り、終《う》せたまひなむとする時に、鞍部多《くらつくりのた》須奈《すな》司馬達等が子なり進みて奏して曰《もう》さく、「臣《しん》、天皇の奉為《おおんため》に、出家して修道《しゅどう》せむ。又丈六の仏像及び寺を造り奉《たてまつ》らむ」とまをす。天皇、為《ため》に悲《かな》しび慟《まと》ひたまふ。今南淵の坂田寺の木の丈六の仏像・挾侍《きょうじ》の菩薩、是《これ》なり。

坂田寺跡出土瓦（奈良文化財研究所所蔵）

とあって、確かに多須那は、用明の臨終《りんじゅう》の場面で出家しています。そしてこの記事も、末尾に記されるように、坂田寺の仏像の起源を示す話となっていて、坂田寺の伝えを題材に『日本書紀』に載せられたと考えられます。では坂田寺とはどんな寺でしょうか。この寺は司馬氏の氏寺と推定され、尼寺でした。現在、奈良県明日香村《あすかむら》の阪田に坂田寺の推定地があって、発掘調査もされ、飛鳥時代にさかのぼる古瓦が出土しています。この調査によって、坂田寺が倭国のごく初期の寺院の一つであるこ

とが確認されました。この最初期の寺院の一つである坂田寺では、わが国の最初の出家者は司馬達等の娘の嶋で、最初の僧は多須那だとしていたのです。しかしながら、司馬氏の氏寺が自分の先祖のことを顕彰するのは当然ですから、この記事のみから、その言い分を信用してよいかどうかは問題です。

しかし、私は信用できると考えています。と言うのは、『日本書紀』には、多須那の出家について別の伝えも記載されているからです。それは崇峻三年（五九〇）是歳条です。

別系統の所伝

是歳《このとし》、度《ど》せる尼《あま》は、大伴狭手彦連《おおとものさでひこのむらじ》が女《むすめ》の善徳《ぜんとく》・大伴狛《こま》の夫人・新羅媛《しらぎひめ》の善妙《ぜんみょう》・百済媛《くだらひめ》の妙光《みょうこう》、又漢人《あやひと》善聡《ぜんそう》・善通《ぜんつう》・妙徳《みょうとく》・法定照《ほうじょうしょう》・善智聡《ぜんちそう》・善智恵《ぜんちえ》・善光《ぜんこう》等なり。鞍部司馬達等が子多須奈《たすな》、同時に出家す。名《なづ》けて徳斉《とくさい》法師と曰《い》ふ。

この記事は大変面白くて、この年に出家した人物が列挙されていますが、そのうち十一人が尼で、僧は一人だけです。それが多須那なのです。ここから、初期仏教には尼が多かったことがわかりますが、多須那の出家はどう理解すればよいでしょうか。

『日本書紀』の編者たちは、坂田寺の所伝によって、多須那の出家を用明の死の直前に書き入れました。しかし、別の材料を見ると、そちらには崇峻三年のこととされている。そこで編者は、どちらか一方を採るのではなく、その両方を採用してしまいました。そのため『日本書紀』の内部で記述が矛盾してしまい、多須那の出家が崇峻三年なのか用明二年なのかわからなくなってしまいました。多須那の出家を崇峻三年とする、坂田寺とは別系統の所伝がどこから出たものなのか、私にはまだわかりません。しかし、多須那の出家を崇峻三年とし、その法名を「徳斉」と伝える有力な別伝が、少なくとも『日本書紀』成立の養老四年（七二〇）に存在していたとは言えます。

私は、善信尼や多須那の出家の話が、坂田寺の伝えにのみ依拠しているのなら、史料として採用することを躊躇してしまいます。けれども坂田寺とは別系統の伝えもあったようで、そちらも多須那を最初期の僧だとしています。私は、二つの伝えがあることを評価して、多須那が出家したことを事実に基づく記載と判断したいと思います。ただ、その出家の年次はどちらが正しいのかはわかりません。

善信尼の評価

津田左右吉は、三尼の話も何ほどかの事実の根拠があろう、としました。多須那が出家したことが信用できるなら、坂田寺の所伝にある程度の信をおいてよいと判断できます。私も、津田と同じく、三尼が出家したということは事実に基づく記載だと考えることにしたいと思います。ただし、それが本当に最初の出家者であるのかどうかは確認できません。しかし、善信尼ら三尼が出家したこと、それが倭国のごく初期の出家者であったことは認めてよいと思います。また、崇峻三年条に見える十一人の尼も含めて、初期仏教には尼が多かったということもまちがいないでしょう。この条に見える尼たちは、名（法名）に「善」のつく者が多いことに気づきます。善徳など、十一人のうち七人がそうです。彼女たちは、あるいは善信尼の弟子なのかもしれません。弟子が師匠の名の一字をもらったと推定できるからです。

最後に、善信尼たちが戒を受けるために百済に行き、帰国したという話について簡単にふれておきます。私は、実は、この話は相当疑わしいのではないかと考えています。道慈の仏教には唐の西明寺の道宣の影響が強いと述べました。道宣は仏教史の叙述や霊異感通《りょういかんつう》でも著名な僧ですが、南山律宗《なんざんりつしゅう》の開祖でもあります。戒律は道宣の仏教の中核で、中国の戒壇《かいだん》は彼によって整備されました。八世紀前期、日本では戒師《かいし》の招請《しょうせい》が問題となり、唐に二人の僧が遣わされました。栄叡《ようえい》と普照《ふしょう》です。この戒師招請の計画には、道慈が関わっていたと考えられますし〔佐久間竜―一九八三年〕、その結果、日本に招かれた鑑真は、道宣のひ孫弟子にあたる人物です。善信尼たちの百済留学と受戒は、当時の状況では不自然なところがあり、史料的にも他から確認することができません。私は、この部分も道慈による述作ではないのかと疑っています。

以上、こみいった話となってしまいましたが、善信尼が出家したこと、彼女が倭国のごく初期の出家者だったこと、倭国の初期仏教には尼が多かったことは史実と認めてよいと考えます。このことは、わが国の文化や仏教の歴史を考える上で、軽視できない重要なことだと言えるでしょう。日本の女性と仏教の歴史は、ここからはじまるとしなくてはなりません。

二 『日本霊異記』の中の女性と仏教

『日本霊異記』と『日本感霊録』

今回は、『日本霊異記《にほんりょういき》』を題材に、古代の女性と仏教の問題を考えていきます。日本の古代仏教というと、これまで「国家仏教」であるとする理解が一般的でした。もちろん、日本古代では、国家が寺院や仏像を造ったり、法会《ほうえ》を挙行したり、写経事業を行なったりしましたから、国家の仏教が古代仏教の一つの中心であったことはまちがいありません。しかし、古代社会における仏教のあり方全般を見わたしてみると、決して国家の仏教一色ではなかったことに気づきます。貴族の世界でも、仏教は広く信仰されていました。また、地方の豪族たちが大変熱心に仏教を信心し、日本列島の各地に寺院が造立されました。考古学の発掘調査によって、今日、多数の地方の古代寺院の存在が明らかになってきました。これら地方仏教を支えたのは、地方の有力者、つまり各地の豪族たちなのですが、しかし、豪族層に限定されるのかと言うと、そうではありません。民衆たちにも、一定程度、仏教が受け入れられていたと考えられます。

そうした側面を明らかにする上で、重要な史料となるのが『日本霊異記』です。『日本霊異記』は、薬師寺《やくしじ》の僧の景戒《きょうかい》が著した、わが国最初の仏教説話集で、弘仁《こうにん》十三年（八二二）以降まもなくの成立と考えられています。大変貴重な史料です。上・中・下の三巻から成り、話は年代順に並んでいます。これに続く説話集が『日本感霊録《にほんかんりょうろく》』です。これは、今日に全体が伝わっておりませんが、幸いなことに、逸文《いつぶん》が少なからず残っております。それらをまとめたのが、辻英子《つじえいこ》氏の『日本感霊録の研究』（辻英子―一九八一）で、これに現在知られる逸文が集成されています。『日本感霊録』は、本元興寺《もとがんごうじ》の僧の義昭《ぎしょう》の著で、九世紀の中頃、承和《じょうわ》十五年（八四八）以降まもなくの成立です。

『日本霊異記』や『日本感霊録』を読みますと、女性が非常にたくさん登場します。『日本霊異記』全百十六条の説話のうち、女性が主人公となっているものが二十五もあります。主人公とならなくとも、主要な登場人物となる話も数多くあります。そこには、女性たちがどのように仏教に接していたかが具体的に記されていて、国家の公式の歴史書である「六国史《りっこくし》」や、「律《りつ》」「令《りょう》」「格《きゃく》」「式《しき》」といった法制史料からは知ることのできない、実際の信心の様子がうかがえます。そこで、これを題材に、民衆階層の女性たち、地方豪族の女性たちを中心に、女性たちの仏教信仰の姿を見ていくこととします。もっとも、『日本霊異記』も『日本感霊録』も説話集ですから、そこに記述されているのはお話であって、これをただちに歴史的事実であるとするのは無理があります。けれども、私は、各説話に描かれる社会の様子や人々の姿は、八、九世紀の実際の状況をかなりストレートに伝えていると考えますし、人々の仏教信仰のあり方も、当時の実態を直接反映していると読解しています。だから、一つ一つの記述に史実とは認定できないものを含むとしても、全体として、女性の信心の様子をうかがうことは十分にできると評価しています。

女性差別的ではない

さて、『日本霊異記』や『日本感霊録』には、女性差別的な要素がほとんど見られません。もう少し時代が下りますと、「五障《ごしょう》」や「変成男子《へんじょうなんし》」といった、大乗仏教の女性差別の思想が見られるようになります。五障や変成男子は、日本では平安時代となると学僧の書物に見えるようになり——最澄《さいちょう》や空海《くうかい》の著作にすでに見えます——平安中後期となると、学者の著作や文学作品にも叙述されるようになっていきます。ここらあたりから、日本社会に次第に流布していったと理解してよいでしょう。もっとも、最近の勝浦令子《かつうらのりこ》氏の研究によるなら、すでに八世紀に変成男子を説く経典の写経が特別になされていたらしいのですが〔勝浦令子—二〇〇〇年〕、それはごく早い例とすべきものです。やがて十二世紀となると、たとえば『梁塵秘抄《りょうじんひしょう》』の今様《いまよう》に五障や変成男子をテーマとした歌がうたわれます。これらの歌は白拍子《しらびょうし》などによって流行しました。

ただ、野村育世《のむらいくよ》氏の研究によると、一般の女性たちは、鎌倉時代になっても五障や変成男子をほとんど意識していないということで、一般の人々にこれが広まるのは室町時代以降のことのようであります〔野村育世—二〇〇四年〕。それでも、平安中後期以降には知識人や文学作品を書き残すような人たちには広まっていたとしてよいでしょう。ところが、『日本霊異記』や『日本感霊録』にはこれらがまったく見えません。これは興味深いことです。『法華経《ほけきょう》』はもちろん、浄土《じょうど》系の経典もかなり早い時期に日本に入っていません。ところが、五障や変成男子の思想は話題とされておりません。そうした女性差別の思想が喧伝《けんでん》される以前の時代、仏教を説く側が女性も男性も同じように勧誘していた時代、それがこの『日本霊異記』や『日本感霊録』に描かれている時代です。

1　『日本霊異記』における女性と仏教

『日本霊異記』には、熱心に仏教を信心する女性の姿がいくつも描かれています。それらを順に見ていくこととしましょう。

信心する女性

上巻第三十三は、妻が亡夫のために仏画を造立したという話です。河内国石川郡《かわちのくにいしかわのこおり》に八多寺《やたでら》という寺があり、そのほとりに賢い一人の女性がいました。彼女は、臨終《りんじゅう》をむかえた夫のために阿弥陀《あみだ》の仏画を造ろうとしますが、貧しいためにはたせません。しかし、夫の死後、落穂拾いなどをして資金をたくわえ、画師をやとって亡夫のために仏画を完成させました。この仏画は、放火で仏堂《ぶつどう》が全焼してしまった時も焼けなかったといいます。この女性は、はなはだ信心深い人物として描かれています。

中巻第三は防人《さきもり》の話です。防人は『万葉集《まんようしゅう》』に歌が残っていることで有名ですが、北九州の方に警備の兵士として配置された人のことです。東国の人がずいぶん派遣されたようです。この話は、悪逆の子が母を殺そうと謀り、その報いで死んでしまったという話です。武蔵国多麻郡《むさしのくにたまのこおり》の鴨里《かものさと》に吉志火麻呂《きしのひまろ》という人物がいました。彼は防人となって筑紫《つくし》に行きましたが、防人を嫌がり、妻を恋しく思って、何とか故郷へ帰りたいと考えました。母が死ねば、それを理由に故郷へ帰れるのではないかと考えた火麻呂は、筑紫に同行していた母親を殺そうという計画をたてました。火麻呂は母に、山の中で『法華経』を講説する法会があるから行かないかと誘って山の中へ入り、母を殺そうとします。しかし、仏様がそれを許しません。たちどころに地割れがおこり、火麻呂はその中に落ちてしまいました。母は落ちていくわが子を何とか助けようと、髪の毛をつかみました。しかし、火麻呂は落ちてしまい、母の手の中には髪の毛だけが残りました。母は故郷へ帰り、亡き子のために法事を営み、その髪を仏像の前に置いて、諷誦《ふじゅ》を設けたという話です。この母親は、信心のある人物として描かれています。以上の二つの話は民衆階層の女性を描いています。

次に、中巻第十四は、貧しい女王が吉祥天《きつしようてん》の像に帰依《きえ》して利益《りやく》を受けたという話です。王たちが気のあう二十三人でグループを組んで食事会をしました。順番に幹事役がまわります。自分の番になると御馳走を用意してパーティーを主催します。ところがある一人の女王が大変貧しい。「王」とは天皇の子孫のことですが、天皇の子は「親王」と言います。「王」は、天皇の孫、曾孫、玄孫、その次（来孫、五世孫）までのことです。中には貧しい王や女王もいました。彼女は自分に幹事の番がきたけれども、財産がないために御馳走を準備できません。困って左京の服部堂《はとりべどう》という所に行き、そこの吉祥天女像に対して、何とか財を賜って下さいとお願いしました。家に帰ると、小さかったころお乳を与えて養ってくれた乳母《めのと》が現れて、御馳走を用意してくれました。パーティーは大成功となります。女王はお礼として、宴会で得た衣装を乳母にプレゼントしました。さて、後日、服部堂へお参りに行ったところ、何と吉祥天女像がその衣装を着ていました。不思議に思って乳母のところへ行き、話をしても、乳母は覚えがないと答えます。そこで、女王は、吉祥天女像が乳母に変身して自分を助けてくれたことを知りました。この女王は、以後、信心により財産家となったといいます。

中巻第二十八は、きわめて貧しい女が大安寺《だいあんじ》の釈迦《しやか》の丈六仏《じようろくぶつ》に祈って銭を得たという話です。大安寺の西の里に貧女がいました。ぎりぎりの生活で飢えていました。大安寺の仏様は人々の願いをかなえてくれるといううわさを聞いて、花と香と油を買って、大安寺の丈六の仏様にお参りに行き、「私にお宝を施して下さい」とお願いしました。これをしばらく続けました。すると、ある日のこと、銭四貫を入手することができ、それは仏様がくれたものであったという話です。

この話で重要なのは、大安寺のような国家の大寺も人々に開かれており、自由に参詣《さんけい》できたということです。上巻第三十二の話を見ても、大安寺は人々に開かれた寺であった様子がうかがえます。もう一つ重要なのは、大安寺は僧寺でしたが、女人禁制《によにんきんぜい》ではなく、女性の参拝も受け入れていたということです。これは注目すべきことだと思います。なお、『日本感霊録』の現存第三話や第十三話を見ると、本元興寺《もとがんごうじ》や南法華寺（壷坂寺《つぼさかてら》）が人々の参拝を受け入れていたことが知られ、女性もこれらの寺を参詣していたようです。

次の中巻第三十四は地方豪族層の女の話で、みなしごとなった娘が観音像《かんのん》に祈って利益を得たという話です。奈良の右京の殖槻寺《うえつきてら》のほとりの里に一人の女がいました。父母が生きていた時は豊かで財産があり、多くの建物を持ち、奴婢《ぬひ》や牛馬も所有していました。高さ二尺五寸の観音の銅像を鋳造して、家から少し離れた所に仏堂を造って安置していました。しかし、父母の死後、たちまち貧しくなってしまいます。娘は観音像に縄をかけて引き、花、香と燈明を供えて福を願いました。すると、良き夫を得ることができ、夫のための御馳走も得ることができ、やがてもとの通りの富を得て長寿を全うしたという話です。

中巻第四十二も貧しい女の話で、千手《せんじゅ》観音を信心して銭を得たという話です。奈良の左京の九条二坊に住む海使《あまのつかいみの》蓑女《め》という女性は、九人の子を産み、大変貧しかったのですが、向穂寺の千手観音像に福を願ったところ、銭百貫を賜わったという話となっています。

次の下巻第十一は、かなりドラマティックです。盲目の極貧の女が、七歳の女の子に手を引かれて、奈良の京の越田《こしだ》の池の蓼原堂《たではらどう》にやってきました。彼女は夫に死に別れ、貧しく、飢え、命を失う寸前の状況に追い込まれていました。ここの堂前で薬師如来《やくしにょらい》の木像に目のことをお願いすると、檀越《だんおつ》が気の毒に思って戸を開いて中に入れてくれました。二日たって、子がふと見ると、仏像の胸のところから桃のやにのようなものが出ていました。それを取って母親がなめると、たちどころに目が見えるようになったという話です。以上の二つの話は、民衆階層の女性を描いています。

さらに下巻第二十には、阿波国《あわのくに》名方郡《なかたのこおり》の埴《はに》村の女性が、麻殖郡《おえのこおり》の菀山寺《そのやまでら》で『法華経』の写経をしたという話がありますし、また下巻第三十四は、紀伊国《きいのくに》名草郡《なぐさのこおり》の埴生里《はにゅうのさと》の女性が、仏教の信心によって首にできたこぶが直ったという話となっています。

以上、『日本霊異記』には、信心する女性たちがたくさん描かれています。それは、都に住む貴族の女性もいますが、地方豪族の女性や民衆の女性もいます。これらによるなら、すでに古代仏教の段階で、貴族にも、地方豪族にも、民衆にも、一定程度仏教は広まっており、女性の信仰も集めていたことがわかります。古代社会において、仏教は女性を拒否しておらず、また女性たちも仏教を拒否しておらず、女性にも仏教は流通していたとしなくてはなりません。その状況は、男性と比べて著しい差異があったとはどうも言えません。貴族も、地方豪族も、民衆も、また男も女も、仏教を信仰する者は信仰し、信仰しない者は信仰しなかったと考えられます。

信心しない女性

『日本霊異記』には、仏教の信心によって御利益を得た話がたくさん見えますが、他方、興味深いことに、仏教を信心しない人物の話も載せています。そうした人物は、だいたい仏罰が当たって報《むく》いを受けるようになっています。男もいますが、女もいます。仏教を信心する女性の一方に、仏教を信心しない女性ももちろんいる。当り前のことですが、大事なことだと思います。

ここでは、上巻第二十四を見ていきましょう。故京《こきょう》（もとの藤原京《ふじわらきょう》）に一人の凶《あ》しき女性がいました。親孝行の気持ちがなく、少しも母親を愛しません。今日は斎日《さいじつ》なので、母親は斎食《さいじき》を準備しようとして、娘に飯を乞いましたが、しかし娘は母親に与えません。母親は、道で拾った飯で飢えをしのぎました。その夜、この娘は罰が当たって急死してしまったという話です。この話には、仏教的価値観とあわせて、儒教《じゅきょう》の「孝《こう》」の思想が入っています。倭・日本は、インド仏教を直接受容したのではなく、中国仏教を、最初は朝鮮半島を経由して、次いで中国から直接受容しました。中国では、仏教と道教《どうきょう》、仏教と儒教とが交流、融合することがあり、儒仏道三教一致論が説かれたこともあります。この話に、仏教と儒教とが混淆《こんこう》しているのは、景戒がそうした中国仏教の影響を受けていたからと言えるでしょう。

『日本霊異記』には他にも、女性をさとす話と読むべき説話が収められています。これについては、後ほど二つばかり取り上げて紹介することとします。

一家の信心

これまで、信心する女性、信心しない女性についてお話しました。これらは、個人の仏教信仰でした。しかし、『日本霊異記』に見える信心の姿は、そればかりではありません。家族が全体で仏教を信心している、つまり一家の信心の話がいくつか見えます。また、ある地域が仏教信仰に熱心で、そこでは地域全体で仏教信仰が行なわれているという話もいくつか見えます。

まず貴族階層の話ですが、上巻第三十一は「三位《さんみ》粟田朝臣《あわたのあそみ》」の話です。三位にまでなった粟田氏は、粟田朝臣真人《あわたのあそみまひと》のみですから、これは彼を指していると読んでよいと思います。彼の家では、娘が病気になると、家をあげて病気直しを祈る禅師《ぜんじ》、優婆塞《うばそく》を四方に探したとあります。家を単位に仏教の信仰があったとしてよいでしょう。

次に下巻第三十七は従四位上《じゅしいのじょう》佐伯宿禰《さえきのすくね》伊太知《いたち》の話で、一度死んで地獄巡りを経験した後に、この世に生き返って、『法華経』の写経をするという話です。彼が亡くなると、妻子は七七日（四十九日）まで追善《ついぜん》の供養《くよう》をしたとあります。日本ではこうした七日ごとの死者供養は、持統《じとう》天皇あたりから始まりますが〔吉田一彦─一九九五年〕、八世紀には、貴族階層にかなり広まっていたらしく、後に述べるように、民衆階層にも流通していたと考えられます。貴族の家の仏教信仰には、当主の意志が強く働いていたと思いますが、妻子が当主とともに仏教信仰に熱心に関わっていた場合もありました。

『日本霊異記』には、また中下級官人の話もあります。中巻第二十を見ましょう。ある家の娘が嫁いだ相手が国司となり、任地に赴いて一家は現地の国司の館に住むこととなりました。ここに見える「国司」は、カミ（長官）とは記されていないので、二等官以下の可能性を考える必要があります。この娘の母には仏教の信仰があり、よくない夢を見た彼女は娘一家の無事を祈って誦経《ずきょう》をしました。国司の館では事故が発生しましたが、彼女の信心の力によって、娘とその子は事故をまぬがれ、娘は以後、三宝《さんぼう》に対する信心を深めたという話になっています。

次に、地方豪族層はどうでしょうか。こちらも家族で仏教の信心を行なっていると読める話がいくつかあります。中巻第二は、和泉国《いずみのくに》泉郡《いずみのこおり》の大領《だいりょう》であった血沼県主倭麻呂《ちぬのあがたぬしやまとまろ》の話です。彼は「大領」でした。大領とは郡司《ぐんじ》の長官のことで、その地域では最も実力のある豪族です。その彼が出家《しゅっけ》して行《ぎょう》基《き》の弟子となったとあります。また彼の妻も、のち子に先立たれたことを契機に出家したと書かれています。この家では、夫婦がともに出家して行基の弟子となったこととなります。

また下巻第七は、武蔵国《むさしのくに》多磨郡《たまのこおり》の小河郷《おがわのさと》の正六位上丈部直山継《しょうろくいのじょうはせべのあたいやまつぎ》の話です。彼は位階を持っていますし、後に多磨郡の少領《しょうりょう》（郡司の次官）になったとありますから、これも地方豪族層の話です。彼とその妻はともに仏教を信仰していましたが、妻が造った観音の木像の力によって、山継は毛人《えみし》との戦争とか謀反《むほん》への連座とか、いくつもの危機を乗り切ることができたと記されています。

次に中巻第十六は、讃岐国香川郡《さぬきのくにかがわのこおり》の坂田里《さかたのさと》の綾君《あやのきみ》という富める人の話で、この家は家口、使人を複数持つ、豊かな家でした。地方の実力者と見てよいでしょう。この「家《やけ》」では、「家長《やけのおさ》」と「家室《やけのとじ》」とがともに仏教信仰を持ち、二人の合意で仏教的功徳《くどく》の行為が行なわれていたと描かれています。このように、『日本霊異記』に描かれる地方豪族層には、夫と妻とが夫婦で仏教を信仰するという、夫婦を単位とした仏教信仰が見られます。

民衆階層にも家族を単位とした仏教の信仰が見られます。下巻第十三を見ましょう。美作国英多郡《みまさかのくにあいたのこおり》に官の鉄を採る山がありました。美作国は鉄が採れる地域として古代から有名です。ここで、国司が役夫十人を徴発して採掘をさせていたところ、事故がおこって、穴の中に一人が取り残されてしまいました。妻子は死んでしまったものと思い、観音の像を図絵《ずえ》し、写経もして、初七日の供養もすませました。本人は、しかし生きており、穴の中で『法華経』の写経を完成させることを誓いました。するとやがて光が見え、ついに助けを呼ぶことができ、脱出することができました。国司は話を聞いて、「知識《ちしき》」（仏教を信仰するグループ）を集めて『法華経』の写経をしたという話です。

この話では、穴の中に取り残された人に――民衆階層と見てよいでしょう――仏教の信心があるのみならず、家族も仏教の死者供養をしています。七日ごとの死者供養は、すでに八世紀に民衆階層にも流通していたようです。この人物の家では、一家で仏教の信仰をしていたと読解できます。また、国司が「知識」を率いて『法華経』の写経をしたというのも注目されます。階層を超えた、地域の信仰の様子がうかがえるからです。

中国地方は、古代から鉄・銅・塩を産出する地域が多く〔稲田・八木―一九九二年〕、『続日本紀《しょくにほんぎ》』神亀《じんき》五年（七二八）四月条を見ると、美作国の二つの郡が庸《よう》として鉄を納めることが認められています。『延喜式《えんぎしき》』には、調《ちょう》として鉄・鍬《くわ》を納める国の一つとして美作国が見えます。美作国からは、製鉄遺跡がいくつも発見されており、英多郡からも見つかっています。また、平城宮出土木簡《へいぜいきゅうしゅつどもっかん》の中に「英多里鈹」と記載された木簡がありますが、「鈹」はすきのことで、英多郡英多里から鉄製品が貢納《こうのう》されていたことがわかります。それから、英多郡からは古代寺院の跡が、大海廃寺《たいかいはいじ》、楢原廃寺《ならはらはいじ》など六ヵ寺ほど発見されていて、すでに七世紀末から仏教文化が浸透していたこともわかります〔吉田晶―一九九五年〕。ですから国司が役夫を徴発して官の鉄を採掘していたことや、仏教信仰が流布していたことは、事実に基づく記述と見てよいと思います。

また上巻第三十二も民衆の一家の話です。添上郡細見里《そうのかみのこおりほそみのさと》の百姓の一家が、聖武天皇の猟の対象になった鹿を知らずに殺して食べてしまい、捕えられてしまいました。男女あわせて十余人です。彼らは、身体はふるえ、気は動転するばかりで、仏教の不思議の力に頼るほかないと考えました。大安寺の丈六仏《じょうろくぶつ》は人々の願いをかなえてくれるといううわさを聞き、人をつかわして誦経を依頼しました。そして、彼らが役所に向かう道すがら、経を読んでもらい、大安寺の南の門を開けてもらって、外から丈六の仏像を拝みました。すると、突然大赦《たいしゃ》となって一家の罪も赦《ゆる》されたという話です。女性を含む一家の信心の話としてよいと思います。

漁民の話

ここで、面白い話があるので紹介しておきます。下巻第二十五です〔この話について詳しくは吉田一彦―二〇〇六年b〕。紀伊国《きいのくに》日高郡《ひだかのこおり》の海辺に、紀万侶朝臣《きのまろのあそみ》という人物がいて、人を雇って漁業をしていました。網元《あみもと》のような存在と理解できます。同じ国の安諦郡《あてのこおり》吉備郷《きびのさと》の紀《きの》臣馬養《おみうまかい》――彼は「長男《ちょうなん》」（丁男《ちょうなん》のこと、二十一歳以上の男性）でした――と、海部郡《あまのこおり》浜中郷《はまなかのさと》の中臣《なかとみの》連祖父麿《むらじおおじまろ》――彼は「小男《しょうなん》」（十六歳以下の男性）でした――の二人が、この網元に雇われて、漁業労働者として働いていました。一年契約の賃労働で、年俸制で働いていました。

この紀万侶は二人に過酷な労働をさせており、ある暴風雨の日も、川から海に流れ出た流木を集めるよう指示しました。二人は流木を集めていかだに組みましたが、水の流れが速く、ついに流されてしまいます。二人は木につかまって漂流し、ただ「南無《なむ》、無量の災難を解脱《げだつ》せしめよ、釈迦牟尼仏《しゃかむにぶつ》」と称えるばかりでした。五日後と六日後、二人はそれぞれ、淡路島《あわじしま》の塩を焼く浦に流れ着き、助かりました。小男の祖父麿は、殺生《せっしょう》の業《ごう》である魚捕りはもうやりたくないと言って、淡路国の国分寺の僧の従者となりました。馬養の方は二ヵ月後に本国に帰りました。妻子は亡くなったと思っていたので大変驚き、七七日（四十九日）の供養ももう終えたと言います。馬養は助かった様子を妻子に伝え、やがて発心《ほっしん》して山に入り、仏教の修行者となったという話です。

この話では、網元のような存在が古代社会にもいて、一年単位の年俸制で労働者を雇って漁業をしていたという話の骨組み自体がまず注目されます。日本の古代国家は、通常「律令《りつりょう》国家」であるとされ、律令法に基づく人民支配が実施されていたと説かれます。律令では、すべての公民に口分田《くぶんでん》という土地を班《わか》ち、農業をさせ、租《そ》や調庸という税を徴収するという規定となっており、漁民のことは規定されていません。しかし私は、『日本霊異記』のこの話は奈良時代の社会の様子を伝えており、古代にも漁民がおり、網元のような漁業経営者が存在して、漁業労働者もいたのだと理解しています。この話は、『日本霊異記』の著者の景戒の地元、紀伊国が舞台となっていますし、時代も宝亀《ほうき》六年（七七五）六月十六日のことで、景戒の出生後の日付と考えられますから、何らか事実に基づく記述とすべきだと思います。こうした漁民や漁業労働者たちに田は班たれていたのか、調庸はどうしていたのか、あるいは贄《にえ》を納めていたのか、などいろいろな疑問が浮かびます。また、淡路には塩を焼く村があったらしく、塩業の民もいました。古代の塩については、勝浦令子《かつうらのりこ》氏の研究があり、政府に塩を貢納した際の付札の木簡が一覧表にされています〔勝浦令子―一九九二年〕。ずいぶんいろいろな地域が、調として塩を納めていました。淡路国からの木簡も平城宮址で発見されており、調として塩を納めていたことがわかります。なお、国分寺の僧の従者というのは、律令の規定からは考えにくいのですが、実際にはそういう存在もありえたとするべきなのでしょう。

次に面白いのが仏教の民衆への流布《るふ》です。流された二人は、漂流中に「南無……釈迦牟尼仏」と称えたとあります。ここから、仏菩薩の名号《みょうごう》を称えるという信心の姿が、すでに奈良時代に、しかも民衆階層にまで広まっていたことが知られます。上巻第三十一には観音の「名号」を「称礼《しょうらい》」するという話も見えます。名号を称えること、つまり称名《しょうみょう》は、決して鎌倉時代〔鎌倉新仏教〕から始まるのではないのです。また、馬養の妻子は死者追善《ついぜん》の斎食《さいじき》をしたとありますから、七七日、つまり四十九日の仏教の法要が、すでに民衆階層にも広まっていたとしなくてはなりません。「正倉院文書《しょうそういんもんじょ》」や「二条大路木簡《にじょうおおじもっかん》」を見ると、下級官人がそうした死者追善の仏事を実施していたことが知られます。初七日や四十九日などに休暇をとって追善の斎食をしたのです。八世紀も半ばになると、こうした仏事が民衆階層にもかなり広まっていたとするべきでしょう。

以上、『日本霊異記』には、女性が個人で仏教を信仰していたという話の他に、女性を含む家族が、夫婦で、あるいは一家で、仏教を信仰しているという話がいくつもあります。

地域の信心

『日本霊異記』には、また地域全体が仏教信仰に熱心だったという話があります。その中には、地域の仏教信仰で、女性が主要な役割をはたしていたという記述も見えます。

まず重要なのが、下巻第十七と下巻第二十八に見える村の「道場」です。前者は、紀伊国那賀郡《なかのこおり》の弥気里《みけのさと》の話で、そこには「村人」たちが協力して、私の堂、「道場」を造ったとあります。弥気の山室堂《やまむろどう》という名の仏堂で、「弥気堂《みけどう》」とも呼ばれていました。また慈氏禅定堂《じしぜんじょうどう》という法名があったとあります〔これについて詳しくは吉田一彦―二〇〇四年〕。一方後者は、紀伊国名草郡《なくさのこおり》の貴志里《きしのさと》の話で、こちらでも「村人」たちが私の堂、「道場」を造って、貴志寺《きしでら》と呼んでいたとあります。これらも景戒の地元の紀伊国の話で、時代も景戒に近く、事実に基づく記述としてよいと思います。私は、村人たちが協力して村堂を造ったというこれらの話は、古代社会の実際の様子を伝えていると理解しています。

また下巻第二十三はこの二つとは少し違うのですが、やはり注目されます。これは信濃国小県郡《ちいさがたのこおり》の嬢《おみなのさと》里の話ですが、この地域に住む大伴連《おおとものむらじ》の一族が心を合わせて里の中に「堂」を造り、それを一族の氏寺としたとあります。ここから、村全体ではなく、村の中の特定の集団が自分たちの堂を造るという場合もあったことが知られます。

それから、大変面白いのが中巻第三十二です。ここには、村の寺の運営の様子が描かれています。紀伊国名草郡の三上村《みかみのむら》に薬王寺《やくおうじ》という寺がありました。勢多寺《せたでら》とも言いました。ここの寺では、酒を薬として貸し出し、その利息を取って寺を運営していました。村人たちが「知識」（仏教を信仰するグループ）を率いて、酒の原料となる米を岡田村主姑女《おかだのすぐりおばめ》という人物の家に預け、そこで酒を造って、そのできた酒を貸し出して利息をとっていたのです。この寺の「檀越《だんおつ》」として岡田村主石人《いわひと》という人物が登場し、姑女はその妹だとあります。ですから、村の寺の有力な後援者（檀越）の妹が責任者となって、酒の貸し出しを行なっていたと読解できるでしょう。しかも姑女は桜村の人だとありますから、お寺のある三上村とは別の村に住んでおり、この寺の信仰圏が複数の村にわたっていたと読めます。これも景戒の地元の紀伊国名草郡のお寺の話ですから、確度の高い記述とすべきでしょう。この話では、地域社会の寺が酒の貸し出しという経済活動によって運営され、しかもその責任者が女性であったとされており、はなはだ注目されます。

仏教との出会い

さて、女性の信心、一家の信心、地域の信心の様子を『日本霊異記』を題材に見てきました。では、彼女たちはどのように仏教にふれ、仏教信仰を持つようになったのでしょうか。先に見た防人とその母の話では、息子は母親に『法華経』を講説する法会があるから行きませんかと誘いました。おそらく、このように仏教の会合がそこここで開催され、それに顔を出す、誘われて行くというのが仏教に接する一つのあり方であったと思われます。

中巻第十一を見ましょう。紀伊国伊刀郡《いとのこおり》に狭屋寺《さやでら》という尼寺がありました。ここの尼たちが薬師寺の題恵禅師《だいえぜんじ》を招いて十一面観音悔過《けか》の法会《ほうえ》を行ないました。その里の人々がたくさん参加し、ある一人の女も出席しました。しかし、その女性の夫が三宝を信じない人物で、禅師を侮蔑し、妻を法会の場から連れ戻して妻と交わりました。すると、この夫に仏罰が当たって急死してしまったという話です。ここでも、お寺で法会があり、女性を含めた人々が参集したと読解してよいでしょう。この話は、古代社会における仏教の布教活動の実際の様子を伝えるものと思われます。

次に下巻第十八を見ましょう。河内国丹治比郡《たじひのこおり》に一つの「道場」がありました。野中堂《やちゅうどう》と言います。河内国丹治比郡は、渡来系氏族の白猪《しらい》（葛井《ふじい》）・船《ふね》・津《つ》の三氏などが住み、早くから仏教文化が栄えたことが知られています〔加藤謙吉―二〇〇二年〕。道昭《どうしょう》という有名な僧も船氏の出身で、この郡の生まれです。丹治比郡には野中寺《やちゅうじ》という著名な古代寺院があります。『日本霊異記』の「野中堂」は、あるいは野中寺のことかもしれません。さてこの郡には、丹治比の経師《きょうじ》という写経の専門家がおり、彼を野中堂に招いて、『法華経』の写経を行なうという催しがありました。おそらく近辺の人たちだと思いますが、「女衆《にょしゅう》」がこの経師のお世話をすることとなりました。この話はその後、経師と一人の女性が性交渉をして罰が当たるというように展開していきますが、それは別として、女性たちが地域の仏教の催しに深く関わっていたことがうかがえます。

行基集団における女性

『日本霊異記』には行基の話がいくつかあります。行基は八世紀前半に活躍した僧で、池や「布施屋《ふせや》」を造るなど社会事業を実施したことでも知られています〔本書Ⅱ―三参照〕。『続日本紀』によると、行基は都鄙《とひ》を周遊して人々を教化《きょうけ》し、追従する者は千人単位であったといいます。行基が来ると、人々が集まり、争って彼を拝礼しました。彼は弟子たちをひきいて橋を造り、堤を築いて、百姓たちに利便をもたらしました。行基が造立した道場は、畿内だけでおよそ四十九ヵ所あったといい、普通これを「四十九院」と呼びます。また、しばしば「霊異神験《りょういしんげん》」を現わし、人々から「行基菩薩」と呼ばれました。大仏の造立も行基集団の勧進《かんじん》活動が大きな力となりました。聖武《しょうむ》天皇は、彼に大僧正《だいそうじょう》の位を授けました。その集団は行基の死後も遺法を守って継続した、と記されています。行基に従う人々には女性が多かったことも注目されるところです。では、行基の弟子や信徒たちは、どのようにして彼の集団に参加したのでしょうか。『日本霊異記』には面白い話が収められています。

中巻第二十九と第三十を見ましょう。中巻第二十九には、故京（もとの藤原京）の元興寺《がんごうじ》の村で、行基を招いて七日間にわたって法会が行なわれたとあります。「聴衆《ちょうしゅう》」がたくさん集まり、女人もいました。あるいは女性の方が多かったのかもしれません。そこで行基は、一人の女人の髪の油が猪《いのしし》の血であることを見破ったとあります。また中巻第三十では、行基が難波《なにわ》の江を掘って「船津《ふなつ》」を造っていた時、法会を開いて人々に布教していた様子が描かれています。行基の集会には「道俗貴賤《どうぞくきせん》」が参集したとあります。河内国若江郡《わかえのこおり》の川派里《かわまたのさと》の一人の女人が子供を連れて参加しました。行基はその女性に、この子供は、前世、おまえに恨みをもって死んだ人物が化けて取り憑いた子だ、すぐに淵に捨ててしまえと言いました。何ともすごい展開ですが、それは別として、行基の法会には女性がたくさん参加し、集会には子連れの女性もいたと描かれています。これは行基集団の実際の姿を伝える説話であろうと私は理解しています。

さらに中巻第八がまた面白い話です。富尼寺《とみのあまでら》の上座《じょうざ》の尼に法邇《ほうに》という女性がおり、娘がいました。置染臣鯛女《おきそめのおみたいめ》と言います。鯛女は行基につかえる女性でした。ところで、この富尼寺とは、行基四十九院の一つで、登美院《とみいん》（隆福尼院《りゅうふくにいん》）とも言います。古代の寺には三綱《さんごう》と呼ばれる管理職がおり、上座・寺主《じしゅ》・都維那《ついな》の三役で構成されていました。法邇は、行基四十九院の一つの尼寺の上座を務める尼でした。その尼に子供がいました。行基の院は僧院と尼院とが別々に造立され、戒律《かいりつ》には厳格であったと推測されますから、出家した後に生んだ子とは考えにくいと思います。おそらく、小さい女の子を連れて行基集団に参加した女性（母親）がおり、これがやがて出家して尼となりました。その女性が後に幹部になり、上座の尼を務めるようになりました。彼女の女の子も、母に連れられて行基集団の一員となっており、それが成長して一人前の娘となりました。それが置染鯛女である、と私はこの話を読解しています。数多くの女性たちが、どのようにして行基集団の構成員となっていったかをうかがわせる、興味深い話だと思います。

以上、古代社会にはさまざまな仏教の催しがあり、民衆階層の人々、多くの女性も、そのような機会に仏教に接して信者となる者がいた――信者とならない者ももちろんいました――と考えてよいと思います。

女をさとす話

そうした法会では、どのような話が語られたのでしょうか。『日本霊異記』に収められた説話には、布教の場で語られたと思わせる話が含まれています。中には、女性をさとす話とでも言うべきものがあります。女性向けに語られた話ではないかと考えられます。

一つは下巻第十六です。越前国《えちぜんのくに》加賀郡《かがのこおり》に横江臣《よこえのおみ》成刀自女《なりとじめ》という女性がいました。男好きで、すぐに肉体関係におちいる女性でした。彼女は若くして亡くなったのですが、紀伊国名草郡能応里《のおのさと》の寂林《じゃくりん》法師という旅の僧が、加賀郡の畝田村《うねたのむら》に来て、そこで暮らしていた時、夢に彼女が出てきました。二つの乳をはらし、膿《うみ》をたらして苦しんでいます。自分は生きていた時、男遊びに夢中で、子供を乳に飢えさせてしまった、その報いで苦しんでいるのですと告げました。寂林は、彼女の子供である成人《なりひと》を尋ねて夢の話をしました。子供たちは様子を聞いて、母の罪を贖なうために仏像を造り、写経をし、法事をしました。すると寂林の夢に再び成刀自女が現れて、いま私の罪は免されたと告げたという話です。これは女性に対して、仏教的道徳観から、男遊びにふけってはいけませんよ、仏教の信心をしなさいよと説く話になっています。

ところでこの話は、のちの能の原形のような構成となっているのが、もう一つ面白いところです。旅の僧の夢に女が現れ、苦しんでいる様子を告げる。これが前半です。後半になると、仏教の力によって罪が除かれ、女性が救われた姿で再び出現します。これが、いわば後シテということになるでしょう。そうした能のパターンの原形のような構成となっていることが、大変面白く思われます。

それからもう一つ。この話には、日本的な成仏《じょうぶつ》観の原形のような観念がうかがえます。インド仏教では、「成仏」とは成仏陀、つまりブッダになることを意味します。覚りをひらいてブッダとなることが成仏です。ところが日本では、「成仏」という観念が、本来の意味を離れて、死んだ後、霊というか魂というかが、迷わず安定した状態になることを指して用いられることがしばしばあります。魂がその辺でうろうろ迷っているのが、成仏できない状態です。それが、安定した穏やかな世界に行くことを「成仏」と表現するのです。そうした日本的な成仏観がすでに『日本霊異記』のこの話などに見え、かなり早い段階でこれが成立したことがわかります。

もう一つは下巻第二十六です。讃岐国美貴郡《みきのこおり》の大領の妻に田中真人広虫女《たなかのまひとひろむしめ》という女性がいました。裕福で財産がたくさんあったのですが、けちで欲深く、信仰心もありませんでした。この大領の妻は、家室として大きな力を持っており、この家では彼女が中心になって出挙《すいこ》を行なっていました。それが、回収の時に升《ます》やはかりをごまかすなどさまざまな不正をし、利息も常識はずれに高く、情け容赦ない取りたてをしました。彼女は、やがて罰が当たって死んでしまいますが、しばらくすると、半分牛、半分人間の姿となって甦り、体は臭く、草を食べては反芻《はんすう》し、糞の上に寝てしまいます。驚いた家族は五体投地《ごたいとうち》をして懺悔《ざんげ》し、地域の寺である三木寺《みきでら》に財物をいろいろと寄進し、東大寺《とうだいじ》にも牛・馬・田・稲などを寄進しました。すると五日後に半人半牛はようやく死ぬことができたという話になっていま す。これも、私は女性をさとす話なのだろうと理解しています。けちで欲張りはいけませんよ、不正はいけませんよ、信仰心を持ちなさいよという話です。また五日後に半人半牛が亡くなる場面には、さきほどの横江成刀自女の話と同様、日本的な成仏観が示されているように思います。

沙弥・僧の家族

日本の仏教では、しだいに戒律が守られなくなり、僧が女性と肉体関係を結び、結婚し、家族を営み、生まれた子供が跡を継ぐようになりました。世界の仏教の中で、おそらく日本の仏教のみに顕著に見られる、日本仏教の大きな特色です。平安時代の中後期からいくつかの寺院でそうした姿が見られるようになりますが、『日本霊異記』にはすでに僧や沙弥《しゃみ》の結婚や家族のことが描かれています〔西口順子―一九八七年〕。日本では、地方の仏教や民衆の仏教を中心に、かなり早くから僧の結婚が行なわれていたとしなくてはなりません。

上巻第二十七には、石川の沙弥という自度《じど》の沙弥が登場しますが、彼には妻がいました。下巻第十の牟妻《むろ》の沙弥も自度で、家族がおり、生業を営んで暮らしていたとあります。また下巻第四には、奈良の都に住む一人の大僧が登場します。彼は私度僧《しどそう》とは記されてなく、官度僧と見るべきだと思いますが、妻子がおり、金融活動――銭の出挙（銭を貸し出して利息をとって回収する行為）――をして家族を養っていたとあります。この話は僧の金融活動という点でも重要です。中世史の網野善彦《あみのよしひこ》氏によると、わが国の金融、商業の歴史は、寺とか僧尼とか神仏に関わる世界から始まったのではないかといいます。神仏の銭こそが人々に貸し与えられるべき銭であって、ここから金融が始まったというのです〔網野善彦―一九九一年、一九九七年〕。

確かに『日本霊異記』を見ると、寺院や僧尼は商業、金融活動に深く関わっています。中巻第二十四には、大安寺の銭を三十貫借りて越前国の敦賀《つるが》の津（現在の福井県敦賀市）まで行って、「交易《きょうやく》」―

—商業といってよいでしょう——を行なっていた楢磐嶋《ならのいわしま》という人物の話がでてきます。彼は大安寺の銭を資金として商業活動を行なっており、寺の商業の実務を代行する商人と見るべき人物です。彼の借りた銭は「寺商銭《てらのあきないのぜに》」と表現されています。住居も大安寺の西の里に構えていました。

次に下巻第三十を見ましょう。紀伊国名草郡の老僧観規《かんき》の話です。彼は妻子を持ち、世俗的な生活をして、農業を営んで妻子を養っていたとあります。彼の先祖の造った寺が名草郡の能応村《のおのむら》の弥勒寺で、これは能応寺《のおでら》とも呼ばれていました。観規はこの寺の僧でした。彼には明規《みょうき》という弟子がいました。この話では、明規は最初「弟子明規」とでてきます。しかし読み進めると、観規が明規に「我子」と呼びかけていて、どうも実子を弟子とし、寺の後継者としていたように読めます。西口順子《にしぐちじゅんこ》氏は、明規は観規の実子だと指摘しましたが、この指摘は正しいと思います。そもそも弥勒寺（能応寺）は、観規の先祖が造った寺とあるので、親から子へと、実子が僧となって寺を相続する形態が、観規以前から続いてきた可能性すらあります。僧が妻子を持ち、実子が跡を継いで世襲するという形は、案外早く、『日本霊異記』段階からあるとするべきでしょう。なお、この話も景戒の地元の紀伊国名草郡の話で、時代も近いので、事実に基づく記述としてよいでしょう。

そもそも景戒自身に妻子がいました。下巻第三十八は景戒が自身のことを記した自伝的な一話で、実は彼に関する情報はほとんどここから知られるのみなのです。それによれば、景戒は薬師寺の沙門でありながら、紀伊国の名草郡もしくはその近辺に私の堂を構えていて、そこで生活していました。紀伊国と奈良の薬師寺との二重生活者とすべきでしょう。彼には男の子がおり、馬も飼っていました。

おそらく、当初は紀伊国で活動する私度沙弥であったのが、のち官度を得ることに成功し、官度僧となって薬師寺の所属とされたのでしょう。延暦《えんりゃく》十四年（七九五）には「伝灯住位《でんとうじゅうい》」の僧位を叙されたといいます。彼も地方で活動する妻子ある仏教者でありました。

以上より、八、九世紀に、すでに沙弥や僧の妻、娘という存在が日本社会にいたということがわかります。

尼寺・尼・沙弥尼・優婆夷

『日本霊異記』には、尼寺、尼、沙弥尼《しゃみに》、優婆夷《うばい》がいくつか描かれています。中巻第十七には斑鳩《いかるが》の岡本尼寺《おかもとにじ》が出てきます。中巻第二十三には葛木尼寺《かつらぎにじ》が見え、中巻第十一には狭屋寺《さやでら》という尼寺も見えます。また上巻第三十五には平群山寺《へぐりさんじ》が見えますが、この寺は沙弥尼が住んでいるので尼寺だと思われます。だとすると、山に尼寺があった貴重な例となります。中巻第八はさきほど紹介した話で、行基四十九院の一つの富尼寺が見えます。上座の尼の法邇がいました。

ここで中巻第十九の利苅《とかり》の優婆夷についてふれておきます。優婆夷とは在俗の女性信者のことで、男性の在俗信者のことは優婆塞《うばそく》と言います。優婆塞はインド古典語のウパーサカ、優婆夷はウパーシカを音訳してできた中国語です。この在俗の信者が出家（得度）すると、男は沙弥、女は沙弥尼となります。ただ、この得度の段階は見習いの出家者という意味あいがあります。次の段階として受戒《じゅかい》を経ると、沙弥は比丘《びく》、沙弥尼は比丘尼となります。略して僧、尼とも言います。これが完成した出家者です。ですから、優婆塞や優婆夷は信者のことで、出家の宗教者ではありません。しかし、日本では、優婆塞、優婆夷がそのままで宗教活動を行ない、信徒をひきいることもありました。この話の利苅の優婆夷は、そのような宗教者でした。

利苅の優婆夷は河内国の人で、『般若心経《はんにゃしんぎょう》』を誦経する声が大変すばらしく、多くの人々に好まれていました。閻羅王《えんらおう》（閻魔王）も、利苅の優婆夷の誦経の声を聞きたいと考え、彼女をわざわざ呼びました。利苅の優婆夷が誦経すると、閻羅王はひざまづいて拝礼したといいます。三日後、優婆夷は甦ってこの世に帰りました。すると盗難で失っていた三巻の写経を取り戻すことができました。早速、法会を設けて経典の講読をしたという話です。彼女は、人々の人気を得て優婆夷のまま活動していた、地域の宗教者というべき存在だと考えられます。利苅の優婆夷は、『日本霊異記』にしか見えない人物です。しかし私は、実在の人物に取材してこの説話ができているのではないかと推測しています。宗教者としての優婆夷で、実在が確認できる者がいます。それは越《こし》の優婆夷です。

越の優婆夷

越の優婆夷は、『日本後紀《にほんこうき》』の延暦十五年（七九六）七月二十二日条に次のように記されています。

生江臣家道女《いくえのおみやかみちめ》を本国に逓送《ていそう》す。家道女は越前国足羽郡《あすわのこおり》の人なり。常に市廛《してん》において妄《みだ》りに罪福《ざいふく》を説き、百姓《はくせい》を眩惑《げんわく》す。世に号して、越優婆夷という。

越の優婆夷とは通称で、本名は生江臣家道女と言います。越前国足羽郡の人、つまり越の国の出身なので越の優婆夷と呼ばれました。その彼女が都に出てきて宗教活動を行なっていました。「妄りに罪福を説きて百姓を眩惑す」とありますから、さまざまな教えを説き、百姓——一般民衆のことです

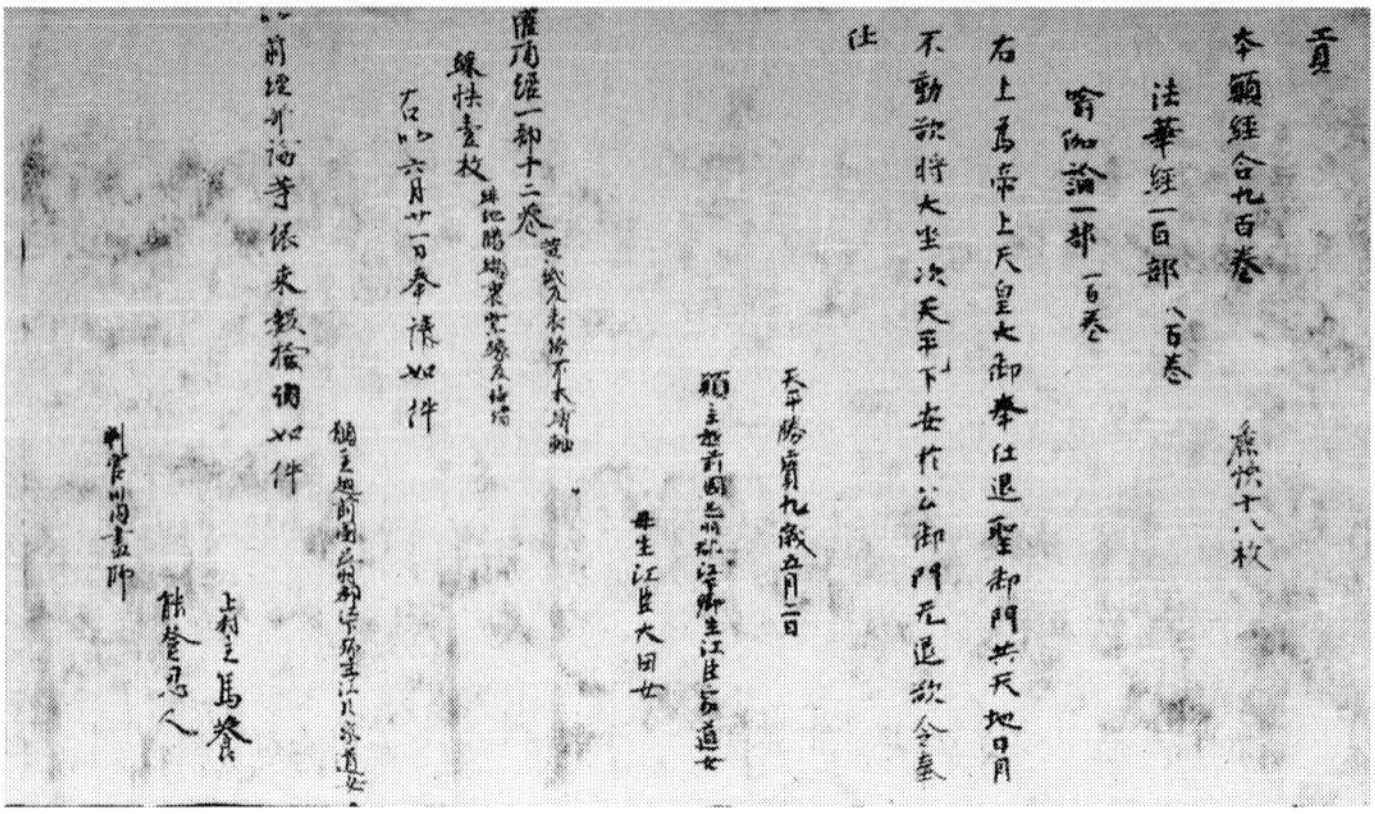

「生江臣家道女」の見える正倉院文書（正倉院宝物）

——の信徒がいたとわかります。彼女は政府から、百姓を惑わす宗教家と断じられ、「本国」に送り返される、強制送還の処罰をうけました。刑罰としてははなはだ軽いものというべきでしょう。実は、家道女は、この史料以外に「正倉院文書」にも見えます。そこでは、彼女は母（生江臣大《いくえのおみおお》田女《ため》）と共に、天平勝宝《てんぴょうしょうほう》九年（七五七）五月、六月に、『法華経』百部八百巻、『瑜伽論』一部百巻などを東大寺に貢上しています。生江臣氏は越前国足羽郡で最も有力な豪族です。彼女は地方の有力者の家に生まれ、若い頃から熱心な仏教信者でした。それが、歳をとって、ついに宗教者として活動するようになり、都にも出て、一定規模の宗教集団をひきいる教祖のような存在となっていったと思われます。

以上、越の優婆夷のような実在の宗教者が確認できます。これを考えるなら、『日本霊異記』の利苅の優婆夷も、閻羅王云々はともかく、その存在自体は何らか事実に基づく記述と理解してよいと思われます。

2　舎利菩薩説話をめぐって

下巻第十九をめぐる問題

『日本霊異記』にはたくさんの女性が登場します。最初にも述べましたが、興味深いのは、そこに「五障」とか「変成男子」といった大乗仏教の女性差別の思想がまったく見えないことです。五障三従の女であってもとか、そんな女でも特別に、といった話はありません。また男子に変じて救われるという観念もまったく見えません。そうした差別思想が説かれるようになるのは、もう少し後の時代のことなのです。『日本霊異記』の仏教では、男と女は同じ扱いで、差別的なところはないと言ってよいと思います。

ただ一つ問題となるのが下巻第十九です。『日本霊異記』全百十六条のうち、この話だけに微妙な記述があり、これを女性差別であると解釈する見解もあります。そうだとすると、『日本霊異記』の仏教にもわずかだが女性差別が見えるということになります。しかし私は、ここの文章を女性排除の記述と読むことはできないのではないかと考えています。まずこの話をじっくりと読んでおきましょう。原漢文を書き下し文にしておきます。

産生《う》みたる肉団《ししむら》女子と作《な》りて善を修し人を化《け》しし縁　第十九

肥後国八代郡豊服郷《びんごのくにやつしろのこおりとよぶくのさと》の人、豊服広公《とよぶくのひろぎみ》の妻懐任す。宝亀二年辛亥《しんがい》の冬十一月十五日の寅《とら》時に、一の肉団を産生みき。其の姿卵《かいご》の如し。夫妻祥《しょう》にあらざるなりと請《おも》ひ為《な》して、笥《おけ》に入れて山の石の中に蔵《かく》し置きぬ。七日を経《へ》て往きて見れば、肉団の殻《かいご》開きて女子を生めり。父母取りて、更に乳を哺《ふふ》めて養ふ。見聞く人、国合《こぞ》りて奇《あや》しびずといふこと無し。八箇月を経て身俄《にわ》かに長大す。頭と頸《くび》と成り合ひ、人に異なりて頤《おとがい》無し。身長三尺五寸なり。生れながらに知り、利口にして、自然《おのづから》に聡明なり。七歳以前に、法華・八十花厳《けごん》を転読し、黙然として逗《ほこ》らず。終《つい》に出家を楽《ねが》ひ、頭髪を剃除し、袈裟《けさ》を着て、善を修し人を化す。人の信ぜずといふこと無し。其の音《こえ》多く出で、聞く人哀れびを為《な》す。其の体人に異なり、閪《くぼ》無くして嫁《とつ》ぐこと無し。ただ尿を出す竇《あな》のみ有り。愚俗呰《あざけ》りて、号して猴聖《さるひじり》と曰《い》ふ。

時に託磨郡《たくまのこおり》の国分寺の僧と、また豊前国宇佐郡《ぶぜんのくにうさのこおり》の矢羽田《やはた》の大神寺《だいじんじ》の僧と二人、彼の尼を嫌《そね》みて言はく「汝《なんじ》は是《こ》れ外道《げどう》なり」といひて、啁《えつらか》し呰《あざけ》りて嬲《なぶ》る。神人《じんにん》空より降り、桙《ほこ》を以ちて僧を棠《つ》かむとす。僧恐《おそ》り叫びて終《つい》に死にき。大安寺の僧戒明大徳《かいみょうだいとこ》、彼の竺紫《つくし》の国府の大国師《たいこくし》に任ぜられたる時、宝亀七八箇年の比頃《ころおい》に、肥前国佐賀郡《ひぜんのくにさがのこおり》の大領《だいりょう》正七位上《しょうしちいのじょう》佐賀君児公《さがのきみこぎみ》、安居会《あんごえ》を設く。戒明法師を請《う》けて、八十花厳を講ぜしめたる時に、彼の尼闕《か》かさずして衆中に坐《い》て聴く。講師見て呵嘖《かしゃく》して言はく「何《いづ》くの尼か濫《みだ》りに交《まじわ》るは」といふ。尼答へて言はく「仏は平等大悲《びょうどうだいひ》の故に、一切衆生の為に正教《しょうぎょう》を流布せり。何故に別《こと》に我れを制する」といふ。因《よ》りて偈《げ》を挙《こ》して問へば、講師偈を通《つう》ずること得《え》ず。諸《もろもろ》の高名の智者、怪《あや》しびて一向《いっこう》に問ひ試みれども、尼終《つい》に屈せず。すなわち聖《ひじり》の化《け》なることを知りて、更に名を立てて、舎利菩薩《しゃりぼさつ》と号し、道俗帰敬《ききょう》して化主《けしゅ》としき。昔、仏在世《ざいせ》の時に、舎衛城《しゃえじょう》の須達長者《すだちちょうじゃ》の女蘇曼《むすめそまん》の生める卵十枚、開きて十男と成り、出家してみな羅漢果《らかんか》を得たりき。迦毘羅衛城《かびらえじよう》の長者の妻、懐妊して一つの肉団を生み、七日の頭《すえ》に到《いた》りて、肉団開敷《ひら》きて、百の童子有り。一時に出家して、百人倶《とも》に阿羅漢果を得たり。我が聖朝に弾《だん》圧《あつ》せらるる土《くに》に、是《こ》の善類有り。斯《こ》れまた奇異の事なり。

話の概要

肥後国八代郡の豊服広公の妻が懐妊し、出産すると、卵のような肉のかたまりが生まれました。夫婦は、これはよいものではなかろうと判断して、桶に入れて山に隠してしまいました。七日後に行ってみると、肉団の殻が開いて、女の子が誕生しており、二人は乳を与えて養うこととしました。これを聞いた人達は、国中、不思議がらない人はいませんでした。八ヵ月後、成長した姿は、顎《あご》がなくて頭と頸とがくっついています。身長も小さく、三尺五寸（約一一〇センチメートル）でした。しかし、生まれながら聡明で、七歳になる前にもう『法華経』と八十巻本の『華厳経《けごんきよう》』を転読《てんどく》したといいます。

やがて彼女は出家し、人を教化するようになりました。彼女の教えを信じない者はなく、また声量が豊かで人々を感動させました。その体は人と異なり、女性器がなく、ただ尿を出す口しかありません。中には彼女を嘲って、「猿聖《さるひじり》」などと言う人もいました。

さて、この国の国分寺の僧と、豊前国宇佐郡の矢羽田の大神寺の僧の二人が、彼女に対し、「お前なんか外道だ」と嘲ったところ、たちまち「神人」が空から現れて、二人を成敗してしまいました。

大安寺の僧の戒明《かいみよう》が筑紫国の大国師《だいこくし》であった時、宝亀七、八年（七七六、七七七）の頃、肥前国佐賀郡の大領《だいりよう》の佐賀君児公《さがのきみこぎみ》が安居会《あんごえ》を開催し、戒明を講師に招いて八十巻本の『華厳経』を講義しました。この尼は欠かさず出席し、「衆中」に座って聞きました。講師の戒明はこれを見とがめて、「どこの尼だ濫りに交っているのは」と叱りつけました。尼は、「仏は平等の心で一切衆生のために教えを説いた、何の理由があって私を排除しようとするのか」と答えました。尼が偈《げ》の形式で質問すると、戒明は、それに偈の形式で応答することができません。同席した名だたる智者たちが集中的に質問をあびせましたが、尼は屈することがありません。ついに人々は彼女が聖の化身だと知り、「舎利菩薩《しゃりぼさつ》」と呼ぶこととしました。出家者も俗人も彼女に帰依し、「化主《けしゅ》」と仰ぎました。

かつてインドでも、シャカの時代、舎衛城《しゃえじょう》（コーサラ国の首都のサーヴァッティー）の須達《すだつ》長者（大富豪のスダッタ）の娘の蘇曼《そまん》は卵十個を生み、そこから十人の男子が誕生し、出家すると、みな阿羅漢《あらかん》の位にまで達しました。また、迦毘羅衛城《かびらえじょう》（シャカの生まれた国の首都カピラヴァットゥ）の長者の妻も肉団を生み、七日後に開いて百人の童子が誕生し、出家すると、百人とも阿羅漢の位に達しました。わが日本国にもこれと同類の者がいるのは奇異のことであるという話です。

説話の留意点

肥後国八代郡豊服郷、現在の熊本県宇城市松橋町《うきしまつばせまち》豊福に生まれた一人の女性宗教家がいました。卵のような肉団から誕生したという出生譚を持つ異形の尼でした。顎が首にめり込むようになっており、小さ子で、今日でいう障害者なのでしょうが、本文に「体、人と異なり」とあるので、「異形《いぎょう》」というのが適切かと思います。女性器もないと言われていて、彼女を「猿聖」と嘲る人もいました。異常出生伝説をもつ異形の女性仏教者で、私度であろうと考えられます。なお、この豊服郷の近くには、肥後最古で白鳳《はくほう》時代の寺院跡と考えられている陣内《じんない》廃寺や、古代の碑を今日に伝える浄水寺《じょうすいじ》〔国立歴史民俗博物館―一九九七年〕があります。すでに古代に仏教が流布した土地柄です。

国分寺の僧と大神寺の僧――大神寺というのは宇佐八幡宮《うさはちまんぐう》の神宮寺《じんぐうじ》のことで、この寺は宇佐八幡神宮寺、また弥勒寺《みろくじ》と呼ばれましたが、『日本霊異記』では大神寺と記しています。有力寺院といってよいでしょう。その二寺の僧が彼女を「外道」と嘲りました。外道とは、仏道の外という言葉で、仏道ではない、仏教ではない、という意味になります。国分寺などの正統的な僧からすれば、彼女は、とても仏教とは言えない、あやしげな宗教者と映じたのでしょう。すると「神人」が出現して、二人の僧を殺してしまったとあります。ここの「神人」は、神のような人、ただ人ならぬ人という意味の語で、天から出現していますから、神（護法善神《ごほうぜんしん》）が人の姿をとって現れたと解釈するのが適切な読みかもしれません。二人は成敗されてしまいました。

護法善神像（園城寺所蔵）

次に戒明との問答になります。戒明は奈良時代の高名な学僧の一人で、『延暦僧録《えんりゃくそうろく》』に伝が記されています。『延暦僧録』は、鑑《がん》真《じん》の弟子で、彼とともに来日した思託《したく》という唐僧の著で、延暦七年（七八八）の成立です〔後藤昭雄―一九九三年〕。信頼できる史料といえます。それによれば、戒明は大安寺で出家し、慶俊《きょうしゅん》の弟子となり、『華厳経』を学んでその「奥旨《おうし》」を極めたとあります。「道慈――慶俊――戒明」と続く大安寺三論宗《さんろんしゅう》の正統的学僧です。唐に留学――おそらく宝亀八年の遣唐使《けんとうし》で入唐――して、帰国後は大安寺で活躍し、『大仏頂経《だいぶつちょうきょう》』の真偽論争にも参加し、法相宗《ほっそうしゅう》の学僧と論争しました。彼については、松本信道《まつもとのぶみち》氏の研究があります〔松本信道―一九八七年、一九九五年〕。

その大安寺僧の戒明が筑紫国の大国師でありました。国師というのは、その国の僧尼全体の長となる管理職のことです。国師は最初は一国一人だったようですが、天平宝字《てんぴょうほうじ》の末年～天平神護《じんご》の頃（七六〇年代前半）から人員が増加し、大国師、中国師、少国師の別ができました〔難波俊成―一九七二年〕。戒明は、唐留学のこともあって筑紫に大国師として赴任していました。地元の豪族、肥前国佐賀郡の大領は、自分の主催する法会にわざわざ戒明を講師として招き、得意の『華厳経』について講義してもらいました。宝亀七、八年の頃というのは、戒名の伝記から考えて矛盾がありません。安居会というのは、夏の安居の途中または最終日に開催される法会です。ここで戒明と尼との問答となります。

「平等」の解釈

戒明は、聴衆の中にいる尼に対して「何尼濫交」と叱りました。「何《いず》くの尼か、濫《みだ》りに交《まじわ》るは」と訓むのでしょう。これを女であることが見とがめられたと読む見解があります。女性であることが理由となって排除されようとしたのだと理解するのです。その一方、尼であることが叱責《しっせき》の理由となったのだと読む見解もあります。こちらでは、一般の女性が聴衆となるのはかまわないが、尼は僧と同席するのが好ましくないので制されたと理解するのです。

前者は、日本古典文学大系『日本霊異記』〔遠藤嘉基・春日和男―一九六七年〕や、いくつかの研究論文に見られる説で、多数説です。後者は西口順子《にしぐちじゅんこ》氏の説で〔西口順子―一九九一年〕、「戒明が尼の聴聞をとがめたのは、この時期すでに法会に尼が僧との同席を排除していたことを示している」と述べて、牛山佳幸《うしやまよしゆき》氏の論文を引用しています。しかしこれらの見解には私は賛成できません。牛山説は前章で紹介しましたが、宮中の国家的法会の場で僧と尼とが同席しなくなると説くのであって、地方の法会はまた別としています。下巻第十九の法会は地方の法会であり、また国家的法会ではなく、豪族主催の私的な法会とすべきでしょう。牛山説を代入することはできません。それからこの尼は聴衆の一人として参席したのであって、法会を挙行する側の人間ではありません。牛山氏は、僧と尼とが一緒に法会を挙行することがなくなると説くのですから、この点からも牛山説をあてはめることはできないと思います。また、日本古典文学大系本の頭注は、「女性が交わるのは僧尼令で禁じられている」と説明しますが、「僧尼令」にはそうした条文はなく、この注釈はまったくの誤りです。

ではどう考えるべきでしょうか。私は、女であること、または尼であることがとがめられたのではないとこの話を読解しています。まず第一に、「衆中」には女性がいたと読むべきだと思います。こうした地方の仏教の催しには、道俗男女が参集するのが一般的であったことはすでに述べました。『日本霊異記』では、中巻第三でも、中巻第十一でも、下巻第十八でも女性が参加しています。行基関係の中巻第二十九、第三十はもちろんです。この下巻第十九でも、女性が除外されていたとは記されてなく、「衆中」には女性も含まれていたとするのが適切な読みでしょう。女性の聴衆が一人もいない中に、この尼一人が何日も続けてのりこんでいったとするのは不自然で、女性の聴衆とともに聴聞していたと読むべきだと思います。

第二に、この話全体の文脈を読みとる必要があります。国分寺僧・大神寺僧は彼女を「外道」と嘲りました。その話の展開の線上に戒明と尼の問答があります。また、末尾にはインドの話があります。これは、異常出生者でも立派な仏教者となった例がインドにあるということを説くために記されています。これらを考えるなら、女だから、もしくは尼だからという理由で、彼女が戒明にとがめられたとは読めません。異形の民間宗教者、非正統的なあやしげな仏教者であることが見とがめられたと読解すべきだと思います。大安寺という国家の大寺の学僧と、地方で活動する変な異形の仏教者との間で、正統性が議論になったとすべきでしょう。尼は「仏平等」云々と主張しました。これは八十巻本『華厳経』の「一切諸仏、皆悉具足、平等大悲、恒不捨離、一切衆生」に基づく文言です。尼の説く平等は、この場合は、具体的には男女の平等というより、正統的な学僧も、異形の尼も平等ということであり、仏教に関わる者はみな平等なのだということを言っているのでしょう。これは『日本霊異記』全体の論調とも合致いたします。

女性の「菩薩」「化主」

それよりもこの話で注目しなくてはならないのは、女性で「菩薩」と呼ばれ、「化主《けしゅ》」と仰がれた仏教者がいたらしいことです。日本古代では、行基が人々から菩薩と呼ばれたことが著名です。だが、彼一人ではありません。『日本霊異記』には、行基菩薩の他に、金鷲《こんしゅ》菩薩、南《なん》菩薩、寂仙《じゃくせん》菩薩、そしてこの舎利菩薩が登場します。また「化主」は、地域社会で教化を行なう仏教者を指す語で、もともとは中国で使われていた言葉です。鑑真は中国で「淮南《わんなん》の化主」と呼ばれていました。淮河《わいが》の南の方で民衆教化をしていたので、こう呼ばれました。鑑真の弟子の道忠《どうちゅう》は、鑑真を模倣して、日本の北関東地方で民衆教化活動を行ない、「東国の化主」と呼ばれました。その弟子の広智《こうち》は円仁《えんにん》（下野国《しもつけのくに》の出身）の最初の師となった人物ですが、彼も「広智菩薩」と呼ばれています。また「家原邑知識経」と呼ばれる古写経があります。これは『大般若経』の写経ですが、巻によっては大変古く、天平勝宝六年（七五四）のものが含まれています。その奥書に「河東化主万福《まんぷく》法師」とあります。奥書によりますと、河東化主の万福法師は橋を改修する工事を実施していたのですが、志なかばで亡くなり、花影禅師《かえいぜんじ》が遺志を継いで完成させたとあります。家原村の「男女」たちは、彼らの教化に応えて写経を行ないました。この写経は、一九五三年（昭和二十八）の台風で流されてしまいましたが、その前に研究者による調査が行なわれており、確実な史料です。以上、「化主」も民衆教化を行なった仏教者を指す言葉です。「菩薩」とか「化主」（中井真孝―一九七三年、吉田靖雄―一九八八年）と呼ばれた仏教者に舎利菩薩のような女性がいることは重要で、古代の民衆の仏教の一側面を伝えているとしなくてはなりません。

『日本霊異記』から見た古代の女性と仏教

下巻第十九に女性差別的な記述がないとするなら、『日本霊異記』の仏教には特に女性を蔑視するような箇所はなく、女も男も同じように仏教に関わっています。『日本霊異記』に見える仏教は女性を拒否するものでなく、女性たちも仏教を拒否していません。それは各階層にわたっています。貴族、地方豪族、民衆の女性、みなそうです。またその信心の姿を観察すると、個人的な信心もあれば、家族単位の信心もあり、地域単位の信心もありました。仏教を信心しない女性のことも記述されていました。

七世紀末～八世紀は、日本の第一次仏教ブームの時代でした。六世紀中頃に伝来した仏教が、この頃から急速に流行していきました。それは、地方豪族の仏教を基軸にしますが、国家の仏教、貴族の仏教、民衆の仏教まで各階層にわたっています。そこでは、女性は男性と同等に――部分的には男性以上に――仏教に関係しました。『日本霊異記』は、そうした様子を今日に伝える貴重な書物であり、とても面白く、役に立つ史料だと私は評価しています。

参考文献

参照した参考文献の一覧を以下に掲げる。本文で参考文献に言及する時は、〔　〕でくくって文中に示した。たとえば、〔吉田一彦―一九九五年〕であるなら、以下の一覧に掲示した、吉田一彦が一九九五年に発表した『日本古代社会と仏教』を指している。煩雑さを避けるため本文中での参考文献の言及は最小限にとどめた。

浅井和春「飛鳥・奈良の仏教美術と律令国家」佐藤信編『日本の時代史4　律令国家と天平文化』吉川弘文館、二〇〇二年
朝尾直弘「『近世』とは何か」『日本の近世』一、中央公論社、一九九一年
網野善彦『日本の歴史をよみなおす』筑摩書房、一九九一年
『日本中世に何が起きたか』日本エディタースクール出版部、一九九七年
荒木敏夫『日本古代の皇太子』吉川弘文館、一九八五年
飯田瑞穂『飯田瑞穂著作集第一巻　聖徳太子伝の研究』吉川弘文館、二〇〇〇年
家永三郎「神代紀の文章に及したる仏教の影響に関する考証」『上代仏教思想史研究　新訂版』法蔵館、一九六六年、のち『家永三郎集第二巻　仏教思想史論』岩波書店、一九九七年
「上宮聖徳法王帝説」解説『日本思想大系　聖徳太子集』、岩波書店、一九七五年
石井　進『中世史を考える』校倉書房、一九九一年

石川力山『禅宗相伝資料の研究』上・下、法蔵館、二〇〇一年
出雲路修校注『新日本古典文学大系　日本霊異記』岩波書店、一九九六年
稲田孝司・八木充編『新版古代の日本4　中国・四国』角川書店、一九九二年
井上　薫「行基と鑑真」家永三郎編『日本仏教思想の展開』平楽寺書店、一九五六年
『行基』〈人物叢書〉、吉川弘文館、一九五九年
『日本古代の政治と宗教』吉川弘文館、一九六一年
井上薫編『行基菩薩　千二百五十年記念誌』行基菩薩ゆかりの寺院発行、一九九八年
井上光貞『日本古代の国家と仏教』岩波書店、一九七一年
伊藤隆寿「智光の撰述書について」『駒澤大学仏教学部論集』七、一九七六年
牛山佳幸『古代中世寺院組織の研究』吉川弘文館、一九九〇年
「『女人禁制』再論」『山岳修験』一七、一九九六年
梅原末治「行基舎利瓶記に見えたるその姓氏と享年に就いて」『日本考古学論攷』弘文堂書房、一九四〇年
梅原　郁『皇帝政治と中国』白帝社、二〇〇三年
エリアーデ『世界宗教史』全八巻、〈ちくま学芸文庫〉、筑摩書房、二〇〇〇年
遠藤元男「女人成仏思想序説」西岡虎之助編『日本思想史の研究』章華社、一九三六年
「往生伝の女人達」『歴史教育』一一—一一　一九三七年a
「中世仏教と女性」『歴史教育』一二—三　一九三七年b
遠藤嘉基・春日和男校注『日本古典文学大系　日本霊異記』岩波書店、一九六七年
大隅和雄「鎌倉仏教とその革新運動」『岩波講座日本歴史』5、岩波書店、一九七五年
『中世思想史への構想』名著刊行会、一九八四年

『日本の中世2　信心の世界、遁世者の心』中央公論社、二〇〇二年
大隅和雄・西口順子編『シリーズ女性と仏教』全四巻、平凡社、一九八九年
大山誠一『長屋王家木簡と金石文』吉川弘文館、一九九八年
『〈聖徳太子〉の誕生』〈歴史文化ライブラリー〉、吉川弘文館、一九九九年
「聖徳太子関係史料の再検討」『東アジアの古代文化』一〇四、二〇〇〇年
大山誠一編『聖徳太子の真実』平凡社、二〇〇三年
小笠原好彦ほか『近江の古代寺院』近江の古代寺院刊行会（滋賀大学内）、一九八九年
岡田荘司『平安時代の国家と祭祀』続群書類従完成会、一九九四年
小倉豊文「三経義疏上宮王撰に関する疑義」『史学研究』五二、一九五三年
『増訂　聖徳太子と聖徳太子信仰』綜芸社、一九七二年
小栗純子『女人往生』人文書院、一九八七年
小沢　毅「吉備池廃寺の発掘調査」『仏教芸術』二三五、一九九七年
笠原一男『女人往生思想の系譜』吉川弘文館、一九七五年
笠原一男編『女人往生』〈教育社歴史新書〉、教育社、一九八三年
笠原一男・小栗純子『宗教にみる日本女性史』放送大学教育振興会、一九八五年
勝浦令子「古代の塩支配と地域経済」稲田孝司・八木充編『新版古代の日本4　中国・四国』角川書店、一九九二年
『女の信心』平凡社、一九九五年
『日本古代の僧尼と社会』吉川弘文館、二〇〇〇年
『古代・中世の女性と仏教』山川出版社、二〇〇三年
加藤謙吉『大和政権とフミヒト制』吉川弘文館、二〇〇二年

金沢英之「天寿国繡帳銘の成立年代について」『国語と国文学』七八―一一、二〇〇一年
亀田博・清水昭博「豊浦寺跡の発掘調査」『仏教芸術』二三五、一九九七年
紀伊風土記の丘管理事務所編『特別展　紀伊の古代寺院』〈図録〉一九九三年
岐阜県博物館編『美濃・飛驒の古代史発掘』〈図録〉、一九九五年
金　申『中国歴代記年仏像図典』文物出版社、一九九四年
久米邦武『久米邦武歴史著作集第一巻　聖徳太子の研究』吉川弘文館、一九八八年
黒田俊雄『日本中世の国家と宗教』岩波書店、一九七五年
　『日本中世の社会と宗教』岩波書店、一九九〇年
国立歴史民俗博物館編『古代の碑』〈図録〉、一九九七年
小島憲之『上代日本文学と中国文学』上巻、塙書房、一九六二年
後藤昭雄『平安朝漢文文献の研究』吉川弘文館、一九九三年
佐伯有清『伝教大師伝の研究』吉川弘文館、一九九二年
　『若き日の最澄とその時代』吉川弘文館、一九九四年
　『最澄と空海』吉川弘文館、一九九八年
栄原永遠男『奈良時代の写経と内裏』塙書房、二〇〇〇年
　『奈良時代写経史研究』塙書房、二〇〇三年
坂本太郎『聖徳太子』〈人物叢書〉、吉川弘文館、一九七九年
　『坂本太郎著作集』全十二巻、吉川弘文館、一九八八～八九年
佐川正敏「山田寺跡の発掘調査」『仏教芸術』二三五、一九九七年
佐久間竜『日本古代僧伝の研究』吉川弘文館、一九八三年

桜井徳太郎「初期仏教の受容とシャーマニズム」『日本のシャーマニズム』下、吉川弘文館、一九七七年
佐藤智水「北朝造像銘考」『北魏仏教史論考』〈岡山大学文学部研究叢書〉、一九九八年
新川登亀男『道教をめぐる攻防』大修館書店、一九九九年
末木文美士「元興寺智光の生涯と著作」『仏教学』一四、一九八二年
菅原征子『日本古代の民間仏教』吉川弘文館、二〇〇三年
鈴木景二「都鄙間交通と在地秩序」『日本史研究』三七九、一九九四年
瀬間正之「日本書紀と漢訳仏典」和漢比較文学会編『和漢比較文学叢書十　記紀と漢文学』汲古書院、一九九三年
「日本書紀開闢神話生成論の背景」『上智大学国文学科紀要』一七、二〇〇〇年
薗田香融「最澄とその思想」『日本思想大系　最澄』岩波書店、一九七四年
『平安仏教の研究』法蔵館、一九八一年
曾根正人『古代仏教界と王朝社会』吉川弘文館、二〇〇〇年
「日本仏教の黎明」森公章編『日本の時代史3　倭国から日本へ』吉川弘文館、二〇〇二年
平　雅行『日本中世の社会と仏教』塙書房、一九九二年
大和書房編『聖徳太子の実像と幻像』大和書房、二〇〇二年
竹田聴洲『竹田聴洲著作集第一～三巻　仏教民俗と祖先信仰』国書刊行会、一九九三～九五年
武田幸男「高句麗『太王』の国際性」『高句麗史と東アジア』岩波書店、一九八九年
多田一臣校注『日本霊異記』上・中・下、〈ちくま学芸文庫〉、筑摩書房、一九九七～八年
圭室諦成『日本仏教史概説』理想社、一九四〇年
田村圓澄「国家仏教の成立過程」『日本仏教史Ⅰ　飛鳥時代』法蔵館、一九八二年
辻　英子『日本感霊録の研究』笠間書院、一九八一年

辻善之助「本地垂迹説の起源について」初出一九〇七年、『日本仏教史研究』第一巻、岩波書店、一九八三年
津田左右吉「天皇考」初出一九二〇年、『津田左右吉全集第三巻　日本上代史の研究』、岩波書店、一九六三年
『日本古典の研究　下』岩波書店、一九五〇年
『津田左右吉全集第九巻　日本の神道』、岩波書店、一九六四年
角田文衛編『新修　国分寺の研究』全七巻、吉川弘文館、一九八六〜九七年
坪井清足『飛鳥の寺と国分寺』岩波書店、一九八五年
東野治之「天皇号の成立年代について」『正倉院文書と木簡の研究』塙書房、一九七七年
「日出処・日本・ワークワーク」『遣唐使と正倉院』岩波書店、一九九二年
同朋大学仏教文化研究所編『蓮如方便法身尊像の研究』法蔵館、二〇〇三年
中井真孝『日本古代の仏教と民衆』評論社、一九七三年
名古屋市博物館編『発掘された東海の古代』〈図録〉一九九四年
奈良国立文化財研究所飛鳥資料館編『山田寺』〈図録〉、一九九七年
『幻のおおでら——百済大寺』〈図録〉、一九九九年
難波俊成「古代地方僧官制度について」『南都仏教』二八、一九七二年
西口順子『女の力』平凡社、一九八七年
「日本史上の女性と仏教」『国文学解釈と鑑賞』七二〇、一九九一年
西嶋定生『中国の歴史2　秦漢帝国』講談社、一九七四年
『邪馬台国と倭国』吉川弘文館、一九九四年
西宮秀紀「神祇令と律令制神祇祭祀」梅村喬・神野清一編『改訂日本古代史新講』梓出版社、二〇〇四年
野村育世『仏教と女の精神史』吉川弘文館、二〇〇四年

長谷川嘉和「生馬山竹林寺の開創伝承考証」竹田聴洲博士還暦記念会編『日本宗教の歴史と民俗』隆文館、一九七一年
原　勝郎「東西の宗教改革」『日本中世史の研究』同文館、一九二七年
花谷　浩「本薬師寺の発掘調査」『仏教芸術』二三五、毎日新聞社、一九九七年
林　淳「日本仏教の位置」『日本の仏教』二、法蔵館、一九九五年a
「近世転換期における宗教変動」『日本の仏教』四、法蔵館、一九九五年b
尾藤正英『江戸時代とは何か』岩波書店、一九九二年
福井康順『福井康順著作集第四巻　日本上代思想研究』法蔵館、一九八七年
福永光司『道教と日本思想』徳間書店、一九八五年
『道教思想史研究』岩波書店、一九八七年
福山敏男「法隆寺の金石文に関する二三の問題」『夢殿』一三、一九三五年
藤井　学「近世初期の政治思想と国家意識」『岩波講座日本歴史』十、岩波書店、一九七五年
藤井顕孝「欽明紀の仏教伝来の記事について」『史学雑誌』三六―八、一九二五年。
藤枝　晃「勝鬘経義疏」解説『日本思想大系　聖徳太子集』岩波書店、一九七五年
藤善真澄『道宣伝の研究』京都大学学術出版会、二〇〇二年
二葉憲香『古代仏教思想史研究』永田文昌堂、一九六二年
船山　徹「捨身の思想」京都大学人文科学研究所『東方学報』七四、二〇〇二年
細川涼一『中世の律宗寺院と民衆』吉川弘文館、一九八七年
堀　一郎『堀一郎著作集第一巻　古代文化と仏教』未来社、一九七七年
本郷真紹『律令国家仏教の研究』法蔵館、二〇〇五年
牧田諦亮「高僧伝の成立」『中国仏教史研究　第三』大東出版社、一九八九年

増尾伸一郎「『七世父母』と『天地誓願』」あたらしい古代史の会編『東国石文の古代史』吉川弘文館、一九九九年
「天皇号の成立と東アジア」大山誠一編『聖徳太子の真実』平凡社、二〇〇三年
松尾剛次『鎌倉新仏教の成立』吉川弘文館、一九八八年
「鎌倉新仏教と女人救済」『仏教史学研究』三七―二　一九九四年
『勧進と破戒の中世史』吉川弘文館、一九九六年
松本信道「『延暦僧録』戒明伝の史料的特質」『駒沢史学』三七、一九八七年
「『霊異記』下巻十九縁の再検討」『駒沢大学文学部研究紀要』五三、一九九五年
道端良秀『唐代仏教史の研究』法蔵館、一九五七年
『中国仏教と社会福祉事業』法蔵館、一九六七年
宮崎市定『宮崎市定全集1　中国史』岩波書店、一九九三年
宮田俊彦「天寿国繡帳銘成立私考」『史学雑誌』四七―七、一九三六年
村上嘉実「高僧伝の神異」『六朝思想史研究』平楽寺書店、一九七四年
籾山　明『秦の始皇帝』白帝社、一九九四年
森　公章『「白村江」以後』〈講談社選書メチエ〉、講談社、一九九八年
森　博達『日本書紀の謎を解く』〈中公新書〉、中央公論新社、一九九九年
山折哲雄「古代における神と仏」『神と翁』青土社、一九八四年
山下有美『正倉院文書と写経所の研究』吉川弘文館、一九九九年
山本幸男『写経所文書の基礎的研究』吉川弘文館、二〇〇二年
吉川真司「天皇家と藤原氏」『岩波講座日本通史　古代4』岩波書店、一九九五年
「東大寺の古層」『南都仏教』七八、二〇〇〇年

吉田　晶「古代の美作について」『吉備古代史の展開』塙書房、一九九五年
吉田一彦「竜女の成仏」『シリーズ女性と仏教2　救いと教え』平凡社、一九八九年
『日本古代社会と仏教』吉川弘文館、一九九五年
「多度神宮寺と神仏習合」梅村喬編『古代王権と交流4　伊勢湾と古代の東海』名著出版、一九九六年
「僧旻の名について」薗田香融編『日本仏教の史的展開』塙書房、一九九九年
「『元興寺縁起』をめぐる諸問題」『古代』一一〇、二〇〇一年
「日本仏教史の時期区分」大隅和雄編『文化史の構想』吉川弘文館、二〇〇三年a
「元興寺伽藍縁起幷流記資財帳の研究」『名古屋市立大学人文社会学部研究紀要』一五、二〇〇三年b
「『日本霊異記』の史料的価値」小峯和明・篠川賢編『日本霊異記を読む』吉川弘文館、二〇〇四年
「日本における神仏習合思想の受容と展開」『仏教史学研究』四七―二、二〇〇五年
「垂迹思想の受容と展開」速水侑編『日本社会における仏と神』吉川弘文館、二〇〇六年a
『民衆の古代史』風媒社、二〇〇六年b
吉田　孝『日本の誕生』〈岩波新書〉、岩波書店、一九九七年
吉田靖雄『日本古代の菩薩と民衆』吉川弘文館、一九八八年
吉村武彦『聖徳太子』〈岩波新書〉、岩波書店、二〇〇二年
頼富本宏「密教のふるさとインド」高井隆秀ほか編『講座密教文化1　密教の流伝』人文書院、一九八四年
栗東歴史民俗博物館編『湖南の古代寺院』〈図録〉一九九一年
渡辺　茂「古代君主の称号に関する二、三の試論」『史流』八、一九六七年

初出一覧

I　古代仏教史をどうとらえるか

一　古代仏教史再考――総論――

新稿。これまで書いてきた複数の文章を増補・再構成して、本書の総論としてまとめ直したものである。もとになった拙稿は以下の通り。「仏教伝来と古代の仏教」（梅村喬・神野清一編『改訂　日本古代史新講』梓出版社、二〇〇四年）。「仏教伝来と聖徳太子」（大久保良峻・佐藤弘夫・末木文美士・林淳・松尾剛次編『日本仏教三四の鍵』春秋社、二〇〇三年）。"Religion in the Classical Period" Paul L. Swanson & Clark Chilson, eds., *Nanzan Guide to Japanese Religions*（University of Hawaii Press, 2006）の日本語原稿。

二　天皇制度の成立と日本国の誕生

新稿。「日本国と天皇号の誕生」（四日市市立博物館「飛鳥・藤原京展」講演会配布資料、二〇〇三年一月一八日）を大きく増補し、「奈良時代の思想と宗教」（佐藤弘夫代表編集『概説日本思想史』ミネルヴァ書房、二〇〇五年）の一部を加えた。

II　古代仏教の実像を求めて

一　近代歴史学と聖徳太子研究

大山誠一編『聖徳太子の真実』平凡社、二〇〇三年。

二　『日本書紀』と道慈
『東アジアの古代文化』一〇六、大和書房、二〇〇一年。のち大和書房編『聖徳太子の実像と幻像』大和書房、二〇〇二年、再録。今回、史料（『日本書紀』）を増補した。
三　行基と霊異神験
速水侑編『日本の名僧2　行基』吉川弘文館、二〇〇四年。
四　東アジアの中の神仏習合
日本仏教研究会編『日本の仏教6　論点・日本の仏教』法蔵館、一九九六年。原題「神仏習合―東アジアの中の日本の神仏習合―」を改題した。

Ⅲ　古代の女性と仏教
一　女性と仏教をめぐる諸問題
光華女子大学・光華女子短期大学真宗文化研究所編、西口順子・勝浦令子・吉田一彦著『日本史の中の女性と仏教』法蔵館、一九九九年。
二　『日本霊異記』の中の女性と仏教
同前。原題「『日本霊異記』を題材に」を改題した。

著者略歴
一九五五年　東京都に生まれる
一九八六年　上智大学大学院文学研究科博士後期課程満期退学
現在　名古屋市立大学大学院人間文化研究科教授
〔主要著書〕
日本古代社会と仏教　民衆の古代史

古代仏教をよみなおす

二〇〇六年（平成十八）九月十日　第一刷発行

著　者　吉《よし》田《だ》一《かず》彦《ひこ》
発行者　前田求恭
発行所　株式会社 吉川弘文館
郵便番号一一三―〇〇三三
東京都文京区本郷七丁目二番八号
電話〇三―三八一三―九一五一〈代表〉
振替口座〇〇一〇〇―五―二四四番
http://www.yoshikawa-k.co.jp/
印刷＝株式会社 ディグ
製本＝ナショナル製本協同組合
装幀＝下川雅敏

ISBN4-642-07961-0